アヘン王国潜入記

高野秀行

集英社文庫

アヘン王国潜入記　目次

プロローグ――「善悪の彼岸」へ　14

第一章　アヘン王国、ワ州

人民元が流通する町、首府パンサン　29
「反政府ゲリラ」の総司令官に会う　38
雲南省から電気を買う　47
「文化はないが、歴史はある」　53

第二章　手探りの辺境行

山奥に出現した華やかな市場　61
「長男ワ人、次男漢人、三男シャン人」　66
ワの酒プライコーの特殊な飲み方　72
もっと辺鄙な村に行きたい　78

ビルマ共産党はワに何を残したか　89
目つきの鋭い男たちの正体は？　96
「荒れ地に花を咲かせましょう」　100
「マラリア」の診断に感激する　107

第三章　アヘンとワ人

「神の薬」から万能の解毒剤へ　115
イスラム教徒によるアヘンの《麻薬》化　121
アヘン戦争は「薬物戦争」だった　123
アヘン、ワ人と出会う　128

第四章　ゴールデン・ランドの草むしり

ムイレ村の朝は杵の音から始まる　133
「水中国」から来た謎の男　142

村にはなぜ未亡人が多いのか　147
ケシ栽培は純粋な農業である　158
ネズミのお供え、そして楊枝の占い　170
酔いどれ司祭、サム・タオじいさん　176
ワ州にて教壇に立つ　181
《国家》は誰のために？　190
ワ軍幹部の「敏感的問題」　203

第五章　「アヘン＝モルヒネ化計画建白書」

「ぼくの名前はチ・コ・コです」　219
知られざる「東南アジアのユーゴスラビア」　225
ムンマオでクンサー降伏の報を聞く　233
世界史を変える夢を見る　242

第六章　白いケシと緑の軍服

ある若者のあっけない死　253
「男が死ねば家が絶え、女が死ねば畑が絶える」　260
アヘンの強烈な効き目を体験する　264
「板夢」の心地よさとは何か　271
「ロマンチック」な村生活　277
収穫の熱い季節がやって来た　293
準原始共産制の村の財テク事情　299
ヘロイン・ブローカーとルビーの指輪　306
アヘン吸いの彷徨　315
ヤン・ライン集落の三大アヘン人　324
ワ軍の税はアヘンの現物　329
「招き猫」敬礼で、さようなら　336

第七章　最後に残された謎

新麻薬王タ・パンの誕生　347
アメリカ政府の発表が意味するもの　353

エピローグ――ワ州と外部世界をへだてる壁　361

あとがき　368
文庫版あとがき　371
主要参考文献　381
解説　船戸与一　382

アヘン王国潜入記

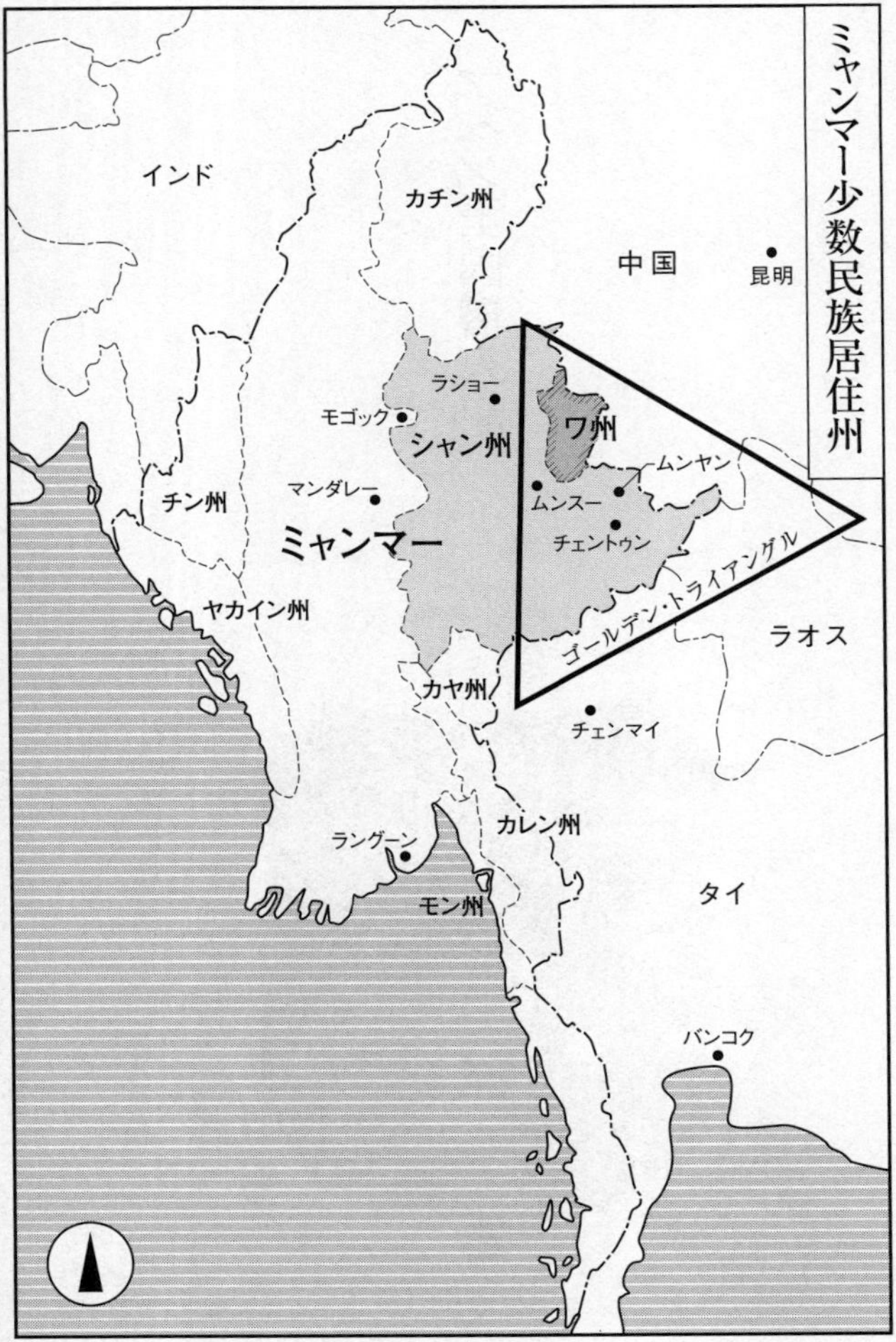

ミャンマー少数民族居住州

※チェンマイのゲリラ軍関係者による（1995年当時）
※ワ州とコーカン州は俗称。公式には共にシャン州の一部である

本書に登場する主な人物

〈ワ州連合軍／党〉

サイ・パオ　ワ州連合軍（ワ軍）の外交部副部長兼ワ軍のタイにおける代表。ワ州滞在中の著者の保証人

タ・コー　ワ軍の外交部部長

タ・パン　ワ軍総司令官。中国名、鮑有祥《パオユーチャン》

タ・クン・パオ　ムンマオ県の文教委員長。著者の通訳兼ガイド。通称おやっさん

ニー・プルック（ニー）　タ・クン・パオの部下。中国出身のワ人

サイ　ヤンルン区の役人。現地ガイド

サム　タ・クン・パオの部下。中国出身のワ人。通訳として共にムイレ・プリム村に滞在

タ・ジェット　ムンマオ県長。タ・パンの実弟

〈ムイレ・プリム村の人びと〉

アイ・スン　小隊長。村の軍事責任者。著者の世話役。陽気な性格

オー・クワット　アイ・スンの妻

イ・タオばあさん　アイ・スンの母親
アイ・ムン　村長。著者の世話役。穏やかな性格で著者と気が合う
サム・タオじいさん　バン・ロック集落の酔いどれ司祭
サイ・タオ老人　村の長老格。アヘン吸いの司祭
ニー・ルー　郷長。ほとんど村にいない。いつも不機嫌
イエッ・レー　ニー・ルーの第一夫人
ニー・ラン　アイ・スンの先妻の父親。酒好き
アイ・サン　ヘロイン・ブローカー
サイ・ナップ　村いちばんの暴れん坊
イ・ナップ　二人いる。〈仏の〉イ・ナップと〈未亡人の〉イ・ナップ
アイ・タオ　二人いる。冠婚葬祭係とアヘン吸いの民間療法士
サイ・ラオ　年季の入ったアヘン吸い

〈その他〉
セン・スック　元シャン州軍リーダー。著者とワ軍の仲介人
クンサー　クンサー軍リーダー。「麻薬王」の異名をとる
アイ・ラオ　著者のワ名

プロローグ――「善悪の彼岸」へ

中国製ジープ「北京」は、キリキリーッという耳障りなブレーキ音を立てて止まった。中国の雲南省《うんなんしょう》孟阿《ムンァ》。すぐ目の前には戦車の一団でも渡れそうな鉄の橋が見える。運転手の合図で私たちは車を降りた。橋のたもとに、いかにも中国のものらしい無機質なコンクリート造りの出入国管理事務所があり、人びとが秩序もなく群がっていた。

出入国管理事務所といっても、ここでパスポートを提示する人間はいない。政府間の取り決めで、この国境で接する中国とビルマ（ミャンマー。本書ではビルマと呼ぶことにする）の住人は、通行許可証さえあれば自由に行き来できることになっているという。もっとも、ビルマ国籍の者は動ける範囲がたいてい雲南省内に限られ、中国人の場合はもっと融通がきくらしいが、ここからビルマ領の遠方へ足をのばす物好きはまずいないとのことだ。

私の同行者が、前日に金を払って作ってもらった真新しい通行許可証を事務所に提出し、係官が車内の荷物をチェックしているあいだ、私は、許可証も持たずに野菜や雑貨の入った籠《かご》を背負って通りすぎる地元の人間に紛れるようにして鉄製の無骨な橋に歩み寄り、川を眺めた。川はたいした幅を持たなかったが水量は多く、コーヒー色の濁流が岸を削らんばかりの勢いで流れている。私の目はその激しい濁流に吸いつけられた。

通行許可証によれば、私たちはビルマ国籍の者で、「中国領での所用を終えてビルマ側へ戻るところ」であったが、同行者はさておき、私はもちろんその川を越えたことはなかった。

この日の天候がどうだったのか、実をいうとよく覚えていない。曇り空だったような気がするのはそのときの心中の不安をあらわしているだけかもしれない。

濁流の対岸はビルマ領だったが、現在はビルマ政府の管轄下にはない。国際的にも国内的にも、その土地はビルマの東北部を広く占めるシャン州に属するが、英語ではSHAN STATESと複数形で表記されることから推測できるように、シャン州は三十三の州内州（サブ・ステート）からなり、より正確にいうなら、そこはシャン州内のワ州ということになる。とはいえ、ビルマ政府はシャン州内のサブ・ステートを行政区分としておらず、慣習的にそう呼ばれているのであった。

ワ州、人口は不明。住民の九割以上はワという少数民族が占めている。面積はおよそ四千平方マイル（約一万二百平方キロメートル）で、岐阜県とほぼ同じくらいである。けっして大きくない。世界中で市販されているいかなる地図にもワという名前は記されていいない。が、知名度の低さのわりに世界に対する影響力がこれほど大きいところは、ほかには存在しないだろう。

ゴールデン・トライアングル、もしくはその和訳「黄金《おうごん》の三角地帯」という名称は誰しも一度は耳にしたことがあると思う。インドシナのタイ、ラオス、ビルマの三国が境を接するあたりに広がる、いわゆる《麻薬地帯》である。麻薬といってもいろいろあるが、ここは麻薬の王たるアヘンもしくはアヘンを精製して商品化された非合法モルヒネやヘロインの世界最大の生産地である。世界のアヘン系麻薬の六〇〜七〇パーセントはこの国境地帯から流出しているというもっぱらの評判であった。

しかし、タイとラオスはもともと生産量が少なかったうえ、政府の規制でアヘンの生産は一九八〇年代に入ってから激減している。両国政府の努力を称賛したいところだが、実情は、麻薬のあがりで潤うより、麻薬地帯という「負のイメージ」を払拭《ふっしょく》したほうが国際社会で評価され、海外からの投資や援助をより期待でき、トータルで見ると得になるという計算が、政治家、経済人、役人、軍や警察関係者のあいだで強く認識されるようになった結果だと思われる。

ところが、ビルマでは諸々《もろもろ》の事情からアヘンの生産量は落ちるどころか九〇年代になってからも増加する一方で、今ではゴールデン・トライアングルの全生産量の九割以上をビルマが担っているという。つまり、事実上のゴールデン・トライアングルはビルマだと極論してもいいのだ。いや、もはやトライアングルではないので「ゴールデン・ランド」とでもいうべきか。ビルマは敬虔《けいけん》な仏教国で、金色《こんじき》に輝く無数のパゴダ（仏塔）のイメージにより、別名を「黄金の国」と呼ばれたりもするから、これは皮肉としかいいようがない。

といっても、アヘンはビルマのどこででも穫《と》れるというわけではない。生産地は漠然とタイ、ラオスと国境を接するシャン州と考えられているが、その六〇～七〇パーセントがワ州で産出されていることはほとんど知られていない。つまり、全世界の四割前後のアヘンをこの小さな土地が生み出していることになる。

ワ州で生産量が多い理由は大きくいって二つある。一つはアヘンがアヘンゲシ（学名 *Papaver sommiferum* L.）というケシから採集されることにある。このケシは日当たりと水はけがよく、気候が冷涼かつ乾燥した土地を好む。とくに適しているのは熱帯に属する標高千五百～二千メートルの山岳地帯であり、ワ州はこの条件を完全に満たしている。

もう一つは政治的理由による。先ほど「ビルマ政府の管轄下にはない」と妙なことを書いたが、それはワ州が目下、ワ州連合軍（UNITED WA STATE ARMY ＝ UWSA。以下ワ軍）という反政府ゲリラの支配区であり、ビルマ政府の権限がまったく及んでいないからだ。事前に聞いたところによると、ワ州は平地が乏しく、換金作物はもちろん食糧の自給すらままならないという。これではワ軍の武器や弾薬などの軍事物資の調達はおろか住民の生活が成り立たない。かくして、ワ州ではケシ栽培・アヘン生産およびその売買が公認されている。というより、それが収入を得る唯一の道なのである。ワ軍はアヘンに税をかけたり、ヘロインから生ずる利益によって強大な武力を維持しているともいわれていた。

中国がビルマ政府と敵対しているはずのワ州に国境を開いているのは、ワ軍とビルマ政府が今のところ停戦しており、その条件の一つとして中国が国境を開放するというワ側の要望があったからだ。また、それ以前の経緯《いきさつ》もいろいろあるが、ワ州とビルマ政府と中国の関係についてはあとで詳しく述べる。

住民のみならずアヘンもヘロインも国境を越えていくというが、中国は何といっても社会主義国である。「宗教はアヘンのようなものだ」と、悪《あ》しきもののたとえとしてコミュニズム最大の功労者が引き合いに出したくらいだから、アヘン＝ヘロインに対する取り締りは厳しい。微量でも売買・運搬に関われば即死刑、よくて終身刑である。近ごろは経済開放とともに行政府の腐敗もひどくなっているらしいから掟《おきて》を破る者はいるだろうが、法自体の厳しさが変わるわけではない。

ワ州ではアヘンで生活を営み、中国ではアヘンで命を落とす。いや、それは中国だけではないし、世界中を探しても、一定以上の広さを持った土地が《麻薬》を背景に自立しているところなど、どこにもない。ワ州はまた、アヘンを持つ者が権力を持つ無法地帯であるという噂《うわさ》も根強くあった。川の向こう側は、文字どおり「善悪《ぜんあく》の彼岸《ひがん》」だったのである。

そして、私はそこに数カ月間、滞在することになっていた。

私は眼下の濁流を眺めながら、「やっとここまでこぎつけた」という気負いにも似た感慨と「いやあ、どうしてこんなところに来ちまったんだろうな」という矛盾した気持ちを同時に味わっていた。

ゴールデン・トライアングルへ行くことは私の数年来の夢であった。

私は学生時代に探検部という時代ばなれした部に所属していた来歴から「未知の土地《テラ・インコグニタ》」に限りないあこがれを抱《いだ》いていた。ところが実際には、地理的な探検は私がこの世に生を享《う》けた時分にあらかた済まされており、残っているのは落ち穂拾い的な作業だけだった。しかも、それは行政府やメディアが、まるで電気掃除機を使ってガーッと吸い取るかのようにしておこなう、有無を言わさぬ処理のように見えた。

そういった状況下にあって、ゴールデン・トライアングルが私の心をとらえて放さなかったのも無理はない。外部の人間が滅多に足を踏み入れることのできない土地。「絶対悪」だと思われている《麻薬》というものの価値転倒。現在、世界に残されている「秘境」とは、「政治的秘境」か、人間の精神の暗部に巣くう比喩《ひゆ》的《てき》な意味での秘境しかないというのが、私が十年にわたってアフリカや南米などの辺境を歩いて得た結論であった。そして、その両方向の好奇心を満たすと思われる「秘境」が、このゴールデン・トライアングルというわけだ。

私の好奇心は必然的にジャーナリズム的な関心と重なってくるところがあり、一時はかなりそちらに傾倒した。だが、ジャーナリストと呼ばれる人たちと話をしたり、新聞、雑誌、関連書などを読みあさるうちに、何かちがうなという異物感が腹にたまってきた。そこでは、《麻薬》のルートがどうであるとか、あそこを牛耳《ぎゅうじ》っているボスが誰それで、CIAと極秘の結びつきがあるとか、国連やアメリカがどう動いているとか、そういうことばかりに執着していたのである。その気持ちはわかる。私だってそういうことを知りたいと思うが、しかし、やはり何かちがう。

その異物感を一言でいうなら、多くのジャーナリズムというのは上空から見下ろした俯《ふ》瞰《かん》図《ず》だということだ。べつな言葉に置き換えると、客観的な「情報」である。「木を見て森を見ず」という戒《いまし》めに忠実に従っているのだろうが、悪くすれば「森を見て木を見ず」の姿勢ともなる。それは不特定多数の人に伝わりやすいが、手で触ることができない。

おそらく、私と彼らとの方法論のちがい、もしくは性分のちがいなのだろう。あるいは単に私がジャーナリストの能力に欠けているだけかもしれない。が、とにかく私としては、一本一本の木を触って樹皮の手ざわりを感じ、花の匂《にお》いや枝葉がつくる日陰の心地よさを知りたかった。それから森全体を眺めてもいいのではないかと思った。

そうした経験ののちに私が思いついたのは、かなり突飛なことだった。ゴールデン・トライアングル内の村に滞在し、村人と一緒にケシを栽培し、アヘンを収穫してみよう、そのうちにそこに住む人びとの暮らしぶりや考えていることが自然にわかるにちがいない、というものである。

私の目論見《もくろみ》は四年をかけて、迂遠《うえん》に、しかし一歩ずつ実現に向けて進んでいった。この間、私は「麻薬王」の異名をとり、三十年余りにわたってゴールデン・トライアングルを牛耳ってきた反政府ゲリラの頭目、クンサー（中国名・張奇夫《チャンチーフー》、一説には張奇虎《チャンチーフー》。シャン州出身。中国人の父とシャン人の母のあいだに生まれる）のグループにコンタクトをとったこともある。また、シャン州の独立運動をしている長老と親しくなり、シャンの人びとにいたく同情したあげく、その活動に参加しようとしたこともある。ここで詳しく説明する余裕はないが、シャンというのは「シャム」と同起源の言葉で、シャン人の自称は「タイ」である。つまりシャン人はタイランドの住民と民族的にはほとんど同一といっていい。歴史的にも、ビルマより北部タイとの関係が強かった。それがビルマ連邦に組み込まれたのは、イギリスら列強による植民地化と国境線引きの結果である。ビルマ民族と肌が合わないうえ、種々の抑圧を受けていると感じている彼らは、一九四八年のビルマ連邦独立以来、延々とシャン州の分離独立もしくは完全自治を求める運動やゲリラ活動をつづけている――ひじょうに大雑把にいうと、そうなる。

とにかくそのような回り道もあったので、「やっとここまで来た」というのは心の底から出た真情であった。一方で、私の滞在の受け入れ先がワ州になったのは意外なことであった。

私はヘロインの集散地として知られるタイ北部のチェンマイに拠点をおき、大学の日本語教師などをつとめるかたわら、断続的に二、三年を過ごしたが、そこで親しくなったのはシャン人ばかりだったので、アヘンを作っている村に行けるとしたら、シャン州のなかでもシャン人のゲリラが支配する土地だろうと思っていた。ところが聞いてみると、反政府ゲリラがそこかしこにいて、一見、戦国時代の様相を呈するシャン州も、クンサーの支配するエリア（おもにタイとの国境地帯。巻頭の地図参照）を除けば政府軍が圧倒的に強く、ゲリラたちは停戦を余儀なくされていた。政府軍はゲリラの支配地域に自由に出入りできるという。私はビルマ政府との接触は避けたかった。

かといって、一度はコンタクトを取ったこともあるクンサーの支配区は気が進まなかった。クンサーは口でこそ「シャンの独立」を謳《うた》い、あまたの独立主義者を傘下に抱えていたが、実際にはビルマの軍事政権と地下で通じ、支配区では独裁君主のような圧政を強《し》いていると聞いたからだ。シャン州のアヘン＝ヘロインの権益を最も多く握り、少しでも邪魔する者があれば、家族もろとも容赦なく抹殺するので有名でもあった。だいたい、そんな男が私のような外国人を受け入れるはずもない。

シャン州独立運動をしていた長老の弟で、自らも独立運動の有力者であるシャン人のセン・スックという人物が「ワ州だったら行ける」と言って私を驚かせたのは、万策尽きたかと、半ば諦《あきら》めていたときだった。ワ軍の強さには定評があり、その民はアヘン作りのエキスパートだとは知っていたが、それだけではない。ワ人はかつて、おもに宗教的な理由で、あるいは時に復讐《ふくしゅう》の目的から、近隣の村や他民族の土地を頻繁に襲い、殺した相手の首を狩るという、いわゆる「首狩り族」で、今でも勇猛果敢というより蛮勇《ばんゆう》で有名だった。私より先にビルマの反政府活動に首を突っ込んでいた友人が「ワの連中に関わるのだけはやめたほうがいい」と言っていたくらいである。

しかし、ビルマ国内でもワに関しては、シャン州のなかでも例外的に政府軍が入り込めない土地だということ、支配区の拡張やアヘン＝ヘロインの利権、さらにはシャン州とタイを結ぶルートをめぐって、ワ軍がクンサー軍と衝突を繰り返していることのほかは、ほとんど知られていなかった。

何しろワ州は、今はワ軍、その前は二十年間にわたってビルマ共産党（ＢＣＰ）に支配され、さらにその前は中国の内戦に敗れた国民党軍の残党が徘徊《はいかい》していたところである。道らしき道もない秘境で、人びとは首狩りにいそしみ、とてもビルマ政府やそれ以前のイギリス植民地政府の統治の及ぶところではなかった。つまり、冒頭で「現在はビルマ政府の管轄下にはない」と言ったのは不正確で、「有史以来、いかなる国家の管轄下にもあったことがない」のである。

外部の人間でワ州に長期滞在した者もいない。植民地時代にイギリスの役人や人類学者が訪れたこともあるが、調査というより単なる視察行であった。ビルマ独立後はときおりジャーナリストや国連の関係者が取材や視察に訪れているが、せいぜい四、五日の滞在である。ビルマ報道の権威バーテル・リントゥナー（スウェーデン人ジャーナリスト。おもに香港《ホンコン》の「Far Eastern Economic Review」誌に寄稿している。著書に『翡翠《ひすい》の土地』『反乱の国ビルマ』〈未訳〉など）は、さすがに一カ月ほどいたらしいが、当地の一部を通過しただけで、しかもビルマ共産党時代（一九六八—八九）の話だ。

私は種まきからアヘンの収穫までケシ栽培の全工程を体験しようと思っていたから、どうしても四、五カ月は滞在しなければならず、そうなると、シャン人のセン・スック自身「ギネスブックに申請できる」と真面目《まじめ》な顔で言っていたくらいの記録になる。これには興味をそそられた。

もう一つ、ワに興味を示すジャーナリストたちの障害になっていたことに、ワ州ではワ語以外には中国語が共通語で英語はまったく通じないというのがあったのだが、偶然にも中国語で何とか意思の疎通がはかれる私には追い風となった。

結局、セン・スックが私を「日本で有名な作家」と仲人口で売り込んでくれたおかげで話はとんとん拍子に進み、一九九三年以来、ジャーナリストの短期取材にも応じなくなっていたワ軍のトップが私の長期アヘン留学をあっさりと認めたのだった。ただし、セン・スックは単なる親切心だけから私をワ州に送り込むつもりではなかった。密命というほど大げさなものではないが、私は彼から「あることを調べてほしい」と頼まれたのである。

私が濁流を見つめて最後に感じたのは喜びと安堵《あんど》であった。ケシの種まきは乾季になりしだい始まる。乾季の到来はふつう十月過ぎなので、私は種まきに間に合うかどうか心配でしかたがなかったのだ。だが、岸を削らんばかりの水量があるということは、まだ雨季が終わっていない証拠だ。この分なら、村に入るのに間に合うだろう。

ときに一九九五年十月五日。私はふたたび車に乗り込み、鉄橋に敷かれた橋板のガタガタいう音を聞きながら、「善悪の彼岸」へと渡っていった。

第一章 アヘン王国、ワ州

このケシの花の実の液汁がアヘンである

左からワ軍外交部副部長サイ・パオ、副司令官、総司令官タ・パン

人民元が流通する町、首府パンサン

世界最大の《麻薬地帯》にしてビルマ屈指の反政府ゲリラの支配区・ワ州の首府パンサン。いったい、そこはどんなところかと思うだろう。行く前は、私自身、見当もつかなかった。それだけに、その実態を目《ま》の当たりにしたときはいささか拍子抜けした。

単なる中国の田舎町《いなかまち》だったのである。橋を渡る前と全然変わらない。実際、あの国境地点で居眠りでもしていたら、中国を出たことにも気づかなかっただろう。

首府の入口には、当然あるべきチェックポイントもなければ、ものものしく武装した兵士が眼光鋭く待ち受けているようなこともなかった。ただ、気をつけてみていると、「緬《ミエン》甸佤邦入境海関《ディエンワバンルージンハイグワン》（ビルマ・ワ州入国審査および税関）」と中国語で記され、横にルビでも振るように小さくビルマ語で同じことが書かれた標識が、その謹厳な内容とは裏腹にポツンと寂しげに立っていた。道の反対側には、風が凪《な》いでいるのではっきりとはわからないが、明らかにビルマの国旗ではない水色と赤の旗がポールの上で気だるく垂れ下がっている（ビルマ国旗は赤と青に紋章）。それだけだ。

いわゆる「町」の部分はわざとでこぼこに舗装されたようなひょろついた大通りが一本あり、その両側に互いに寄り添うように食堂や商店が軒を連ねていた。店の看板はすべて中国語、経営者は中国人（漢族）、話されているのは豆腐かすのようにぐずぐずした感じの中国語の雲南方言、出される料理はどっと吹き上げる湯気が香ばしい炒《いた》め物か雲南名物の「米線《ミーシエン》（米でつくった麵《めん》）」、手から手に渡される垢《あか》にまみれた札は人民元、売られているのは見かけも中身もパッとしない中国製品であった。ただ、金を支払うと、にっこり笑って「謝謝《シエシエ》（ありがとう）」と言うのが、ほんとうの中国にはない新鮮さで、そのときだけ「あっ、ここは中国じゃないんだ」と実感させられた。本場では、支払われる金銭と供与するサービスが等価だと思っているので、客に礼など言わない。パンサンの中国商人の愛想がいいのは、「他人の土地で商いをしている」という意識があるからだろう。

さらに注意深く観察すれば、漢字の看板の横にビルマ文字が併記されてあったり、ビルマの正装であるロンジー（ビルマ風の腰巻）をはいている者も稀《まれ》にいて、それでようやくここが国際的にはビルマと承認されている国家の一部だということを思い出す。

では、どこにワらしさがあるのかというと、全然見当たらない。だいたい、一瞥《いちべつ》しただけではどれがワ人か見分けがつかない。民族衣装を身につけている者もいない。雲南の色黒の漢人や平地民のシャン人、その他の少数民族も少なからず居住しているようであった。

一九〇八年にアメリカ人宣教師によって開発されたとされるアルファベット表記のワ語

の文字はまだ普及していないらしい。百年近く前に創《つく》られ、いまだに普及していないとは先が思いやられる。まあ、しかたがない。村文化しか持たなかったワ人が町を作るとなると、器も中身も借り物にならざるをえないのだろう。だが、もしかすると、中国的な部分とあるかなきかのビルマ的な部分を差っ引けば、ワらしさがいくばくか残るのかもしれない。それと、これをワらしさといって適切かどうかわからないが、ワ軍のシンボルであると聞いていた赤い星の下に番号がふってある車のナンバー・プレートだけが異彩を放って見えた。

パンサンはワ州唯一の低地だというが、さんさんと降り注ぐ日差し、アスファルトから立ちのぼるムンとした熱気はなるほど真夏のそれで、上半身裸でぶらぶら歩いていたり、汗だくになって荷車を押している男も少なくなかった。暑いからというわけでもないだろうが、緊張感はどこからも漂ってこない。胸にＵＷＳＡ（ワ州連合軍）という銘の入った迷彩服を着ている者は多いが、銃を携えている者は一人もいない。軍用車も通らない。アヘンやヘロインの問屋もない（これは当たり前か）。

事前に得た情報では、ワ軍はシャン州南部、タイ国境付近でクンサー軍と激しい戦闘を繰り広げているはずだったが、そんな気配は少しも感じられず、ひたすら明るく、呑気《のんき》で、冷えたビールを一杯やるのがこの世で最高の幸せと思わせるような町であった。

さて、私と同行者であるが、まず町の中心部を三分とかからずやり過ごし、すでに町はずれの感さえあるが大通りに面した屋敷に車をつけた。同行者の話だと、ここはワ軍の政党であるワ州連合党——軍事独裁政権だから軍も党もたいしたちがいはない——の外交部部長タ・コーの家だという。同行者は私とタイ語で会話していたにもかかわらず、「外交《ワイジャオ》部《ブー》」とか「部長《ブーチャン》」という中国語をそのまま使った。それぞれ「外務省」「大臣」の意味で、つまりその家の主《あるじ》はワの外務大臣ということになる。

私たちが訪《おとな》いを入れると、娘さんとおぼしき若い女の子が出てきて、部長は一カ月前に奥さんと一緒にどこかへ出かけて行ったきり、まだ帰って来ないという旨の返事をした。それも党務ではなく商売らしい。外相たる者がずいぶんと悠長なものだ。私たちは外相宅の敷地内にある招待所（ゲスト・ハウス）に荷をほどいた。階下がカラオケになっている、なかなかシャレた宿であった。

「ワ州に着きました。ボク、嬉《うれ》しい」

タイのチェンマイで二カ月ほど習ったワ語でたどたどしく言うと、同行者はベッドにごろっと横になりながら、「そう、君は気に入ったかい?」と珍しく相好《そうごう》を崩した。

同行者の名はサイ・パオ。五十年配のれっきとしたワ軍幹部である。「同行者」などと失礼な言い方をしてきたが、彼こそシャン人の仲介者セン・スックを通して私のワ州入りを軍のトップに推薦してくれた恩人であり、滞在中の私の保証人でもあった。彼はチェンマイに居を定め、外交部副部長兼タイにおける事実上のワ軍代表をつとめていた。彼は私が最初に会ったワ人でもある。

何しろ泣く子も黙るワのゲリラの幹部だ。私は初めての面会のときには緊張したものだが、相手があまりに穏やかで、腰が低いので、ホッとすると同時に、この人で大丈夫かと心配になったくらいだ。身なりはきちんとしていて無口、酒・タバコをやらず、陽気にはしゃぐこともないし、女にも無関心なので冗談の話題にも事欠いた。世界中どこでも冗談は男女関係から始まるからだ。

ゲリラの代表というより「毎日机に向かっている公務員」という役回りのほうがよほどぴったりしていて、私は内心、なんて退屈な人を引き当てちまったんだろうと嘆息していた。チェンマイを発ってからパンサンまですでに四日間、寝食をともにしており、それなりに私の面倒を見てくれたから、いい人にはちがいないが、ふつうだったらもっと仲よくなってもいいはずだった。その意味では、あくまで職務として同じ空間を所有しているだけの「同行者」としか言いようがなかった。

もう一つ、彼とコミュニケーションをはかるうえでネックとなっていたのは、「サイ・パオも含めて、ワの人間に軍事、政治に関して立ち入った質問をしてはいけない。とくにヘロインについてはけっして聞いてはいけない」という仲介役セン・スックの諫言《かんげん》であった。

これは、のちのちに至るまで私を悩ませた。ヘロイン・ビジネスを背景に自立しているゲリラの地域を深く知るにあたって、右の三つが聞けなかったら口を封じられたも同然である。もちろん、程度の問題なのだろうが、どこまでが聞いていいことなのか見極めがつかない。私が彼らにとって「好ましからぬ人物」と判断され、追放でもされたら元も子もないし、セン・スックにも多大な迷惑がかかるので、私はつとめて何気なく水を向けたりしたが、サイ・パオはのってきた試しがなかった。

私が彼について知っていることはごくわずかであった。本人がまったくといっていいほど身の上話をしなかったからだ。役職以外のことでわかっていたのは、身なりや物腰がすっかりタイ人のビジネスマン化していること、チェンマイでの暮らしは、そうとう羽振りがいいこと、ワ州ではきわめて人望が厚いらしいということくらいであった。

われわれが到着していくらもたたないうちに、どこから聞きつけたものか、つぎつぎに客がやって来た。もちろん私ではなくサイ・パオに会いにきたのである。老いも若きもいたが、みなざっくばらんで、誰がえらい人なのか、どういう立場の人なのか、推し量ることはできなかった。

たとえば、ワ軍総司令官タ・パンの義弟で謝《シェ》アルーという漢ワ折衷の珍しい名前を持つ男は、きれいな普通話《プートンホワ》（中国標準語）を話し、身なりもよかったのでさすがに一般人とはちがうなと思ったが、よれよれのポロシャツならぬボロシャツを着て、すり減ったゴムゾウリをつっかけた男が、ワ軍の開祖タ・ライ（別名ジャオ・ニー・ライ）。タは軍の幹部もしくは老人に対する尊称）の実弟で、北部司令官のタ・リーとは驚いた。どう見ても村で百姓をやっているようにしか見えなかった。持参したポラロイドカメラで記念写真を撮ると、タ・リーは何度も不思議そうに眺めていた。

来客が途切れると、今度は私たちのほうから人に会いに出かけた。どこでも、「お茶を飲んでいけ」「飯を食っていけ」と大した歓迎ぶりであった。ふたたび言うが、私ではなくサイ・パオに対してである。

ワ州に入ってからめっきり機嫌がよくなったサイ・パオは、私を指さして「彼は『パロッグ・パ・クラオ（新しいワ人）』だ」と、ワ語で冗談まじりに紹介したが、それ以上、詳しい説明はいっさいしなかった。人びとも概して私には無関心で「どこから来たのか」「何人か」とすら聞かなかった。世界の辺境をかなり歩き、そのつど現地民の過剰な好奇心にさらされてきた私には、よそ者に対するこの対応は珍しく映った。サイ・パオも相手の人間が何をしているのかはもちろん、たいていは名前さえ教えなかった。どうも、よく知らない人間のことは詮索《せんさく》しないという暗黙の諒解《りょうかい》があるらしい。知らないほうがお互いのため、というところか。

みなはサイ・パオの話を熱心に聞きたがった。さながら都会に出た成功者を迎えた郷里の者という図である。これでは、サイ・パオの機嫌がよくなるのも無理はない。

よその家を訪れたり、町をぶらぶらして飯を食ったりしているうちに、夜もすっかり更《ふ》けてしまった。パンサンには電気が来ているが、街灯はなかった。人気《ひとけ》の途絶えた真っ暗な大通りをサイ・パオと二人、肩を並べて帰った。カエルや虫の声が静けさをつのらせる。

ふと、サイ・パオに、パンサンには何歳のときまでいたのかと訊《たず》ねると、「いや、この町に住んだことは一度もない」という意外な返事が返ってきた。

サイ・パオが言うには、彼はシャン州南部の中心地チェントゥンに生まれ育ったのだそうだ。チェントゥンはかつてアヘンの一大集散地で、一九七〇年ごろは「ゴールデン・トライアングルの首都」とも呼ばれていた。

「その後は？」と聞くと、「十八歳のころから十年間、ラオスでCIAの仕事をしていた」と言うので、驚いてしまった。

ラオスは一九五四年に旧宗主国フランスが撤退してから一九七五年に共産化するまで、「ラオス国軍は、アメリカ国軍を除いて、世界で唯一、全予算をアメリカ合衆国に頼っている軍隊だ」と揶揄《やゆ》されたほどアメリカとの結びつきが強かった。当時は、そのラオス国軍の総司令官自身がヘロインの精製所や密輸ルートをコントロールしていたといわれ、同国のドラッグ・ビジネスの最盛期でもあった。そのお先棒を担いでいたのがCIAだ。

アメリカの著名な政治学者アルフレッド・マッコイなどの研究によって、CIAは当時、タイ・ビルマ国境付近の少数民族にケシ栽培を奨励し、彼らからアヘンを安価で買い入れてはヘロインに変え、それを軍資金にして同じ少数民族の男たちを反共産ゲリラの兵士として死地に赴かせ、莫大《ばくだい》な数の犠牲者と難民を出したことが明らかになっている。

サイ・パオがCIAでどんな仕事に従事していたかは定かでないが、アヘンと結びついた彼の人生はそこからスタートしたにちがいない。考えてみれば、少なく見積もっても一千万円はするBMWを含む自家用車五台を所有し、次男と長女をアメリカの大学へ留学させようとしているほどの財力があり、その一方、「ビジネスをしている」と言いつつオフィスを持たず、自宅にも商売の雰囲気のかけらさえなく、しょっちゅう国境付近の山へかよっているのである。何のビジネスをしているか一目瞭然《いちもくりょうぜん》ではないか。

「私はその後チェンマイに住みながら、ずうっとワ人の団結のために努力してきたんだ」

彼はつづけて言った。なるほど、それで住んだこともないワ州でこれほどにも人望があるのだ。

「まったく私の人生はメチャクチャだよ」とサイ・パオは、天の河が鮮やかに流れる星空の下で、おどけて頭を抱える仕種《しぐさ》をした。しかし、私が「どういうふうにメチャクチャだったんですか」と興味津々という口調で訊ねると、不意に自分が機嫌よく話しすぎたことに気づいたらしく、「まあ、いろいろさ」と言葉を濁した。私がなおも質問を発しかけると、それをさえぎって、ポケットからアメを取り出し、こちらに差し出した。

「食べるか」

一つ言い忘れていたことがあった。彼はひじょうに甘党なのだった。

「反政府ゲリラ」の総司令官に会う

翌日、私はワ軍のボスであるタ・パンと会見した。インタビューではなく、滞在の許可を求めるのが主目的なので、あくまで「会見」であるが、それでもひじょうに興味深いものがあった。

一つには、ワ軍というのが実に奇妙な軍隊だからだ。今まで、ワ軍のことを反政府ゲリラと雑駁《ざつぱく》に書き飛ばしてきたが、厳密にはそういっていいかどうかわからなかった。というのは、ワ軍は設立以来、一度も政府軍と戦ったことがないのだ。政府軍と事を構えたことがない反政府ゲリラなんて形容矛盾している。おまけに、政府軍と戦ったことがないくせに、政府軍と一緒に戦ったことはあるというから、なおさらややこしい。

これには歴史的背景がある。ここで複雑なビルマ現代史をひもといているといつまでたってもタ・パンに会えないので、詳しい説明は後回しにするが、とにかくこのワ州とそれに隣接する一帯は、一九六八年から八九年まで、中国が全面的にバックアップするビルマ共産党の支配下にあった。今でも行政区分や官僚組織の面でワ州が中国の統治方式を踏襲しているのはそのためである。

二十年以上にわたるビルマ共産党の存在は、ワ人を主とする現地民の不満を徐々につのらせていった。一つには、自分らとはまったく関係のない土地に徴兵され、ビルマ政府軍と戦わなければならなかったこと。もう一つには、いくら能力があろうが功績をあげようが、ビルマ人でなければ指導者層に入れなかったこと。つまり、ワ人らは反民族主義を掲げる共産主義の名のもとに死地へ送られながら、民族差別のためにいつまでたっても「土民」扱いされたのである。

そういった不満が熟成された結果、一九八九年、共産党内で、英語でいうミューティニィ（mutiny。平たくいえば軍内クーデター）が勃発《ぼつぱつ》した。一九八九年という年は偶然ではなかろう。ソ連崩壊と直接の関係はないにせよ、社会主義というシステムそのものの制度疲労や世界的な民族主義の台頭と無縁とは思えない。また、このころ民主化問題で国際社会からバッシングをくらっていた中国とビルマ政府が「同病相憐《あわれ》む」格好で急接近し、中国側も時代遅れのビルマ共産党を早いところ厄介払いしたかったという地域的な事情もあったと思われる。

結果として、ビルマ人指導者たちは中国へ追放され、ビルマ共産党の支配区は三つに割れた。北からコーカン州、ワ州、ムンヤン地区だ。共産党崩壊と同時に各地域は連携をとりながら、自前の軍隊を旗揚げした。このとき、ビルマ・ウォッチャーの目をひいたのは、ビルマ軍事政権（当時の名称は国家法秩序回復評議会＝ＳＬＯＲＣ）の対応の素早さだった。すなわち政府の事実上のナンバーワンであるキン・ニュン第一書記が自ら乗り込んで、旧共産党三派とまたたくまに停戦条約を結んでしまったのだ。そういうわけで、この三軍は、「政府軍と戦う前に停戦する」という珍妙な事態に陥った。

面白いのは、三つの軍はその性格も政府に対する態度もそれぞれに大きく異なることだ。まず、コーカン州はこれだけで一冊の本が書きたくなるようなところだ。ワ州北部と接しているこの州はマジョリティをコーカン人が占める。コーカン人とは実は中国人（漢族）のことで、中国語では「果敢」と書くのだが、世界でたった一カ所、中国人が華僑《かきょう》としてではなく、他国の少数民族として存在するところである。

国境の線引きでそうなってしまったと思いきや、さにあらず、隣の雲南人とは一線を画する。私が以前、取材したところでは、コーカンは明朝《みんちょう》の一族およびその近衛兵《このえへい》の末裔《まつえい》だという。一七世紀のこと、清《しん》が攻め込んで明を征服したとき、明の諸王が擁立《ようりつ》され（南明政権）、清軍の進撃に抵抗したが、やがて彼らは追われて南へ南へと逃げ、ついにビルマへ逃げこんだ。清朝の要請で当時のビルマ王朝は、諸王の一人、永暦帝《えいれきてい》（一六二五―六二。永明王朱由榔のこと）の身柄を引き渡したが、随行していた人びとには辺境の山岳地帯に住むことを許した。コーカン人はしたがって由緒正しい明王朝の末裔である――少なくとも彼らはそう信じている。一方、雲南人は彼らを「山の中国人」と呼んで侮り、今でも両者のあいだで通婚は稀だと聞く。

しかし、コーカンといえども、中国人は中国人である。イデオロギーのたががはずれるや、利を求めて驀進《ばくしん》するのは昨今の中国大陸を見てのとおりである。新しい軍隊を「ミャンマー全国民主同盟軍（MNDAA）」と命名し、ビルマ政府と癒着《ゆちやく》している。実際、一九九〇年の総選挙時には、ビルマ国軍の内部でもアウン・サン・スー・チーの「国民民主連盟（NLD）」が圧倒的支持を得たにもかかわらず、コーカン州ではビルマで唯一、ビルマ国軍の党が第一位を占めた。これはどう見ても反政府ゲリラではなく、「親政府武装勢力」とでも呼ぶほかない。

コーカン州はワ州の四分の一にも満たない広さだが、ゴールデン・ランド第二位のアヘン生産地であり、現在は中国とビルマの両方にせっせとヘロインを供給しているという。ビルマ政府もしくはビルマ国軍（軍事政権だから同じものである）の幹部との腐敗関係も指摘され、金持ちになったコーカン人がビルマ第二の都市マンダレーの土地を買い占め、社会問題化している。また、アヘンの利権をめぐり、内輪で武力抗争に明け暮れているといわれる。

つぎに、ムンヤン地区だが、ここの軍隊は「東シャン州軍（ESSA）」と名乗り、首領は紅衛兵《こうえいへい》あがりの中国系シャン人、リン・ミン・シャン（別名ウ・サイ・リン）である。これは民族ゲリラですらなく、なんの大義名分もない、いわば軍閥《ぐんばつ》、もっといえば単なるドラッグ・マフィアだといわれている。そのリン・ミン・シャンは、国連薬物統制計画（UNDCP）の代表がラングーン（ヤンゴン）にやって来ると、なぜか政府のお歴々と席を同じくして歓迎の宴を張るそうだ。軍事政権との麗しいほどの癒着ぶりで、これまた反政府ゲリラでもなんでもない。

そこで問題になってくるのは、旧共産党三派のうち最も強大なワ州のワ軍である。その初代リーダーは先に出たタ・ライである。彼は、写真で見るかぎり知的でカリスマ的な雰囲気を漂わせている。仲介役のセン・スックによれば、「いいやつだ」という。ところが彼は一九九三年ころから病気ということで表に出なくなる。サイ・パオに聞いたところでは、脳溢血《のういっけつ》で半身不随となり、雲南省の省都昆明《クンミン》の病院で寝たきりの状態だという。事実上の再起不能だ。

こうしてタ・ライのあとを継いで登場したのがタ・パンである。本名ニー・パン。ワ州の外では中国名の鮑有祥《パオユーチャン》で知られる(「祥」は中国語では「シャン」の発音だが、なぜかこの字があてられている)。それまでは無名に近い存在であったが、私がワ州滞在を終えた一九九六年、アメリカ政府が発表した「ドラッグ・マフィア一覧=ヘロイン篇《へん》」にトップで初登場するという怪挙をなしとげた。が、私が会見したときは、あくまでワ軍の総司令官タ・パンであった。

ワ軍は、はたして「反政府」なのか「親政府」なのか、それとも「非政府」なのか。その問いにはタ・パンが答えてくれるにちがいないと期待して会見に臨んだ。

町はずれの小高い丘の上にかつての共産党軍、今はワ軍の総部《ゾンブー》(総司令部)があった。

入口にはさすがにフル装備をした兵士が二名、小銃を構えて立っていた。私がパンサンで初めて見た兵士だ。

あまり大きくないコンクリートの建物の二階にある広い部屋に通された。おそらく会議室なのだろう。装飾品はなく日当たりの悪い殺風景な部屋だった。中央の長テーブルの両脇に並べてある木製の椅子《いす》だけがやたらに大きくて、ちぐはぐな印象を与えた。サイ・パオ、謝アルーをはじめ要人らしき人びとは全力でその巨大な椅子を引き、腰を下ろした。

やがて、総司令官その人が入ってきた。ワ軍の総帥《そうすい》はいったいどんな男かと緊張していたが、何のことはない、どこにでもいるような風采《ふうさい》のあがらないオヤジだったので、いささか拍子抜けした。まったく私はパンサンに来てから拍子抜けばかりしている。

タ・パンは四十代半ば、あまり背の高くないワ人らしく、身長は百六十センチそこそこ、つまり小柄である。顔つきは正方形の角をとってふくらませた感じというのが精いっぱいで、特徴らしい特徴はない。髪は軽く七三に分け、服装はブルーの無地のワイシャツにくすんだグレーのズボン、足もとはサンダルばきで、要するに普段着だった。

握手して挨拶《あいさつ》したあと、気がはやっていた私はさっそく中国語で、ワ州に滞在する目的の説明と自己PRを始めた。ここに至るまで何度もしゃべっていたことなので、口調はいたって滑らかである。曰《いわ》く、

「日本をはじめ世界中の人たちは、金三角《ジンサンジヤオ》（ゴールデン・トライアングル）に住んでい

る人はみんな悪い人だと思っていますが、私はそんなことがあるはずはないと考えています。ここの人たちは生活が苦しいのでアヘンを作らないと生きていけないと聞いています。私はそれを確かめたいのです。

もう一つ、ワ人という民族のことはまだ全然知られていません。これはたいへん残念なことだと思います。私はワ人の伝統や生活習慣を学び、日本やその他の国に紹介するつもりです。そして、本を書いたら、まず日本語で書くんですが、それを中国語と英語に翻訳して世界中の人に知らしめたいのです……」

われながら、よくこんなことを言うなあと感心しつつ、私は滔々《とうとう》とまくしたてた。中国語力の低さから、表現が小学生の作文並みという弱みはあったものの、熱意は十分に伝わったはずである。また、内容もいささか陳腐だが、本心だった。

タ・パン先生はとくに愛想がいいというわけではなく、その証拠に私が話しているあいだにあくびを二回したのだが、話が終わると、うんうん、と頷《うなず》き、「何も問題はない」とあっさり言った。「ただし」と言葉を継ぎ、急に熱を帯びた声でつづけた。

「これだけは絶対に書かなければいかん。それは『ビルマ政府が悪い』ということだ」

私は彼の思わぬ語気の強さに少し驚いた。タ・パンによれば、ビルマ政府は停戦の条件として、交通（道路）、通信（ラジオ）、電気、教育、医療など各方面で資金援助と技術協力をするといっておきながら、全然約束を守っていない。だから「とにかく、それを書け」と言うのだ。停戦条約の期限は十年間だから、あと四年（一九九九年）で切れる。そのときはどうなるかわからないとも付け加えた。まるで私がビルマ政府の使節であるかのような憤り方であった。

どうやら、ワ軍は「反政府」らしい。いや彼の言い方を借りれば、「反ビルマ政府」というべきだろう。われわれはビルマの外にいるのだというアピールだ。もっとも彼は、独立までは考慮していないようで、「ワ州は自治州であるべきだ」と断っていた。

通訳をつけてもらうことも、ワの古い伝統を残している村へ行くことも、それから私が密《ひそ》かに懸念していた、村で自らケシ栽培をするという計画もすべてOKで、順調すぎるのが怖いくらいだった。ワ軍はよほどワ州の統治に自信を持っているということなのだろう。

「四、五カ月いてもいいですか」という問いに対しては「一年でも二年でも、ちゃんと取材ができるまで帰るのを許さない」と答え、陰気な部屋はようやく明るい笑いに包まれた。安全に関しても保証すると断言し、「おまえが死ぬときはオレも死ぬ」とのことであった。

ちなみに、この席上で私はアイ・ラオというワ名を授かった。名付け親は同行者のサイ・パオで、アイは「長男」、ラオは「物語る」の意味だそうだ。「物語る長男」とは私にぴったりの名前である。気に入った。以後、半年以上、私はこの名前で呼ばれることになる。

全員で記念撮影をして会談は無事終了した。ワ軍のボスから直接、全面的承諾がとれたことは大きい。いささかあっけなかったが、ドラマチックじゃないとケチをつける筋合いはない。

その夜、謝アルーの邸宅に招かれた。参加者が二十名にも及ぶ大宴会が開かれたのだ。サイ・パオは相変わらず上機嫌で、「私は新しいワ人のアイ・ラオです」と私に自己紹介させては悦に入っていた。そのせいか、みな親切で私によくしてくれた。

とくに私の対面に座していた中年の男は、ニワトリの丸焼きの切り身とか、キノコと野菜の炒め物などを取り分けては「アイ・ラオ、腹いっぱい食えよ」とせっせと私の皿によそってくれた。「あ、どうも、どうも」と言いながら、どこかで見た顔だなあ、誰だっけ、運転手かなと思ってまじまじと見つめていたら、急に思い出した。昼間に会見したばかりのワ軍総司令官タ・パンじゃないか！　もう少しで「どこかで会いましたよねえ」などと話しかけるところだった。しかし、このへんがアット・ホームでよろしい。

以後も実感したが、ワ人社会にも貧富の差や上下関係が歴然とあるにもかかわらず、上の人間が威張った態度をとるようなことがない。しかも、みな礼儀正しい。とはいっても、重要人物の顔くらいは記憶にとどめておいたほうがいい。私はゆるみがちな気持ちに一本釘《くぎ》をさした。

雲南省から電気を買う

私は頼んでおいた通訳兼ガイドのタ・クン・パオという人物の到着を待って、十日余りをパンサンで過ごした。連日カンカン照りで、ケシの種まきが終わってしまうのではないかと気が気でなかったが、どうしようもない。一度、謝アルーの車を借りて、近くの山に登ったのだが、ケシ畑は見当たらなかった。村人によれば、このあたりはケシ栽培には向いていないとのことだった。標高が低すぎるのかもしれない。

サイ・パオはたった三日の滞在で、パンサンから帰路についてしまった。客足はぱったり途絶え、私は一人で取り残される格好になった。

招待所には私のほかに、人を待ってぶらぶらしている仲間がもう一人いた。四十がらみの男だが、私と同様、この地では「はずれ者」である。聞けば、ビルマのあまたある少数民族の一つ、ラフ人の兵士で、イエップという名前だそうだ。

ワ軍にはラフ人の部隊もあり、彼はかつてその一つに参加して、それなりの地位を得ていたらしいが、部隊のボスが失脚し、同時に部隊も解散してしまったとのことだった。外務大臣（ワ軍の外交部部長）のタ・コーに呼び出されたが、どんな仕事にありつけるかわからないという。ワ州の出身だが、首都ラングーンで教育を受けたため、ラフ語はもとより、ビルマ語、シャン語、それに英語を自在に操れるものの、肝心のワ語と中国語ははかっきしできない。お先はあまり明るくないだろう。

ただ、彼は、五、六日待たされただけでイラついている私とは時間の感覚がひと味もふた味もちがうらしく、グチ一つこぼさず、下働きの連中を手伝いながら、淡々とタ・コーの帰りを待っていた。命じられれば、その日のうちにも戦地へ赴《おもむ》き、放っておけば、一年でも二年でも現状に甘んじていそうである。何十年先のことまで予測できる日本のサラリーマン生活も嫌だが、明日のことさえ風任せにするしか方途のない社会というのも困ったものである（文庫注・この数年後、終身雇用制がくずれ、日本のサラリーマンも先が見えなくなる）。

私には、このもう一人の「浮き草」との会話は無聊《ぶりよう》を慰める以上の意味があった。どこかカエルに似た容貌《ようぼう》を持つ陽気なイエップはおしゃべりなうえ、外国人の私におもねるような口をきくので少しうんざりしたが、さすがに英語の伝達力は段違いで、彼の話は、ためになることが多かった。ワ軍の幹部はおしなべて口数が少なく、できるだけ余計なことは話さないという習慣が染みついているように見えるなか、事情通で、しかもそれを人に話したくてしょうがないというイエップは、それだけで貴重な存在であった。こちらが聞かなくても、勝手にいろいろ教えてくれるのだ。

たとえば、ビルマ政府軍の兵士は一兵たりともワ州に足を踏み入れることはできないということ。ワ州はビルマのゲリラ支配区のなかでは例外的に政府軍が自由に出入りできないと聞いており、だからこそ私の長期滞在が可能になったわけだが、そこまでワ軍が政府軍に対して厳しい態度を取っているとは知らなかった。また、ビルマ国籍の人間なら武装している者以外は誰でもワ州に入れるが、交通の便は最悪で、来てもすることがない。したがって、誰も来ない。道理でビルマ色が薄いわけだと納得した。

それから、ワ州が三つの県に分かれていることもわかった。だが、「軍区」は四つある。うち三つは県と重なっているが、あと一つはタイとの国境付近にある飛び地である。もともとはタ・パンらとはべつの非共産党ワ民族ゲリラ、ワ民族会議（ＷＮＣ）の陣地だったのだが、ＷＮＣは共産党の軍内クーデターを契機にワ州の軍と合流した。だからワ軍は「ワ州連合軍」という呼び方をするらしい。

しかし、その飛び地が問題で、そこへ行くにはクンサーの仕切っているエリアを通らなければならない。ワ軍がクンサー軍と衝突する第一の原因はここにある。イエップは言わなかったが、もちろんアヘン・ルートをめぐる争いでもあろう。ワと政府の停戦条件のなかには、クンサー軍との戦闘がおこなわれた場合、ビルマ政府軍はワ軍に協力するという項目があって、実際に両者は共同戦線を張ったりしているが、政府軍が真剣に戦わないのでタ・パンら幹部はそうとう頭にきているともいう。

しかし、私をいちばん驚かせたのは、ビルマ政府が主宰している「憲法制定会議」で、ワ軍がサロウィン川の東部全域をワ州の自治区として要求しているという話だった。これは現在のワ州の五倍にも相当する広大な土地で、大昔はワ人が住んでいたというが、今はシャン人がマジョリティだ。たとえていうなら、アイヌ民族が「かつて、われわれの土地だった北海道と東北地方を全面的に返還せよ」と主張するようなものである。歴史的正当性はあるかもしれないが、あまり現実的でない。

パンサンにある「ビルマ政府による援助」なるものを見に連れて行ってくれたのもイエップである。まずは、「森林再開発計画」と看板にビルマ語で記されている場所であった。大きな屋敷ほどの広さの庭にチークの苗木が百本くらい植わっていた。これっぽっちの木をどうしようというのだろう。個人の植木屋でも商売になるまい。私にはお義理でやっているとしか思えなかった。

おつぎは病院。ワ軍とビルマ政府のものが二つ並んでいたが、病気になったときどちらへ行くかと考えると、どちらもやめて回れ右して家に帰るのが賢明のように思えた。両方とも病室は汚らしく、錆《さ》びついた鉄製のベッドの上にシーツもない万年布団が敷かれ、もとの色が白だったとはとても思えない包帯を巻いた患者が横たわっていた。設備は点滴以外にこれといって見当たらず、看護師の姿も見えない。こんなところにいたら、病気をうつされるか、傷が化膿《かのう》するか、それを心配して精神衰弱になるのがおちだろう。

ただ、強いてどちらかを選べと言われたら、ビルマ人の若い医師がいる政府側ということになろうか。もっとも彼が本気で非ビルマ人の患者の面倒を見ようという気があればの話だが。

私は外国から戻ったワ人を装って、医師にエイズのことを訊ねたところ、「ここではまだない」と訝《いぶか》しそうな顔で答えた。

シャン州では、十万という単位で住民がタイに出稼ぎもしくは難民として流出している。ゲリラ討伐の際にポーター兼弾よけとして民間人を駆り出したり、言いがかりをつけては村を略奪したり住民を殺したりという政府軍の暴虐や、少数民族の言葉を学校で教えてはならないとか、非ビルマ民族の官公庁への就職や昇進が困難であるといった政府の民族差別のためだ。女性の場合、高い確率で春をひさぐ仕事につき、その結果少なからぬ者がエイズに感染する。エイズにかかると仕事ができなくなりシャン州に戻る。そして、当然のごとく、シャン州ひいてはビルマ全土にエイズが広がることになる。シャン州では近年、ヘロイン中毒者が激増し、それもエイズの蔓延《まんえん》に一役買っている。

その医者が正直かどうかが問題だが、ワの女性がタイで娼婦《しょうふ》をやっているという話は聞いたことがない。色黒のワ人はタイでは娼婦として不人気なのである。また、アヘンを作っていながらヘロインの購買力のないワ人には、幸いにもエイズの手は及んでなさそうであった。

病院からちょっと歩くと、ビルマ政府が運営している学校があった。私は校長以下、数人のビルマ人教師に会い、授業参観をさせてもらった。一学年十人程度、それも大半がシャン人だった。パンサンはワ州唯一の低地なだけに、平地民シャン人の人口が多いところだが、それを差し引いてもワの子どもは少ない。あとでわかったことだが、ふつうのワ人は周囲の山間部に住んでおり、学校に子どもをやれない。一方、町に家を構えているような裕福なワ人は子女を中国の学校に通わせているらしい。つまり、その学校はワ人とは何も関係ないところで細々と機能していたのである。

ビルマ政府の援助はこんな感じで、いずれにしても、お粗末としかいいようのない代物であった。これを指して「(ワ州を中心とする)辺境地域の生活向上に力を入れている」とビルマ政府が喧伝《けんでん》しているのであれば、笑止千万といわなければならない。これでは、タ・パンが怒るのも無理はない。電気にしても、ビルマ政府は見事なくらい何もしていない。パンサンの電気はワ軍が中国から買っていた。謝アルーの家には、雲南省の電力部から寄贈された新築祝いの絵が飾ってあったくらいだ。いいお得意なのだろう。常識では考えられない関係である。

郵便局は二つあった。一つはビルマ政府が管理しているビルマ国内向けのものだが、ビルマに縁のある人は少ないらしく、閑古鳥が鳴いていた。だいたいパンサンにはビルマ語ができる人間がいないということもある。もう一つは町の中心部にある中国向けのものだ。ここで預かった郵便物はまとめて中国の郵便局へ持っていき、帰りにはパンサン宛《あ》ての手紙をもらってくる。配達人も私書箱もなく、ただ宛名を入口の黒板に漢字で書き出しておく。パンサン在住のワ人はたいてい中国名を持っている。その黒板を見て人びとは郵便物を受け取りに行くのだ。ワ州内に郵便配達のシステムはない。

さてさて、パンサンを見て、それをワ州のすべてと思ったら大間違いだが、東京が日本を代表しているのと同様、パンサンはワ州のあり方をかなり象徴しているはずだ。

私がこの十日のうちに抱いたパンサンのイメージは「孤立」である。それも妙な孤立のしかただ。完全に中国の文化圏なのに中国ではけっしてない。公式にはビルマの一部でありながらビルマの影響はゼロに等しい。そして、中国とビルマ以外の国とは没交渉である。中国とビルマという大海のあいだにポコッと浮いた陸の孤島。それがパンサンに象徴されるワ州の姿であった。

「文化はないが、歴史はある」

チェンマイを発ってから二週間、パンサンに着いてから十日間が素早く私の手をすり抜けた。最初はせっせと歩き回り、つぎにはいらいらしはじめ、しまいにはベッドに乗った身体《からだ》の重さに任せて惰眠《だみん》を貪《むさぼ》るようになった。

そこへ急転直下、事態が進展した。

その日の午後、見知らぬ男に呼ばれた私は慌てて服を着替えて車に乗りこんだ。着いた先は謝アルーの家の向かいである。入口には二人の兵士が警備していた。ワ人の屋敷にしては珍しく瀟洒《しょうしゃ》な造りで庭には数人の男がくつろいでいた。ツタを這《は》わせた棚の下に丸いテーブルが置かれ、男が二人談笑しており、私はそちらへ行くよう合図された。一人は日本の中小企業の社長を思い起こさせる四十年配のおやっさんで、もう一人は私がパンサンで初めて見た、ほれぼれするほどきりっとした若い軍人であった。

私はこの若いほうと親しくなりたかったが、礼儀として年上のおやっさんに話しかけ、名を問うたところ、「サム・パオ」と言う。聞いたことのない名前だ。それで、「タ・クン・パオという人を知っていますか」と、待人のことを訊ねたところ、彼はキョトンとして答えた。

「それは私だ」

こちらもキョトンとなった。私はてっきり若い通訳が来るものと思いこんでいたのだ。それが頭髪は少したそがれ、やや腹の出たおやっさんとは。もっとも、若い者が「タ」の敬称で呼ばれるわけはないのだ。軍の幹部に決まっている。それに気づかなかった私が迂《う》闊《かつ》だった。が、とにもかくにも、待ちに待った通訳兼ガイドが到着したのだ。

不意に後ろから「アイ・ラオ」と呼びかけられた。振り向くとワ軍のボス、タ・パンが立っていた。彼は私の肩を叩《たた》きながら言った。

「君たち二人はこれから兄弟として一緒に行動する。兄が死ぬときは弟も死ぬ。大丈夫、何も問題はない。いいな！」

この「Aが死ぬときはBも死ぬ」というのがタ・パンの十八番《おはこ》のセリフらしい。

私はようやく物語の歯車が回り出すのを感じたが、その回転音は私が予期したものとはいささかちがった。タ・パンと親しげに話しているところを見ると、タ・クン・パオはそれなりに地位のある人物のようで、そんな人と兄弟になれるとは私もVIP待遇に復活したかと思いながらも、「こりゃ参った！」と胸のなかで舌打ちしたのは、この年の離れた兄貴の話していることが半分もわからなかったからである。

彼はサイ・パオと同様、耳で聞きかじったぐずぐずの雲南訛《なま》りで話し、漢字も書けない。のっけから、通訳の言うことが理解不能という困難な状況に陥ったが、めげている場合ではないので、私はタ・パンに言ったのと同じことを一所懸命繰り返した。相手の言うことがわからないときには、こちらがしゃべるしかない。そうしないと物ごとがどっちの方向へ流れていくかわかったものではない。

兄貴は私の、やはり東京訛りのぐずぐずの北京《ペキン》方言がわかったのかどうか知らないが、うんうんと頷きつつ、しかし「ワ人の歴史を知ることが重要だ」と関係ないことを言い出して、私を心配の淵《ふち》に追いやった。

その後、時間をかけて知ったところでは、彼はワ州北部のムンマオ県で文教委員長をつとめており、ワの歴史を研究しながら、それを教えているらしい。タ・パンが言うには、「ワ人の歴史に関しては彼より詳しい人間はいない」とのことだ。つまり、彼もとりあえず自分の得意分野をアピールしたものとみえる。ワ州随一の歴史家とはいうものの、正規の高等教育を受けたわけではないから、いわゆる地元の郷土史家みたいなものだろう。

それにしても、こちらが風俗・習慣を知りたいと言っているのに、どうしてタ・パンもおやっさんも歴史（中国語で「リーシ」）にかくもこだわるのか。あまりにリーシ、リーシと言うので、ここでは風俗も習慣も文化もみんなひっくるめて「リーシ」と呼ぶのかと思ったくらいだ。

おやっさんのもう一つの口癖に「ワ人には『文化《ウエンホワ》』がない、しかし……」というのもあった。日本語で聞くと奇妙だ。コンゴのジャングルに住む者も、アンデスの山奥に暮らす先住民も、人間は誰しも文化を持つ。文化のない民族など存在しない。だが、中国語の「文化」はその意味ではない。それは「教養」のことである。たとえば、学歴のことを「文化程度《ウエンホワチヨンドウ》」という。さらにいえば中国の教養とは書物を読むことである。だから、固有の文字を持たないワ人には「文化」がないことになる。

つまり「『文化《ウエンホワ》』はない、しかし『歴史《リーシ》』はある」、くだけていえば「教養はなくとも、おれたちは先祖代々ちゃんと土地に根ざして生きてきたんだ、信じてくれよ！」というのが、おやっさんらの主張の骨子であり、そこには無文字社会の悲哀が色濃く感じられる。

それほど言うなら歴史の話を拝聴しようかと思ったら、あとで部下の若い者に口述筆記させるつもりであることが、繰り返しのやりとりでわかった。しかし、このとき、このタ・クン・パオこそ、例の「サロウィン川東部はすべてワの領土」説を唱えている張本人だと知り、話を聞く気がしなくなった。公認印がついたワの歴史を知っておくのは悪いことではないが、彼は国家とはいわないまでも組織を背負っている。組織を背負った歴史家が信用ならないことはほかならぬ歴史が証明ずみだ。

この厄介な最初の対面で唯一、大笑いしたのは、彼が「日本のことをワ語で『ホー・ローム』という」と教えてくれたことである。ホーは「中国」、ロームは「水」。つまり「水《みず》中国《ちゅうごく》」である。ワ語では、大陸の中国を「赤中国」、台湾を「白中国」と呼ぶことは知っていた。なんだか赤ワイン、白ワインみたいだな、「ロゼ中国」はないのかな。いや、近年、大陸は「赤い資本主義」と呼ばれているくらいだから「赤」というよりは「ロゼ」に近いかもしれない、などと感想を持ったことはあれど、さらに「水中国」があり、それが日本のこととはおかしかった。

何でも第二次大戦中、日本軍がワ州に攻めこんできたとき、水つまり川を潜ってやって来たからだという。そんなバカなと笑ったが、その後、ジョークのつもりで年配のワ人にその話をしたら、「そうだ」とあっさり言われた。ちゃんとしたワ語のボキャブラリーに入っているらしい。もっとも、あとで調べてみると、日本軍はワ州にはやって来ていないようだったが。

ところで、肝心の滞在先である。私は、すごく辺鄙《へんぴ》なところにあり、ワの古い習慣を守っていて、しかもケシ栽培を熱心にやっている村へ行きたいとしつこいぐらい主張した。それが果たしてどれだけ通じたものか……。おやっさんは相変わらず、コミュニケーションの不自由さを気にする様子もなく、鷹揚《おうよう》に頷くだけだった。彼にはニー・プルック（以下ニー）という中国出身のワ人の若い衆が同行していた。おやっさんが、あとで歴史を口述筆記させると言った部下である。こちらは字は書けるが、ひどい雲南訛りであるのは変わらない。

通訳が役に立たない以上、村行きは困難になることが予想された。しかし、私の不安をよそに、おやっさんは妙に日本語に興味を示して、こうおっしゃった。

「私に、『水中国』語を教えてくれ。かわりに、できるかぎり、リーシを教えてやるから」

視野が狭い郷土史家は始末に困る。視野が狭くて熱心なのはもっと困る。しかし、こちらに選択の余地はなかった。

村探しの出発日は翌日と決まった。

第二章　手探りの辺境行

「これからクンサーと戦いに行く」と答えた少年兵たち

村の軍事面の責任者である小隊長のアイ・スン

山奥に出現した華やかな市場

私たちは、いよいよワ州奥地へ出発した。ワ州というのは、大雑把にいえば、南北に長い長方形をしている。東の長辺が中国との国境、西の長辺がサロウィン川でくっきりと区切られ、北はコーカン、南はムンヤン地区に接している。パンサンは南東の端にある平地で、中国人や他の少数民族が多く、ワ州では例外的な場所だ。だから奥地に行けば、ほんとうのワ州が見られるはずである。

リーシの専門家ことタ・クン・パオとその部下ニーとともに、私はワ州を北に向けて縦断した。といっても、それが「縦断」であったことに気づいたのは、だいぶあとになってからである。用意してきた既成の地図はよほど昔に作製されたものか、地名がほとんど異なっており、おやっさんに見せても「これは何だ？」と首をひねるばかりで、したがって目的地がどこにあるのか全然わからなかったのである。行き先や現在地が不明というのは、この後もつづき、私はほんとうに手探りで闇《やみ》のなかに分け入っていく気分を味わうことになった。

私たちは軍のピックアップ・トラックの荷台に便乗させてもらった。ほかに三人、古びた銃を抱えた兵士がうずくまっていた。どう見ても十五、六歳ぐらいである。顔はあどけなく、身体《からだ》も小さい。聞くと「これからクンサーと戦いに行く」と答えた。

私はチェンマイにいたとき、やはり同じ年くらいのクンサー軍の兵隊を何人も見ていたから、さすがに胸が痛んだ。戦争とは、その意義も知らない子どもにやらせるものなのだろうか。チェンマイのあの少年兵とここにいる少年たちが殺し合いを演じるとは信じがたかった。少年の一人は、ろくに車にも乗ったことがないようで、走り出して二時間もしないうちに酔ってしまい、苦しそうにゲーゲー吐いていた。

いちばん最後に乗り込んだ私の居場所は悪く、弾薬が詰まった金属の箱の山の上だった。これが角張っているうえに、悪路に車が跳ね上がるたびその山が崩れ、私は箱の角にいやというほどケツをぶつけ悲鳴をあげた。弾薬のケースには中国語で「五百発」と記されており、少なくとも中国から弾薬が流入していることが知れた。この分だと武器も中国製がそうとうの割合を占めているにちがいない。中国はビルマ政府に莫大《ばくだい》な武器援助および輸出をしている一方で、反政府ゲリラにも武器を売りつけているというもっぱらの噂《うわさ》だったが、その一端が確かめられたわけだ。

少年兵の一人がワ軍のものとはちがうユニフォームを着ていたので、それは何かと聞いたところ、「コーカン軍のものだ」という。ワ軍がコーカンを助けているとは聞いていたが、兵隊まで貸しているとは知らなかった。しかも、「コーカン軍の兵隊のうち七割はワ軍が供出している」というから驚きだ。あとでこの日の目的地ヤンルンに着いたとき、やはり同じ軍服を着用している年配の男がいた。これも「出向兵」が戻ってきたものらしい。どうして「親政府武装勢力」と「反政府ゲリラ」がかくも仲がいいのか不思議でしかたないが、このへんが通りいっぺんのロジックでは片づけられないゴールデン・ランドたる所以《ゆえん》である。

パンサンを出てから、車は往生際の悪い蛇のようにのたくる山道を、ぬかるみや土砂に足をとられながら、ひたすら登った。一時間くらいして、眼前に驚くべき光景があらわれた。

市場である。「市場ぐらいに驚くことはないだろう」といわれれば確かにそうなのだが、そうとうな山のなかに、派手な民族衣装をまとった人びとがぎっしりと集まっていたのだ。私はそれまでパンサンにいたせいで、ワ人には民族衣装などないという先入観を抱《いだ》いていただけに、老若男女が年齢と性別に相応した格好をしていることに意表をつかれた。

とりわけ女性の上着やスカートは黒か濃紺の地にほどこされた赤い縁取りが鮮やかで、若い女性は見事な意匠の銀細工の髪飾りで長い髪をとめ、年配の女性のなかにはキンマ（コショウ科のつる植物。これにビンロウジュの種子と石灰を包んで嚙《か》むと興奮性の麻酔作用がある）で赤黒く染まった口許に銀色のパイプをくゆらしている人もいた。年配の男は利休の肖像画に見るような奇妙な帽子をかぶり、あるいはタオルをターバンの形に巻いていた。

別世界に紛れ込んだとはこのことである。

市場の入口には車の代わりに馬が二十頭余りつながれ、鞍《くら》が横に置いてあった。これで荷物を運ぶらしい。肉や野菜を量るのに天秤《てんびん》を用いるが、錘《おもり》が乾電池というのがアンバランスでおかしかった。行き交う金はパンサン同様、人民元である。「ワ州全域が人民元を使用している」とおやっさんは言った。また、ワ州内で開かれる市はすべて五日市であることもこのとき教わった。

ふたたび走り始めた道は、ワ州の唯一のメインロードであるはずなのだが、岩や土石を人力で削り、なんとか車一台が通れるように仕立てた山道でしかない。しかも、ただの山道ではない。あきれたことに車は山の尾根を延々と走るのである。登山道を強引に走っているようなものだ。どんな山道もふつうは川か沢づたいに走り、必要なときだけ山の連なりのできるだけ低い部分を通る。それを日本では峠と呼ぶわけだが、ここでは川を渡ることもなければ、盆地に降りることもない。

景色も山登りで目にするものに似てくる。三百六十度どこを見ても、二重三重どころか四重五重の山並みである。「辺境」という言葉がときおり襲ってくるスコールの雨の冷たさとともに身体の奥深くに染みこんできた。そして、この遠景が一時的なものでなく、これから優に半年は見つづけなければならないものだったとは、そのときはとうてい思い至らなかった。

一方、近景は私には意外だった。そこに原生林はなく、たいていは最低一回は焼畑《やきはた》に利用したとおぼしき二次林で、大きな木は少ない。第一、森林自体が極端に少なく、見渡すかぎり、畑か陸稲《おかぼ》なので、急斜面であることを除けば、まるで写真やテレビで見るヨーロッパの山中にいるようだ。ここの山道は便宜上、山岳地帯を通っているのではなく、人間がふつうに生活している地域をつないでいるのであり、つまり、これがワ州の一般的な姿なのであった。私が市場を見て「こんな山の上に市場が……」と驚いたのは、私がこの州において新参者であることの何よりの証拠だった。

街道——もう山道という言い方はやめる。常識を転換させなければいけない——沿いには、集落もちらほら見えた。草葺屋根《くさぶきやね》に高床で、風雨にさらされて黒っぽくくすんだ家屋が、ひっそりと身を寄せ合っていた。家の周囲に人影がないのは野良仕事に出ているからだろう。よく耕されて、まだ芽の出ていない茶色の畑が急斜面に数多く見受けられたが、それらはみなケシ畑であった。これから雨の降らない不毛な時期を迎えるにあたって、彼らが準備するのはケシ以外にない。さすがゴールデン・ランドのワ州。これだけは私の期待に応《こた》えてくれた。種まきに間に合えばいいのだが。私はそればかり念じていた。

日の暮れるころ、ようやく山を少し下り、小さな盆地に出た。そこがヤンルンだった。

ワ州の軍事拠点の一つらしいが、世界中のどの基準に照らし合わせても「村」としか呼べない。それでも、かろうじて軍の詰所があり、発電機で裸電球がともされていた。肉体の疲れより、未知の土地を手探りしている状態に気疲れしていた私には、ヤンルンは闇に閉ざされたワ州奥地にともされた小さな灯りのように感じられた。

「長男ワ人、次男漢人、三男シャン人」

ヤンルンは盆地といえども、標高はけっして低くはない。その証拠に春になると、大風が吹けば倒れてしまいそうな草葺屋根の家々の裏庭に赤や白の美しい〝花〟が咲きほころぶ。ここの人たちは、草花を愛《め》でるような優雅な趣味を持ち合わせてもいなければ、空いている土地を無駄に遊ばせておく生活の余裕もない。和歌で〝花〟といえば「さくら」であるが、ワ語ではただ〝花〟といえば、それは「ケシ」のことである。香港と同じくらいの緯度でケシが育つからには、やはりそうとうな高地なのだ。ワのふつうの村はさらに高いところにある。

ワ州は最初から最後まで息もつけないような山岳地帯だ。ケシはこういう気候帯を好むが、ワ人はべつに好んでこんな冒険小説じみた土地に住んでいるわけではない。人間が生活を営むのは平地のほうがいいに決まっている。ワ人が平地に住まないのは、住めなくされたからだ。ありていにいえば、南下してきた民族に「追い立て」を食ったのである。

ここヤンルンでも、暇さえあれば、リーシ家のおやっさんから講釈を受けた。相変わらず言葉がわからないが、それでも同じことばかり繰り返すので、少しずつ断片が耳に入ってくるようになった。ほかの部分が霧に包まれているので、理解できる断片はコケのように私の頭にこびりついた。出来の悪い生徒にいらつく教師が声をひときわあげて唱える決まり文句の一つは、つぎのようなものだ。

「アイ・ワ、ニー・ホー、サム・シエム」

これは「長男ワ人、次男漢人、三男シャン人」の意味で、各民族がこの世に生まれた順番をワ人はこう信じているのであり、ビルマ人など、もっと年下ということになる。村人はいざ知らず、さすがにリーシ家のおやっさんはそれを言葉どおりに受け取っているわけではなく、歴史として解釈している。シャン州からビルマ中央部のマンダレー付近、さらに中国の雲南省、タイ北部まで、かつてはワ人の土地であった。それどころか、ワの王国があったとまで、おやっさんは言うのだ。いろいろ問題があるとしても、おやっさんの言うことは当たらずといえども遠からずとはいえる。

ワ人は人類学・言語学的にはモン・クメール語族に属するとされる。この民族グループは南方からやって来て、インドシナからビルマにかけての地域に定住した先住民だといわれる。共通する身体的特徴は、肌の色が黒く、目はぱっちりしていて、鼻が低いことである。

そして、現在、この地域を支配する中国系、ビルマ系、タイ系の各グループが北方から下りてくる以前に、モン・クメール系は独自の文明と王国を築いていた。ビルマ南部のパリハンジャヤ王国（モン人）、アンコールワットで有名なアンコール王国（クメール人）がそれだ。文字にしても、ビルマ文字はモン文字から、タイ文字はクメール文字から取り入れられた。しかし、九世紀ごろにビルマ系が、一〇世紀前後にタイ系がそれぞれ漢族の圧迫を受けて南下してきて以来、モン・クメール系の勢力は急激に衰え、今日に至っては、かろうじて国家を構えているのはカンボジアのクメール人のみで、あとはタイ、ビルマ、中国国内の少数民族、それもきわめて微々たる数の少数民族に成り下がったのである。

つまり、おやっさんの説は人類学・言語学的に正しいことになる。とはいえ、おやっさんはそういった学問的分類など知らない。ただ、言葉と直感でモン・クメールとの類縁関係を察しているらしい。たとえば、ワ州でも短波ラジオでカンボジアの放送が入るのだが、おやっさんが言うには「三〇パーセントは理解できる」とのことだ。そうやって彼は、一度も会ったことのないカンボジア人が遠い親戚《しんせき》だと承知している。ふつうのワ人は同じ放送を聞いてもまったくわからないし、だいたい「カンボジア」など、ふつうのワ人は知らないのだから、そこは自己流ながら研究者のおやっさんのえらいところだ。

ただし、おやっさんの説くところが、歴史ではなく、あくまでリーシにとどまるのは、そこに希望的観測を入れ、都合のいいように解釈しているからだ。カンボジアやビルマに王国を築いたのはワ人ではなく、クメール人やモン人である。ワ人が雲南省北部やビルマ中央部にまで居住していたという記録もない。いわば、親戚の手柄をわがことのようにすり替えているのである。記録がないのも、「おれたちは文字を持たなかったから記録が残っていないだけで、ちゃんとこういう言い伝えがある」といい、「長男ワ人、次男漢人……」と繰り返すわけだ。

少なくとも、ワ人はシャン州のサロウィン川東部と中国雲南省西南部という広大な範囲の地域の先住民だったことはほんとうのようである。日本の文化人類学の泰斗《たいと》、大林太良《おおばやしたりょう》博士は、東南アジアで見られる多数民族と少数民族の関係の典型例としてワ人を引き合いに出している。

オーストリアの民族学者ベルナツィークは、ビルマのシャン・ステーツの山地焼畑耕作民ワ族と低地の水稲耕作民シャン族との関係をつぎのように描いている。一九三〇年代なかばの状況である。

「ケング・トゥングのシャン族は、毎年、お祭りをするが、それは彼らが土地を強奪したことをはっきり証明している。一人のワ族の男が玉座にすわらされ、王位をあらわすあらゆる神器《じんぎ》を授けられる。その時、若干のシャン族の男たちがやってきて、力づくでワ族の男を玉座から追い払い、そしてこの象徴的な行動を勝利の祭宴でもって終えるのである」

（『民族の世界史6　東南アジアの民族と歴史』）

ケング・トゥングというのは、私の保証人サイ・パオの出身地で、一九六〇年から七〇年代にかけてアヘンの大集散地だったと述べたチェントゥンのことである。シャン州南部で最大の平地がシャン人に奪われるまではワ人の土地だったというのは興味深い。当時のワ人の勢力がそうとうなものだったと考えられるからだ。そのころ、彼らがどんな生活をしていたのか知る術《すべ》はないが、ケシに頼らずにすむ生活だったことは間違いないだろう。もっとも、その時分、ケシなど東南アジアに存在しなかったけれども。

ところで、おやっさんの口癖については、もう一つわからないことがあった。長男ワ人はわかったが、次男漢人、三男シャン人は順番が逆ではないかということだった。その疑問はヤンルンでの授業中に、おやっさんからワ人の名前のつけ方を聞いているうちに解けてきた。

日本の昔の農村では子どもが生まれた順に太郎、次郎、三郎……と数で名づけていったのと同じように、ワでは名前のつけ方に規則がある。男子も女子も必ず二語からなる名前を与えられる。最初の語は長男、次男、三男とつづく、例のアイ、ニー、サム……で

（女子の場合は長女、次女……の呼び方はちがう）、つぎの語は親族が決める。たとえば、私のワ名アイ・ラオだが、私は長男なので、絶対にアイでなくてはならない。アイよりニーのほうが音の響きがいいといっても許されない。が、ラオは私の保証人サイ・パオが適当につけたものである。だから、私はこの名づけ方がワ人の伝統の核心であると思っていた。ところが、話はそう単純ではなかったのだ。

アイ、ニー、サムくらいでは気づかないが、そのあとを聞いてびっくりする。こうなのだ。

長男・アイ、次男・ニー、三男・サム、四男・サイ、五男・ゴー、六男・ロック、七男・ジェット、八男・ベット（九男より下はほとんど例がないので知らないとのこと）。

日本語そっくりなのだ。とくに二、五、六はそのままだ。しかし冷静に考えると、日本語のイチ、ニ、サン……は大和言葉《やまとことば》ではなく、中国語であった。七、八は日本語とかなりちがうように見えるが、シャン語（タイ語も同じ）の七、八とまったく同音で、しかもそれらは中国語から借用していることがわかっている。つまり、長男のアイ以外は中国語からの借り物なのだ。

ちなみに、アイはどこから来たのかと考えるに、これもワ語ではなく、おそらくタイ・シャン語の〝アイ〟と関係があると推測する。アイというのは、兄弟以外の者を「兄さん」とか「兄貴」と呼ぶ言い方だが、今では軽蔑《けいべつ》の意味でしか用いられない。「大将」といったところか。ワ人もまた見知らぬ男に話しかけるときに、「ちょっと、そこの兄さん」という感じで〝アイ〟と呼ぶのである。

回り道をしたが、何が言いたいかというと、ほんとうはシャン人がワ人にとって替わったのだが、あとから来た中国人の影響のほうが強くて、次男にのし上がってしまったのではないか。いや、もっと大切なのは、この名づけ方自体が中国式だということだ。悲しいかな、文字がないワ人が心のよりどころとする「アイ・ワ、ニー・ホー、サム・シエム」というような言い伝えも他民族に侵食されており、しかも彼ら自身がそれに気づいていない。こうして、ワ人は土地も精神文化も他民族から「追い立て」を食って、否応なしにこの山の砦《とりで》に立てこもることになった……。

といったことを同じアマチュア研究家としておやっさんと話し合いたかったのだが、それを伝える言葉を持たない私は、ときには「おやっさん、そりゃあ、ちょっとちがうぜ！」と心のなかで絶叫しながらも、沈黙して彼の講釈を聞くしかなかったのであった。

「いいか、アイ・ラオ、おれたちワ人はな、『アイ・ワ、ニー・ホー、サム・シエム』といってな……」

ワの酒プライコーの特殊な飲み方

戦闘に参加していないゲリラほど存在意義のあやふやなものはない。ヤンルンはワ州の交通の要所ではあるが、現地の内輪もめに巻き込まれているコーカン州や宿敵クンサー軍の前線から遠く離れているおかげで、この地の軍の詰所は「総本部」と仰々しく呼ばれているのがおかしいくらい緊迫感がなかった。倉庫に毛の生えた程度の建物の内にも外にも武器のたぐいは見当たらず、いかにも田舎《いなか》のおじさんという感じの幹部たちは日だまりの下、籐《とう》の椅子《いす》にもたれ、出がらしのお茶を飲みながら一日をやり過ごしていた。

私がパンサンの総司令部（「中央《チョンヤン》」と彼らは呼ぶ）からじきじきにやって来たせいか、外国人を見たのが初めてなせいか、あるいは単に暇なせいか、おじさんたちは入れ替わり立ち替わり私のところにやって来ては「アイ・ラオ、お茶を飲め」「アイ・ラオ、タバコはどうだ」「ビールは好きか」と世話を焼く。厚意はありがたかったが、私はこの窓際族的な人びとの相手をするためにわざわざやって来たのではない。

到着の翌々日、私はおやっさんの手下ニーと詰所の兵士サイに案内してもらい、さっそく滞在先となりそうな「村めぐり」を始めた。私の目的はあくまでも一カ所の村に長期滞在することであり、私は何回も「ケシ栽培を盛んにおこなっており、しかも伝統的な村に行きたい」と訴えたが、彼らが私の意図をどれだけ理解しているか、あるいはどれだけ忠実に手助けしてくれるのかは未知数で、私はともかく案内係のあとを黙ってついていくしかなかった。

最初の村、ロイ・プラオはヤンルンから車で十五分ほど山を登ったところにあった。戸数八戸、ずいぶん小さな村だと不審に思ったが、招かれるまま私たちは一軒の家へ入った。土壁で窓もないので、薄暗い。深緑色の軍服を着た男たちがぞろぞろ集まってきた。女性は一人もいない。

そこは村ではなく、兵士の営舎だったのだ。話を聞くと、ワ軍の兵士も党の役人も一律月給五元（当時、約六十円）しかもらえないのだという。五元では子どもの小遣いにもならないので、農作物を作ったり、家畜を飼ったりして、自力で生計をたてなければならない。半士半農だ。日本では織田信長の時代にすでに兵農分離が進められていたというが、ワ州はそこまでいっていないようだ。ただ幹部たちだけはいろいろな役得でお茶を飲んで暮らしていけるらしい。兵隊や役人に給与が支給されないのはどこのゲリラでも同じことだろうが、これがワ軍の腐敗の構造になっていると気づいたのは、もっとあとになってからである。

ここにもちゃんとケシ畑があった。それどころか、家の裏にはすでに花が咲いているものが数本あった。ケシの花を見たのはそれが初めてだったが、ひどく小さい。膝《ひざ》くらいの高さだ。夏のうちに種をまいたらしいが、どうしてこれっぽっちを時期はずれに作ったのだろうと思ったら、「試してみたのだ」と言う。うまく育てば、来年から本格的に栽培するということだ。彼らはこうしてつねに少しでもケシ畑を広げようと努力をしているのだ。

そして召集がかかれば、部屋の片隅に立てかけてある銃を手にして、ただちに戦地へ赴《おもむ》く。「アヘンもあるけど、見たいか」と聞かれ、「見たい見たい！」と答えると、野球のボール大の塊《かたまり》を持ってきて、ひょいと手渡された。これが生アヘンか。私が想像していた黒いゴム状の物質ではなく、色も形も粘土の泥だんごのようだった。あまり気持ちがいいとはいえない独特の臭《にお》いがぷんとする。しばらく手に持って感触を確かめてから持ち主に返したが、手にすっかり臭いがついてしまった。この臭《くさ》い泥だんごに身も心も奪われる人間がいて、世界中の警察がぴりぴりし、殺人やときには戦争の原因にすらなるというのがピンとこなかった。

アヘンを量るのに「ジョイ」という単位が使われるということも初めて知った。これはアヘンにしか使用しない特殊単位で一ジョイが三斤三両（中国の単位。一斤＝五〇〇グラム、一両＝五〇グラム）、つまり一・六五キロである。一ジョイに達しないものは、ワ州の習慣として斤や両の単位で表す。ちなみに、そのかたまりはとても一ジョイに足りないということだった。

「一ジョイは人民元でだいたいいくらなんですか」と質問したら、みんなは顔を見合わせて「うーん、三千元のときもあれば五千元のときもある」とずいぶん曖昧《あいまい》なことを言った。どうしてそんなに値段に幅があるのかわからなかったが、それ以上深く突っ込んで聞くのは時期尚早のような気がして、「ふーん」と納得しておいた。

その村で野菜と肉の炒《いた》め物と湯《タン》（スープ）の食事をご馳走《ちそう》になると、みんなが「プライコー、プライコー！」と大声で言い始め、それまでちょっと「よそいき」ぽかった顔が俄然《がぜん》、活気を帯びてきた。男が急に生き生きするのは、「女」か「酒」と相場が決まっているものだが、村には女はいないから、当然、酒である。しかし、ビールか焼酎《しょうちゅう》のビンが出てくるのだろうと思ったのは大間違いだった。男が二人がかりで巨大な瓶《かめ》を運んできたのだ。しかも、なかを覗《のぞ》いて面食らった。ゴマくらいの大きさの種がびっしり詰まっている。

「どこが酒なんだ？」

「これがワの酒、プライコーさ」と、兵士のサイはニコニコしながら答えた。

プライコーは、作り方、飲み方、味のすべてにおいて世界的にもひじょうに珍しい酒だ。プライとは酒、コーとはこの酒の原料となる植物の種のことで正確な種名はわからないが、おそらく、アワかヒエの類《たぐ》いだろう。いちばん聞き取りやすい中国語を話すサイによれば、畑でとれたコーの種を大鍋《おおなべ》でぐつぐつ煮込み、それを二日間、籠《かご》のなかに入れておく。さらにそれを瓶に移して十日から三十日間ねかす。すると、種がほどよく発酵する。それを今持ってきたのだという。

「それで？」

私はサイの説明がわからない。

「見ていればわかる」

男がプラスチックのタンクを持ってきて、瓶のなかに水をどぼどぼ注いだ。つづいて、べつの男が一メートルくらいに切ったつる草を瓶の底のほうに突っ込み、もう一方を強く吸った。そのつる草は中空で管になっているようで、瓶のなかから水がどんどん出てくる。その水を小さめの瓶で受ける。これが酒なのだ。瓶のなかのコーはすでに発酵していてアルコール分を含んでいる。だから、上から水が通過するだけで酒になってしまうのである。

飲み方がまた変わっていた。酒注《さけつ》ぎ係が五百ミリリットル缶ほどの大きさの竹の杯に酒をなみなみと注ぎ、いちばん年配の男に渡す。年配の男は竹杯を両手でつかみ、客である私の目の前に差し出し「ア」と言う。何だかわからんが、こちらにくれたものだと思って手を出すと空振りした。相手は杯をひっこめ、自分の口につけ、ほんのちょっとなめた。それから、あらためてこちらに差し出した。今度は受け取っていいらしい。

口もとに近づけるとほのかに甘い香りがした。それを四、五口飲む。ヤシ酒のような味がするがほとんどアルコール分を感じないくらい薄い。すると、相手は身振りで全部飲めという。かなりの量だが、一息に杯を空ける。飲み終えたら、酒注ぎ係に杯を返す。また杯が満たされると今度は逆になる。私が先に口をつけ、相手に渡す。相手はやはり一気に飲みほして、空の杯を差し出す。で、私たち二人で一つの杯を両手で握りあい、うんうんと頷《うなず》く。これでようやく終了である。

何だか義兄弟の契《ちぎ》りでも結んだような気がしたが、これは私に対して特別にしたことではない。その証拠に、以後、つぎからつぎへとみんなが二人一組になって「ア」「ア」と言いながら、杯を干したのである。これがプライコーの飲み方なのだ。

サイによれば、「ア」というのはもともと「私たち二人」の意で、ここでは日本語の「乾杯」にあたる。三人以上で同時に酒を飲むことがないので、こう言うのだろう。そこには義兄弟の契りほどではないが、明らかに友好の念を強く確かめあう気息がある。ただ、いい年をした男が真面目《まじめ》な顔をしながら口をポカッと開けて「ア」と言うのはどうにも間が抜けている感じで、笑いをこらえるのに苦労した。相手に飲ませる前に自分が口をつけるのは、「この酒には毒が入っていない」ことを示すためというのがオリジナルの意味らしい。

アヘンとプライコーが登場し、私は初めてほんとうの「ワらしさ」の一端を味わったような気がした。もっとも、肝心の「村めぐり」はまだ始まってもいなかった。結局、酔っぱらった私たちはそのままヤンルンの詰所に帰ってしまったのである。

もっと辺鄙《へんぴ》な村に行きたい

夜目には美しい村が……

私はその後、五日間、村めぐりをおこなったが、住むのにふさわしい村を探すのは思ったほど容易なことではなかった。「ケシ栽培を積極的にやっていて、かつ伝統的な村」という条件があるのに加えて、まがりなりにもケシの種まきからアヘンの収穫まで最低四、五カ月は暮らすのだから、慎重にならざるを得なかった。東京でアパートの物件を探しているわけではないので、生活の快適さや便利さなど、はなから求めていないが、土地にもそこに住んでいる人にもそれぞれ「相」というものがある。よい相の土地でよい相の人たちに囲まれて過ごしたいと思うのは人情だろう。ところが、私がまわった村は、どれを見ても一長一短であった。

最初の村ロイ・ティヤは、半士半農の村ロイ・プラオの方角へ歩いて三時間ほど行ったところにあった。付添いは同じく若いニーと現地ガイド役のサイである。車道からかなり下ったところに村は広がっていた。戸数百八十、人口七百〜八百とのことで、高床式の家がびっしり並んでいた。ワでは一つの村の戸数は多いと聞いていたが、なるほど焼畑農耕民の村としては異例の密集度だった。一般に、焼畑をおこなう民族は一人当たりに必要な土地が広いから、村は小さい。人口が多くなると畑が遠くなって不便だからだ。

ワ人が大人数で固まって村を形成するのはかつての「首狩り」の名残《なご》りだろう。つねに近隣の村と緊張関係にあったため、防衛上の戦力が必要とされたのだ。昔は村の周りに柵《さく》が張りめぐらされていたと文献にあるが、さすがに今はない。

着いたのはすでに薄暗くなったころであった。私たちは草葺に土壁で作られた来客用の宿舎に泊まった。サイが作った缶詰肉と野菜の炒め物の夕食をすませると、村のおもだった人びとが集まってきた。顔はよく見えないが中国の役人服や人民帽を身に付けている。暗い灯油ランプの照らすなか、竹筒に酒が注がれ、長老の一人が大声で祝詞《のりと》のようなものを唱え出した。客人に対する挨拶らしい。それから杯が私に突き出された。「ア」の宴会だ。私も「ここに来ることができて嬉《うれ》しい」とワ語で感謝の言葉を述べ、プライコーを飲んだ。その後は、十数人もの人間が酒を酌《く》み交わし、しゃべり、笑い、何がなんだかわからなかったが、たいへんな盛り上がりをみせた。

なにしろ、ワ州のこのへんに外国人が来たことなどないのだ。思いがけない喜びと当惑が入り雑《ま》じり、みんなそうとうに気分が高揚していたのだろう。付添いのニーは二十三歳の若僧だが、何やら長広舌をふるっていた。

私もだいぶ熱に浮かされた。「まだ種まきが終わっていないケシ畑がある」「ここに住むなら大歓迎する」と言われ、小用を足しに外へ出れば、天地が逆さまになって吸い込まれそうな満天の星が輝き、その下には黒い草葺屋根の村がしっとりとたたずんでいる。私は早くも「この村に住んでもいいかな」と思ったものである。

ところが、翌朝、明るい太陽の下で見れば、この村はあまり美しくなく、居心地がよさそうでもなかったので、住み込みの場にするのはあっさり断念してしまった。へんな比喩《ひゆ》だが、薄暗いバーで出会った女性に再会して、夜目には映らなかった目尻のシワや化粧でごまかしていた素顔を見てガックリするようなものだ。

家々は斜面の狭い敷地にごちゃごちゃと立て込んでおり、牛、ブタ、ニワトリが人間と同じくらいいて、そこらじゅうがフンだらけ。いや、家畜のフンはどうでもいいが、何といっても気になったのは、村人の出《い》で立ちだ。男は洋服を着て腕時計をはめ、女性もパンサンやヤンルンほどではないが、カラフルな合成繊維のシャツに腰巻がふつうで、よほどのおばあさんでないかぎり、ヤンルンへ来る途中の市場で見たような民族衣装は着用していない。民族衣装を着ていれば伝統的でよい村というわけではないのだが、中途半端に近代化しているところはなぜか見苦しい感じがしてしまう。

洋服が垢《あか》や土に汚れているとほんとうに汚い印象を受けるが、民族衣装が汚れていても不思議と不潔感がない。理由ははっきりしないが、「場」にふさわしい、ふさわしくないということなのか。衣服を通じて民族の誇りのようなものが伝わってくるということなのかもしれない。

さらに、この村が車道に直接通じていて外界に開けていること、「中央《チョンヤン》」の支配が強いらしく、村の役持ちがえらそうにしていることなども気に入らない理由の一つだった。もっとも、「中央」の影響が強いのは当然で、ここは私がパンサンで待っていた外務大臣タ・コーの出身地なのだった。タ・コーと仲よくなれるという利点もなくはなかったが、それより村人の本音が聞けないだろうというマイナスポイントが決定的だった。外からの風通しがよくなるからといって、なかの風通しがいいとはかぎらず、往々にして逆のことが多い。

私はやむなくヤンルンに撤退した。

銀パイプをくゆらす女の子

「もっと辺鄙な村に行きたい」とだだっ子のように訴えた結果、私たちはロイ・ティヤとは反対側、つまり西側の村を回ることになった。「あっちは貧しい村が多いから」と言って、詰所では麺《めん》だの缶詰だの米だの食糧を用意してくれた。全部タダである。

ワ州では私は国賓《こくひん》待遇であったので、アフリカや南米などの僻地《へきち》では必ずといっていいほど悩まされる金の問題がまったくなかった。詰所での滞在費はもちろん、車や人手を借りても、代金はいっさい要求されなかった。本来、自分で調達すべき村への土産《みやげ》のタバコまで買ってくれた。貴重なはずのガソリン代も無料。いつもはそういう細かいことでカンカンガクガクやりあうので、どうも勝手がちがった。

そこまできめ細かく面倒を見てもらいながら、「中央」つまりワ軍／党の息がかからないほうへ行きたがるのは恩知らずだとは思ったが、それは私が彼らのやり方に社会主義国（とくに中国）的な雰囲気を濃厚に感じたためである。ワ州は想像以上に辺境で隔絶されているが、同時に驚くほど官僚的なのだ。そこに二十年にわたる共産ゲリラ支配の根強い痕跡《こんせき》を見て取ることができる。

だが、その話はあと回しにして村めぐりの話をつづけよう。

二番目の村はニイェ・モイ。戸数八十。ワの村にしては小ぶりだ。ロイ・ティヤに比べ、小ぎれいで感じがよい。ヤンルンからトラックで二十分、そのあとは道が悪く、自動車が走れないので、「トラジー」と呼ばれるトラクターに荷台をつけた車に乗り換えた。トラジーはなにしろトラクターなので、スピードはのろいがどんな悪路でもパワフルに進む。それで二時間かかったのだから、たしかに私の望みどおり、見るからに「辺鄙なところ」であった。

夕方、畑仕事から帰ってきた女たちが、私たちの宿泊所の前にある水場に集まってきた。ワ特有の黒い巻きスカートをはいているだけで民族衣装というほどではなかったが、頭にピンクや赤のチェックの布をかぶり、年寄りだけでなく若い女の子まで銀色のパイプを口にしていた。

歩きまわってみると、女性は誰も彼も銀パイプをくわえたまま仕事をしたり、子どもに乳を与えたりしていた。「タバコは男の嗜好品《しこうひん》」という世界の常識（私の常識でもある）に反し、ひじょうに珍しいことだ。常識がくつがえされると快感を覚える私は大喜びでカメラを構え、銀パイプをくゆらせる十五、六歳の女の子たちのグループを狙《ねら》ったところ、きゃあきゃあ騒いで逃げていってしまった。「おい、ちょっと」と彼女たちを追いかけたら、どっと笑われた。

日が暮れてから、村の顔役が集まり、つぶした子ブタ肉の煮込みとご飯の夕食に呼ばれ、その後の「ア」の宴会、騒々しいおしゃべり、ニーの演説……と前の村とほぼ同様のパターンであった。女の子の銀パイプ（銀パイプの女の子か？）が酔脳に浮かび、「ここに住んでもいいかな」と思ったのも同様。しかし、「ケシの種まきなんて、とうに終わっちまったわい」という村長の一声で断念したという、結果も同様であった。

「桃源郷」にアヘンはいらない

村めぐりの厄介さは、一日一カ所しかまわれないところだ。昼間のうちに村に着いても、みな野良仕事に出払っていて、老人と子どもしかいない。

ニイェ・モイ村をあとにすると、つぎの村までトラジーが通れる道はなく、ひたすら歩いた。二時間ほどで到着した村には案の定、人がいなかった。日が暮れるまで待てず、私たちはさらに奥の村に向かって進んだ。途中から急な下り坂を降りた。膝が笑ってがくがくしてきたころ、ヤオン・ジョン村に着いた。

ワ州には珍しく、かなり低いところにある。夕方になっても暖かく、半ズボン一枚で、筋骨たくましい裸身を見せつける男たちが多かった。女たちは、若い娘も膝から下に黒くて細い輪っかをいくつもはめている。初めて見たが、ワ人女性のオリジナル・ファッションらしい。胸には金属製の首飾り。金物だったら何でもいいらしく、カギや爪切《つめき》りをいくつもぶら下げているのがおかしかったが、妙にさまになっていたのも事実である。ここでは写真を撮ろうと私が近づいただけでみんなしゅるしゅると逃げてしまい、話にならない。

周りをぐるりと山に取り囲まれ、まさしく母なる自然のふところに抱かれているという感じの集落は、外界から遮断された隠れ里の雰囲気で、竹林が多く、その向こうから沢のせせらぎがさらさらと聞こえるのを耳にすると、桃源郷の印象すら受ける。

最も辺鄙なところで最も貧しいとサイたちは言ったが、私の目には全然そうとは映らなかった。たしかにふんどし一丁で歩いているじいさまもいたが、暖かいのだから、それで構わないのだろう。サイたちは、衣服がないことを指して貧しいと言ったのかもしれないが、その村からは文明品を必要としない熱帯的な豊かさが肌に伝わってきた。だいたい、村のすぐそばに沢があること自体、ワ州ではおそろしく恵まれているといえる。私がそれまで見てきた村はすべて山のてっぺんから竹の樋《とい》でやっとこ湧《わ》き水をひいていたのである。

伝統もよく残っていそうで心ひかれたが、アヘンを作っていないのが玉に大きな瑕《きず》であった。ケシを栽培するには標高が低すぎるのだ。代わりに、米やカボチャ、バナナ、サトウキビがたくさん穫《と》れ、山を越えて、ムンマオ県に売りに行くという。アヘンがないからしかたなくというより、アヘンがなくても暮らしていけるということなのだ。

村の夜は、例によって飯から酒のフルコース。またもやニーが演説を始めた。まったくどちらが主だか従だかわからない。放っておくと、村人の従順さに乗じて一時間でも二時間でもしゃべりつづける。言葉はわからなくても、その態度のえらそうなことや話しぶりから、「中央」のプロパガンダをやっていることぐらい見当がつく。

不愉快になり、「いいかげんにしろ!」と話をさえぎったら、今度は酔眼をこちらに向けて「ワ州の発展はあんたら大国の意志にかかっている」とか「われわれは貧しいが、一つの国家だ。大きくても小さくても同じ国家だ。対等に付き合わなければいけない」などとのたまう。いつからワ州が国家に昇格したのか知らないが、軍/党の末端や村人は本気でそう思っているらしい。

そのうえ、これからどうするかでサイやニーと大論争になった。彼らは、このへんの村で手を打てと勧めたが、私は、どうもここらはケシ栽培が盛んではないと感じられ、正直にそう言うと、二人は「今は、国家の方針でケシ栽培はどんどん減らされているから、どこへ行っても同じだ」と主張するのだ。「共産党時代はケシ畑だらけだったが、最近はちがう」と言う。

どうやら彼らクラスになると、アヘン作りは国際的に評判の悪いものだという認識があるようだった。もっと正確にいえば、軍/党からそういうふうに知らされている。だから、私がアヘンに興味を持つのを嫌う傾向がある。しかし、こちらだって、ワ州の提灯記事《ちょうちんきじ》を書くために遠路はるばる来ているわけではないのだ。それが事実ならともかく、ちゃんと確かめもしないで、「ワ州は現在、軍／党の適切な政策により、ケシ栽培は激減しています」などということは書けない。

かといって、「ゴールデン・トライアングルの核心部・ワ州の実態を暴く！」といったセンセーショナリズムもごめんだ。私は、アヘンに頼らなければやっていけない人たちと、生活をともにしたいだけなのである。たとえば、この村のように、アヘンなしでも生きていけるなら、それにこしたことはないと思うが、私の目的とはちがうのだ。

激論の末、私たちはヤンルンに戻ることにした。

翌日、雨のなか、六時間歩いて着いたのは、行きには通りすぎた小さなユン・パン村である。ここにはガイド役のサイの実家があり、当然のごとく、そこへ連れていかれた。ちなみにサイは三十七歳。私よりずっと年長であるが、愛想よく飯を作ったり、村の役持ちを呼びに奔走したりと、骨惜しみしないでよく働いてくれた。能書きだけのニーとは好対照である。

そのサイは腹にすごい傷痕《きずあと》があった。かつてビルマ軍との戦闘で銃撃されたという。しかも、手術で縫った跡がなく、巨大なミミズ腫《ば》れ、というより「ヘビ腫れ」になっている。医者がいなくて、自然治癒《しぜんちゆ》したらしい。「いやあ、あとちょっとで死ぬところだったよ」と本人は屈託なく笑っていたが、私は呆気《あつけ》にとられたものだ。腹のど真ん中をぶち抜かれて、自然に治るものだろうか。治ったとしても、その間は地獄の苦しみだったにちがいない。あまたあるビルマの民族のなかでもワの兵士が最強と呼ばれる理由がわかるような気がした。

そういう熾烈《しれつ》な体験があるせいか、サイは、まずは生きていることを僥倖《ぎょうこう》としているらしく、暮らしや仕事の大変さなどはおくびにも出さず、飄々《ひょうひょう》としていた。ニーではなく、サイがずっと一緒にいてくれたらなと、私は何度も嘆息した。

サイのお母さんは私の来訪を歓迎してくれたのだが、そのやり方には感動するものがあった。お母さんはワ人としては高齢で六十歳くらい。畑仕事もできないくらい老いており、がさがさの細い手で私の手を握り、何を言っているのかさっぱりわからなかったが、何度も話しかけてくれた。それまでも、パンサンや村々でもてなしを受けた。それは、あくまで遠来の客に対する礼としてだったと思うが、サイのお母さんの場合、まるでわが子のようにいとおしそうに接してくれ、嬉しかった。

何の先入観も持たず、ただの人間、というより「子ども」として扱ってもらったのはワ州に来てから初めてのことだった。その年までまっとうに生きると、教養などなくても達観できるのかもしれない。実際、このあとも私はじいさん、ばあさんにはかわいがられた。

私は、またしてもサイの家にそのまま住みたくなったが、冷静に考えると、村はヤンルンに近すぎて店や学校まであり、ワの村の体裁を整えていなかった。ふたたび私は諦《あきら》めざるをえなかった。

ビルマ共産党はワに何を残したか

古ぼけた一室の高みに貼《は》られた四つの肖像画。半分以上白くなった髪と髭《ひげ》をもさもさと生やしたマルクス。尖《とが》った鼻とつるつるの頭が妙にマッチしたレーニン。特徴のない顔つきより胸に飾り立てた勲章のほうが目立つスターリン。知性のあらわれか狂気の温床か、額の広い毛沢東《もうたくとう》。

粛清と恐怖政治で長きにわたる冷戦時代をリードしたスターリンや、むちゃくちゃな政策で直接・間接合わせて何千万もの人民を死に至らしめたことと、無軌道な思想によって人口を何億も増やしたことの、どちらの責任が重いかすらわからない毛沢東に比べれば、マルクスもレーニンもイノセントな人間に見える。いずれにしても、ヤンルンの詰所の会議用兼昼寝用の部屋に、この四名の異国の共産主義者はおそろしく場違いであった。

ワ州と共産主義。世界広しといえどもこれほどのミスマッチは珍しい。なぜなら、ワ州は、共産党がやって来る前は、唯物史観でいうところの原始共産制の域を出ていなかったと思われるからだ。たしかに、ワ人たちはすでにアヘン作りを始めており、中国人の商人が出入りしていた。また、ワ州に三人の土侯《どこう》（かつてビルマのシャン州とタイ北部で勢力を持っていた地元の豪族）がいたのも事実だ。しかし、アヘンはまだ生活の糧《かて》を得る一手段に過ぎず、土侯の権限はわずかな盆地に微々たる力を及ぼしていただけであり、村は誰の搾取《さくしゅ》も受けておらず、ただ自然の厳しさと近隣の村との戦いに明け暮れていた。貧富の差や階級差別が生まれたのは、皮肉にもビルマ共産党がやって来てからなのである。

私はヤンルンに戻ってから三日間、足止めをくらっていた。表向きの理由は「つぎの村に行く車がないし、案内する者もいない」であった。が、東アジアと東南アジアに共通する特徴である「方便としてのウソ」をワ人も多用することに私は気づいていた。詰所には、いつもどおりトラックが置いてあったし、暇そうな人間はいくらでもいた。しかし、私の脳裏には、すでにタ・クン・パオのおやっさんはヤンルンを去っていた。

おやっさんが以前、訪れたという村の話がこびりついていた。

「あの村はひどい。木の皿を使って手づかみで飯を食うわ、アヘンは吸うわ……」

私が見てきた村にそんなところはなかった。中国製の金属の碗《わん》に箸《はし》で飯を食っていた。もちろん見せなかっただけかもしれないが、アヘンを吸っている御仁など気配もなかった。村めぐりを始める前におやっさんからその話を聞いたとたん、「そういう村に私は行きたい！」と言ったのだが、曖昧に受け流され、いつのまにか方向違いのヤンルン東部の村に連れていかれたのだった。

ヤンルンに戻り、詰所の幹部たちに改めてその村を訪問したい旨を伝えて以来、ぱったりと動きが途絶えた。ワ州の三日など日本の三時間くらいにしか相当しないだろうとはわかっていても、ケシの種まきが刻一刻と終わりに近づいているとき、その三時間さえ貴重だった。しかも、いつ出発できるのか見当もつかないのだ。私は焦りにじりじりしながら、詰所で無為の時間を過ごしていた。

共産主義者四人衆のポスターを発見したのは、そんなときだ。いちばん疑問に思ったのは、なぜ共産党を追放してから六年もたつのに、はがさずに放置してあるのだろうということだった。幹部に訊《たず》ねたところ、「そういえば、そうだなあ」とようやく思い出したように答えた。単に面倒くさいか、ポスターの存在そのものを忘れている様子だった。だが、存在を忘れられるほど共産主義が過去のものとなったのかといえば、それは逆である。存在を忘れられていながら、いまだにワ人の頭のなかに共産主義はしぶとく貼りついているのだ。

三日目の夕方、稲刈りに忙しかったというサイが久しぶりにあらわれ、私の足止めの理由が判明した。私の行こうとしている村はけっして遠くはないが、「区」がちがうというのである。ワ州は三つの「県」に分かれ、さらに「県」は十の「区」からなる。私がいたのはムンマオ県のヤンルン区で、件《くだん》の村は隣のクイマー区に所属する。だから、この詰所では許可を下ろす権限がないというのだ。

私は首をひねった。私はワ軍／党のボスからじきじきにお墨付きをもらってきている。

てっきり、ワ州内であれば、どこへ行こうが構わないものと思っていた。それだけに、この山だらけの辺境で、勤務を休んで野良仕事をしていた男の口から、「所轄地が異なる」と聞くとは意外であった。このような発想はワ人の伝統を逆さにして叩《たた》いても出てきはしないだろう。きわめて官僚的な中国式共産主義をそのまま受け継いでいるのである。

その晩、私はサイの家へ招かれた。家財道具はほとんどなく、薄暗い裸電球がともっているのを除けば、私たちの訪れた「いちばん辺鄙な村」と五十歩百歩である。家には雲南訛《なま》りが少ない年配のおやじさんがいて、珍しくかなりまとまった会話ができた。

「ビルマ共産党の時代はほんとうにひどかった。どうして、わしらがよその土地まで行って、関係のないビルマ軍と戦わなければならないのだ。わしなんか、ほれ」と言って、おやじさんは顎《あご》をしゃくった。見ると左腕がなく、シャツの袖《そで》がだらんと垂れ下がっていた。

彼によれば、ビルマ共産党が侵入してきたのは一九六八年のことだった。その前は、国民党の残党がうろついていたとはいえ、中国語をしゃべる人間はほとんどいなかったのに、侵入後は中国との往来が頻繁になり、「毛沢東語録」などを暗唱させられたことから、急速に中国語（雲南方言）が浸透することになった。共産党のトップはみなビルマ人だったので、ビルマ語も多少話されたが、それも数えるほどだったらしい。

おやじさんの話は、ジャーナリストや研究者の記した資料とほぼ一致した。

かつてビルマ共産党はビルマ南部を活動の拠点にしていた。それがはるばるワ州の山奥まで引っ越してきたのは中国のおかげだ。中国がビルマ共産党を支援することを決めたのは一九六七年、文化大革命が猛威をふるっていた時期である。すでに中ソの蜜月《みつげつ》時代は終わりを告げ、中国はソ連と親交を深めるビルマを敵視し、中国式社会主義、つまりマオイズムを輸出するため、ラングーン政府に反抗をつづけるビルマ共産党に目をつけた。

当時、人民解放軍情報部のトップだった康生《こうせい》（一八九八―一九七五）の肝いりで、すでに一九五〇年代の初めから中国に亡命し、マオイズムに染まりきっていたビルマ共産党の幹部を、当時ビルマ中部で活動していた共産党軍本体ともども、ビルマ政府の権威が届いていないワ州周辺を含む中緬《ちゅうめん》国境地帯に送り込んだ。地元の土侯や国民党の残党らはこれに抵抗したが、中国の圧倒的な物量戦の前にはなす術がなく二、三年で駆逐された。中国は、武器や弾薬、食糧などの物資だけでなく、革命の理想に燃える紅衛兵の若者を何千という単位で投入した。これは私自身、のちに知り合った元紅衛兵の軍幹部に確かめた話である。現在も、ワ軍／党に中国人幹部が驚くほど多く、ともすれば中国人に牛耳《ぎゅうじ》られているように見えるのはその名残りである。

独立後のビルマ史は、少数民族反乱の歴史でもあるが、独立直後を除けば、少数民族ゲリラはビルマ政府の全国支配を妨げてはきたものの、真の意味で政府を脅《おびや》かしたことはない。というのは、どんなに頑張っても、彼らはせいぜい自民族の支配区を山のなかに作るぐらいのことで、とてもラングーン政府をひっくり返す力はなかったからだ。日本人も含め外国のジャーナリストが民族ゲリラに肩入れしてせっせと報道したため、カレン、カチン、シャンなどのゲリラ活動が有名になったが、ビルマ政府が終始恐れていたのは大国中国のバックアップを受け、しかも勇猛無比なワ人戦士を抱えたビルマ共産党軍だったのである。

一九七〇年、ビルマ政府はソ連寄りの外交政策を方向転換し、中国と親しい関係を結ぶようになった。以後、中国は公式にはビルマ共産党の直接支援を取りやめるが、そこは国際政治の妙で、戦略物資は流入しつづけたといわれる。また、資金繰りに苦しくなったビルマ共産党は、支配下のワ州、コーカン州、ムンヤン地区で、侵入直後に禁止したはずのケシ栽培を復活させ、アヘン・ビジネスで荒稼ぎを始めた。近隣のインドシナはつねにどこかが戦争状態にあり、金さえあれば武器の調達は容易だったはずだ。

もっとも、おやじさんは「共産党が侵入してからも、ケシ栽培は禁止されるどころか、いっそう盛んになった」と言い、そこは通説と異なっているが、私の聞いたかぎり、おやじさんの意見を否定した人はその後、一人もいなかった。かつて毛沢東（一八九三—一九七六）は、延安《えんあん》が八路軍《はちろぐん》（人民解放軍の前身）の拠点だったころ、アヘンを作って資金源にしていたことがある。「困ったときのアヘン頼り」はイデオロギーもヘチマもないようで、おやじさん以下、ワの人たちの証言をでたらめとは決めつけがたい。

おやじさんだけでなくワ州の誰もが言うことだが、ビルマ共産党の二十年にわたる支配は、「百害あって一利なし」の代物だった。

この点、世界の他の国の共産ゲリラとは明らかにちがう。共産主義というイデオロギーの善《よ》し悪《あ》しはともかく、共産ゲリラが根を張るような地域は、実際に農民や下層階級が圧政や貧困に喘《あえ》いでいるのがふつうである。中国の後押しで強烈なマオイズムを推し進めたというところがそっくりの、ワの親戚でもあるカンボジアのクメール・ルージュ（ポル・ポト派）などがそのいい例だ。国の人口の三分の一にあたる百万もの人間を虐殺しながら、「今でも（ポル・ポト派は）農民層の一部には人気がある」と私の知り合いのジャーナリストは語っていた。よほど昔の政治体制が悪かったとしか思えない。

ワ人は貧しかったが、政治的な抑圧を受けていたわけではなかった。村同士で首の狩りっこをしていたというから、今の感覚でいうところの理想郷ではなかったにしろ、共産主義に助けを求めて解決しなくてはならない問題など何もなかった。繰り返しになるが、ワ州は原始共産制を共産主義が破壊した稀《まれ》な例なのである。

一九八九年、軍内クーデターにより、共産主義はビルマ人幹部とともに追放された。だが、思いがけない遺産がたくさん残った。強力な軍隊。世界最大となったアヘンの生産。そして、それらを管理する中国式官僚システムである。

おやじさんはこう言った。

「『解放《ジエファン》』以降、ワ州はよくなった」

「解放」とは、中国では共産党が政権をとったことを指す。つまり、資本主義から解放されたという意味だ。ところがワ州では、中国の息のかかった共産党を追い出したことを「解放」と呼ぶのだ。しかも、ワ語にはそれに相当する言葉がないから中国語で。

それだけではない。ニーなどがよく口にしている「『革命《グーミン》』のために努力する」というセリフもまるっきり中国政府の公式コメントと同じだ。中国のいう「革命」が何を指すものかわからないのと同様、ワ人の「革命」も意味不明である。

本来、革命とは政権をひっくり返す作業のことで、一度ひっくり返してしまったら、もう革命は終わりのはずである。中国の「革命」とは、現政権を保守することでしかない。革命の保守。言葉の矛盾だ。それをいちばんよく知っていたのはおそらく毛沢東だったろう。だから、彼は永遠に革命をつづけようとして、文化大革命という破壊行為を推進したのだと私は思う。その文革がワに共産主義をもたらした……と話は一周してしまう。

さて、ワ州の革命の行き着く先はどこだろう。私は詰所の壁に貼られた写真を眺めながら、そんなことを考えていた。

目つきの鋭い男たちの正体は？

サイの家に招かれた翌日、ムンマオ県の県長の一行が全部で八人、二台の車を連ねてヤンルンにやって来た。やって来たといっても、ただ昼食に寄っただけなのだが、詰所では牛を一頭つぶすという歓迎ぶりだった。県長はタ・ジェットといい、ワのボス、タ・パンの実弟である。

私も招かれ、一緒に食卓についたが、ちっとも会話がはずまない。県長はえらそうに構え、一言も口をきかない。詰所の幹部は誰も私を紹介しようとしない。何やら人相の悪い男が三人いて、中国語でしゃべっている。私はこの機会を利用して何か話そうとしたが、重苦しい雰囲気に気押されて言葉が出なかった。

沈黙のなか、牛尽しの料理を平らげたあと、ようやく中国人の一人が私に話しかけてきた。

「タイから来たのか」

「そうだが、もともとは日本人だ」

私が答えると、鋭い目でこちらをしげしげと眺め、仲間と小声で何やら話をしていた。彼らの話すほぼ標準語に近い中国語も、吸っている「紅塔山《ホンターシャン》」という中国の高級タバコも、このあたりでは見聞きしないもので、ただ者でない気配があった。

もしかすると、悪名高いウェイ兄弟かとも思った。ウェイ・シュウ・ロン、ウェイ・シュウ・カン、ウェイ・シュウ・インの三兄弟は、もともとワ州に住んでいた雲南系中国人であるが、共産党軍に追い出され、タイ・ビルマ国境地帯で独自の軍隊を持ち、一時期はクンサーと一緒になっていたこともある。ワ州が「解放」されてからワ軍と合流し、トップの一角に食い込んでいると聞いていた。根っからのヘロイン業者で、彼らの組織は世界でも有数のコネクションを持つドラッグ・マフィアであるともっぱらの評判だった。シャン人の仲介役セン・スックも私に「ウェイ兄弟だけには気をつけろ」と注意を促していたのだ。

が、私の想像ははずれた。

帰るまぎわ、不意に県長が私に近づき、耳元で「彼らは中国の公安だ。君は日本人だと名乗るべきではなかった。君のことはよく聞いている。問題はない」とそれだけ言って、頷きながら握手をした。一行はそのまま車に乗り込み、パンサン方面に去っていった。

まさか中国当局の人間がワ州に来て、県長に同行しているとは夢にも思わなかった。人相の悪さも公安の人間と聞けば納得がいった。しかし、彼らは何をしに来たのだろうか。経済開放以来、中国の秩序は乱れ、ワ州産のヘロインがすさまじい勢いで雲南省に流出しており、社会問題になっている。従来の、タイの国境→バンコク→香港というルートより、中国領内を通ってじかに香港に流れるほうが早いからだ。

前にも書いたが、ヘロインを密輸して捕まれば、無期懲役か死刑に処されるとはいえ、軍や公安の腐敗がひどく、マフィアと癒着しているという噂もよく耳にする。ワ軍＝マフィアではないが、ワ軍の資金源はアヘンにあるのだから、当然関係はあるのだろう。

とすると、あの連中の目的は、公安当局によるワ州視察、つまりワ州への牽制《けんせい》か、逆にワ州のヘロイン密輸に一役買っているかのいずれかであろう。どちらにしても、中国はヘロインが国内に流れ込んでいるのを知りながら、国境を開いて行き来を自由にし、武器も売っている。中国とワ州の関係が私にはますますわからなくなってきた。

しかし私はよけいなことを言わないでよかった。「日本人」と言っただけでも問題だったのに、取材にきているなどと知れたら、どれほど大変なことになっていたかわからない。ワ州の現実は中国にとって、あるいは彼ら個人にとって、公にされたらひじょうにまずいことなのだ。

それはさておき、一行が帰った直後、詰所から「出発の準備をしろ」と指示が出た。県長の同意を取り付けたのだという。ないはずの車も、いないはずの運転手もスタンバイしていた。ただし、区がちがうということで、サイは同行せず、ニーと二人で村に行くことになった。

その村に着いたのは夕方だった。

トラックでクイマー区のグランゴー郷（郷は区の下位区分で、村が寄り集まったもの。日本の郡に近い。ちなみに中国で県、区、郷といえば、その地域と、県、区、郷の庁所在地の両方を指す）まで行き、そこの役所から小銃を持った少年兵に先導され、車道を徒歩で約一時間半、さらに車道をはずれて人一人が通れる幅の山道をてくてく歩いた。狭い道は木立ちや畑、草地を縫うように滑らかにつづく。

やがて馬や牛がのんびり草をはんでいる大きなジョウゴ状の土地を見下ろすところに出た。それをくるりと巻くようにしてスロープを下っていく。背後から射す夕日が、まだ何も植わっていないか、あるいは芽を出していない茶色の畑の上に私たちの長いシルエットを映し出していた。竹林のなかを通ると風がさわさわと鳴り、足もとでは踏みしだかれた落ち葉がキュッキュッと気持ちのいい音を立てた。ジョウゴのなかほどに、こぢんまりとした集落があった。

ちょうど村の入口あたりにある家の前で、軍服を着た男が物干し台に腰掛けて、足をぶらぶらさせていた。私たちを認めても怪訝《けげん》そうな顔もせず、約束していた友人があらわれたかのように、にこっと微笑《ほほえ》んだ。

村の名前はムイレ・プリム。男の名前はアイ・スンといった。私がその後五カ月も世話になる村と男であった。

「荒れ地に花を咲かせましょう」

一九九五年十月二十九日。ワ州に入って三週間余りたったその日、私はようやく念願だったケシの種まきをおこなった。

村から五分ほど行ったジョウゴ状の土地（以後、「谷間」と呼ぶ）の大半がケシ畑であった。私はあるじいさんの畑に連れていかれた。畑といっても、穫り入れのすんだあとの稲の根や石ころが水牛の鋤《すき》で掘り起こされたまま転がり、まるで荒れ地のようだった。ここでは米（陸稲）の裏作としてケシを作っているのだ。

私はじいさんから布の肩掛けカバンを受け取った。なかには小さなケシの種がぎっしり入っていた。アンパンの上に乗っかっている、いわゆる「けし粒」だが、手にとってみると、あらためてその小ささに驚いた。一握りで何百粒になるかわからない。

私は木の根っこにつまずいたりしながら畑のなかに入り、見よう見まねでシュッシュッと腕を振った。種というより灰をまく感じに近い。その荒れ地が数カ月後には美しいケシの花で埋めつくされるとは、とうてい想像できなかったが、私は花咲かじいさんになったような気がして、「荒れ地に花を咲かせましょう」とつぶやきながら、種をまいて歩いた。

この日、水牛に鋤を引かせる作業にも挑戦したが、ものの十五分で汗びっしょりになり、地べたにへたりこんだ。十歳ぐらいの子どもが上手にやっているのを見て情けなくなったが、よくよく考えれば、ド素人の私がいきなり楽々と仕事をこなせるぐらいだったら、村の人たちも苦労はしないだろう。とはいえ私は、この村で何カ月も過ごすのかと思うと、急に自信がなくなった。こちらは労働するつもりでいたが、足手まといにしかならないような気がしてきたのだ。でもまあ、なるようになるだろうと達観することにした。

種まきのあと村に戻り、家の軒下で、酒盛りとあいなった。ニーが昼寝をしていたので村人と私だけである。こういう場面は初体験だった。プライコーを切らしているとのことで、プライシエム（シャンの酒の意）と呼んではいたが実は中国製の米の焼酎を飲む。もっとも飲み方の作法はプライコーと同じで、やはり対になって「ア」とやる。この焼酎のアルコール度がなんと五十五度である。大きめのお猪口《ちょこ》のような杯を使うが、それでも一気に飲むと、きく。前日の晩も飲んだのだが、疲れも手伝い、私はたった二杯で、村の人と話すことなく昏倒《こんとう》してしまったのだ。

私はすでにこの村に住まわせてもらおうと心に決めていたので、この日は「これから半年余りお世話になるので、よろしくお見知りおきを」というような口上を、たどたどしく述べた。

といっても、村の人たちが私の真意をどこまで理解していたかは、はなはだ怪しい。あとでニーが説明していたから、意図は通じたと思うが。

何かにつけて自分勝手に振る舞うニーは鬱陶《うっとう》しかったが、いなければいないでコミュニケーションに支障をきたす。村では中国語が通じそうもなかった。それでも私が片言のワ語で、「この村で嫁をもらう」と言うと、大いに受けた。こういうとき、通訳を介していては感じられない、何か心の奥深くで通じ合うものがある。「共感」と言い換えてもいいかもしれない。言語によるコミュニケーションと共感。どちらを取ったらいいのだろう。

翌日、明るい日の下で眺めてみて、あらためて「いい村だ」と思った。全戸数六十二戸と、さほど大きな村ではないうえ、三つの集落に分かれているとかで、一つの集落はもっとこぢんまりとしている。私がいた集落には家が二十軒もなかった。三方を山で囲まれていて落ちついた感じがしたし、東側の眺望は広く開け、おそらく中国領と思われるはるか彼方《かなた》に山並みが見えるので、狭っ苦しさは少しもなかった。

村自体、見ていて面白く、フォトジェニックであるともいえた。

女は、上はくたびれたTシャツに下は黒いスカートと、衣服そのものはパッとしないが、装飾品は異彩を放っていた。胸には銀色の輪っかやビーズの首飾りを垂らし、腰には黒くて細い繊維質の胴輪を幾本かはめ、足には脛《すね》巻《ま》きとでも呼んだらいいのか、白地にカラフルな刺繍《ししゅう》をほどこした布を巻き、やはり黒い輪っかで留めていた。長い髪を結ったうえに手拭《てぬぐ》いを被《かぶ》っている。前の村で見たように、年配の女性は銀色のパイプを口からはなさない。若い女性がパイプをくわえていないのが、ちと残念だった。日本でもそうだが、ここでも若者は洋風のスタイルに近く、年かさの者ほど昔ながらの格好に固執しているように見えた。

男はというと、民族衣装は身につけていなかった。迷彩色か暗緑色の軍服である。兵役帰りの者が多く、丈夫な作りなので、これが一般的なスタイルなのだろう。いかにも勇猛果敢と評されるワらしい。

村人はおおむね感じがよかった。私が最初に出会った男アイ・スンは陽気な性格らしく、あまりにもゲラゲラとよく笑うので、クスリでラリっているのかと思ったほどだ。彼はワ軍の「排長《パイチャン》（小隊長）」で、この村の軍事責任者だった。三十七歳という年のわりには若々しく、多少、中国語を話す。村の行政を司《つかさど》る「村長」のアイ・ムンは三十一歳。穏やかな性格で、いつもニコニコしていた。村長になったのも権力志向が強いからというわけでなく、面倒な仕事を押しつけられてしまったのではないか。

この村で一番えらそうにしていた「郷長」のニー・ルーという、金歯が目立つ男にはいい印象を受けなかった。彼は私に対して最初から迷惑そうな顔をしていた。なぜ、ただの村に郷長がいるのだろうか。この人物だけが気がかりの種だったが、何もかも理想的な村などあり得ない。

ニー・ルー以上に気がかりだったのはニーである。たしかに彼はカネにも地位にも頓《とん》着《ちゃく》せず、職務に忠実な男であった。ワ州の独立もしくは完全自治をめざすゲリラ軍の一員たる彼がナショナリストであるのもしかたがない。ただ、会ったこともないタ・パンや、一郷土史家にすぎないタ・クン・パオを、わがことのように自慢するのにはうんざりした。「〜に決まっているだろう」「〜だってそう言っただろうが」という口のきき方に神経を逆《さか》撫《な》でされることもたびたびで、他人の意見を聞き入れない頑固さにもまいった。

それまでにも毎日のように「嫁と姑《しゅうとめ》」じみた言い争いはあったのだが、この日、とうとう私たちは決裂することになった。原因は些細《ささい》なことだ。

私が村の人に「このへんに『サウ・ホイット（マラリア）』はないのですか」と訊ねたところ「夏はあまりないが、寒いときには多い」という答が返ってきたのが発端だった。ご存じのように、マラリアという病気は蚊が媒介する。蚊が出るのは夏であるから、この答はおかしい。

実はここには誤解があった。私はチェンマイでワ語を勉強したとき、先生から「マラリアは『サウ・ホイット』という」と習った。ところが、あとで知ったところによると、その「サウ・ホイット」には「熱病」の意味しかなかったのだ。ワ州の人びとはマラリアという病気の存在を知らなかったのである。先生はタイに長いこと住んでいるからマラリアは知っていたが、それに相当するワ語は知らず、便宜的にマラリア＝サウ・ホイットと教えたのだった。しかし、今どきアフリカのどんな奥地に行ってもマラリアを知らない人間などいないのを考えれば、これはたいへんなことである。

話を戻すが、その答を聞いて不審に思った私は、ニーに中国語で訊ねた。ちなみにマラリアは中国語では「瘧疾病《ニュージービン》」という。

ところが彼は「だから寒いときにあるって言っているだろうが」と、つっけんどんに答えたのである。私はキッとなって、「蚊が媒介するマラリアが寒い時期に出るわけがない」

と反論したところ、「マラリアと蚊とは何の関係もない」と言い張った。そのうえ私の主張を通訳して、「どうして蚊が熱を運んでくるんだよ」と村人と一緒になって大笑いするのであった。

怒りがこみあげてきた私は、「マラリアは蚊が媒介することは科学で証明されているんだ」と大声でどなった。しかしニーは動じることなく、こう言った。

「科学や大国がいうことが、いつも正しいとは限らない」

もちろん科学ではこの世の真理をすべて突き止めることはできない。それは、宗教家が指摘するように、科学がつねに進歩しつづけるのを見ればわかる。つねに進歩しているということは、いつまでも目的地には到達しないということでもあろう。しかし！　マラリアが蚊によって媒介されるということは、今や酸素と水素の化学反応によって水ができるのと同じぐらいに確かなことなのである。

それを知っているのか知らないのかわからないが、なんの根拠もなく、「それを認めたら、ワ人およびワ軍の存亡にかかわる」というほどの執拗《しつよう》さで徹底否定するニーを見て、私は「この男とは、これ以上一緒にやっていけない」と判断し、口をつぐんだ。

これでもし、マラリアがこの地方にまったくないというのであれば、ニーにも少しは情状《じょうじょう》酌量《しゃくりょう》の余地があるというものだ。だが、私はワ州にも厳然としてマラリアが存在することを、はからずも、わが身をもって証明してしまった。

この大論争の翌日、私はマラリアで倒れたのである。

「マラリア」の診断に感激する

身体を起こしてちゃんとペンを持てるようになったのは、病に倒れてから二週間後のことだった。場所はパンサンである。それ以前のことは霞《かすみ》がかかった記憶と断片的ななぐり書きのメモでたどるしかない。日記には大げさにも「私の短くない人生でも屈指のつらさがあった」とあるこの闘病生活は、ビルマのカチン州へ取材に入ったジャーナリスト吉田敏浩氏のように、マラリアには十数回かかったという人から見ればカワイイものだろうが、私がほんとうにつらかったのは、何の病気であるかわからず、したがって治療法もないことだった。

ちょっと体調が悪いなと感じてから、あっというまに熱が四十度にまで達するスピードと、その後はひたすら高熱にうなされるという症状から判断すれば、間違いなくマラリアだ。私は十年ほど前、アフリカでかかったマラリアがパリで発病したことがあり、そのときの症状にそっくりだった。

しかし、タイでマラリアの薬を買い忘れ、ワ州に入る直前に中国辺境の薬屋で慌てて手に入れた怪しげなマラリア治療薬は全然きかず、だいたいマラリア大論争の翌日に、ほんとうにマラリアになるとは話が出来すぎていて、にわかに信じがたかった。さらに不思議なことに、私はワ州で蚊に刺された覚えがほとんどなかった。羽音を数回耳にした程度である。もちろん、眠っているあいだに刺されたのかもしれないが、ふつうはその程度でマラリアにはならない。マラリアが猛威をふるっているコンゴですら、蚊にボコボコに刺される日が何カ月もつづいたあげく、運の悪い者がかかるくらいなのである。「蚊とマラリアには何にも関係がない」というニーの主張が正しければ話はべつだが。

いったい何の病気なのか。私には、まったく見当がつかなかった。地元の風土病だろうか。ヤンルンには、ただ一人「医者」を自称する人がおり、軍の詰所に運ばれた私の「診察」に来たが、驚いたことに彼もマラリアを知らなかった。マラリアどころか、「病気に関することは専門外」といった調子で、何の薬も処方してくれないどころか、体温計を差し出すと、初めてギヤマンを見た江戸の町民はかくやと思われる仕種《しぐさ》で恐る恐るそれを縦にしたり横にしたりしており、彼を見ているだけで、「おれはもうダメかもしれないな」という気がしてきたくらいだ。

ただ、おそらく、それができるがゆえに医者を名乗っているらしく、ブドウ糖の点滴を二回してくれたが、それを受ける私は戦々兢々《せんせんきょうきょう》としていた。ワ州の薬品や注射針は中国雲南省から来たものである。シャン州の少数民族同様、近年、雲南省の少数民族の娘もタイに売られ、エイズにかかって帰ってくることが多いため、雲南省の、それもワ州に近い地域でエイズ患者が急激に増えていると聞いていた。ワ人はエイズも知らないから、使い古された注射針を中国の病院から払い下げてもらって使用している可能性がないとはいえない。私は高熱で意《い》識《しき》朦朧《もうろう》としながらも、「それは新しい針ですか」「一回も使ったことがありませんか」と何度も確かめた。

病気になってから四日目くらいから胃がおかしくなった。食欲が落ち、食べたものはすべて戻してしまう。外によろめき出て吐いたとき、男が二人、ブタが一匹、猛烈な勢いで走ってきたのが印象に残っている。二人の男が私の両脇を支えている横でブタはガツガツと私の吐《と》瀉物《しゃぶつ》を食べていた。

立ち上がるだけで吐いてしまうので、飯を食ってから五、六時間は動かないようにした。そうすれば、吐いても胃液しか出ないからだ。ときに吐くのを忘れているうちに飯が来てしまい、慌ててよろよろと外に出て胃液を吐いてから食事をした。飯はたいてい粥《かゆ》か麺だったが、口に入る量はどんどん減ってゆき、しまいには、箸を持つ気力もなくなった。

熱は依然として四十度前後を行ったり来たりして、飯は食えず身体が衰弱してきた。病名もわからず、「このままではほんとうに死んでしまうかもしれない」と思うようになり、パンサンに撤退することを考え出した。しかし、パンサンなら治るという保証はなく、最悪の場合、昆明《クンミン》かチェンマイまで戻らなければならないかもしれなかった。

ワ軍／党の幹部や金持ちの商人は、病気になると昆明の病院に入院すると聞いていた。

敵対するクンサー側の連中はチェンマイへ行くことが多いらしい。どちらにしても、いったんワ州を出たら、もう帰ってこれないような気がした。サイ・パオと来るときも三カ月も待たされたのだ。それに、そこまでの移動に身体がもつかどうかもわからなかった。何とかヤンルンで治りたかった。

高熱による妄想地獄の合間にときおり訪れる正気の時間に考えた末、結局、パンサンに戻ることを決心し、詰所の人間にそれを頼んだ。

詰所所有のオンボロトラックに乗り込んだのは、発病後、十日目のことだった。身体を起こして激しい振動に耐えるだけで気が遠くなってきて、思わず「もう、どうなってもいいから車よ止まってくれ」と念じたのがいけなかったのか、一時間と走らぬうちに車はほんとうにエンコして動かなくなってしまった。山の真ん中で、エンジンを調べた運転手はもはやお手上げの仕種をしている。

しかし、このときに限って私はついていた。後ろから来たワゴン車が止まり、出てきた男が私の腕をつかんで「こっちの車に移れ」と言ったのである。わけがわからないまま、乗り心地のいい後部座席におさまった。一息ついて、「あなたがたはパンサンに住んでいるのか」と訊ねると、助手席の男と隣の中年の女性が「あんたはうちに泊まっていたんだよ」と言うので、びっくりした。彼らこそ、私が会えずにいた外務大臣タ・コー夫妻だったのである。

その夜、パンサンに着いた。すぐに両腕を抱えられ、サイ・パオと泊まったのと同じ部屋に連れていかれた。息も絶え絶えにベッドにひっくり返ると、間髪容《い》れずに医者があらわれた。病状も聞かず診断もせずに、先生はいきなり点滴注射をした。私が病名を訊ねると、彼はあっさりと答えた。

「マラリアだ」

ついにワ州でこの言葉が発せられるのを耳にし、病名も判明したことに私は感動した。点滴が終わると、汗が噴き出して熱が下がったようだが、その後の記憶はない。

翌朝、目を覚ますと、平熱に戻っていた。が、全身が衰弱しきっており、起き上がって五メートル先の便所に行き、歩いて部屋に戻るだけで体力の限界に挑戦しているようだった。かつてパリで発病したときも、この全身疲労が残ったので、これはマラリアだと心底納得したのだ。おそらく自分でも気づかないうちに、ほんの数回蚊に刺されただけでマラリアになってしまったという、きわめて稀な不運に遭遇したとみえる。

点滴、計四回、尻への注射二回でマラリアは治った。もちろん、最初のころはトイレに行くのも必死の思いだったし、寝返り一つ打つたびに身体中の筋肉が引きつった。食い物は喉《のど》を通らない。しかし、あれだけ苦しみ、死ぬかと思った病気がほとんど注射一つで治ってしまったのは、一種のカルチャーショックだった。ワ州内では「発展《ファージャン》」しているはずのヤンルンですら、マラリアは手のほどこしようのない謎《なぞ》の「熱病」だったのだ。私はこのとき西洋文明のすごさを痛感した。マラリアにもいろいろな種類があり、私がかかったのが悪性のものだったら、おそらく私は死んでいただろう。一方、もしも私がチェンマイでしかるべき薬を買っていて、発病後、すぐに飲んでいたなら、ちょっと風邪《かぜ》をひいたくらいでおさまっていたかもしれない。

「死」と「風邪もどき」のあいだに横たわる大きな溝。それはワ州と外部世界を決定的にへだてる溝でもある。

第三章　アヘンとワ人

水牛を使って畑を耕す少年

機織りをする未亡人のイ・ナップ

「神の薬」から万能の解毒剤へ

ワ人の伝説にいう。

昔、ロイムーという山にヤー・レム・ソーまたの名をナン・ホン・ロイ・ムー（ロイムーの麗人）と呼ばれる美女がいた。彼女を慕って大勢の若者がやって来て求婚したが、ヤー・レム・ソーはただ一人の男を選ぶことができず、それを苦にして自害してしまった。以来、ワ人はタバコするたと、その遺体の乳房からタバコが、陰部からケシが生えてきた。以来、ワ人はタバコとケシを栽培するようになった……。

いうまでもなく、ケシ（アヘン）はワ州原産ではない。この地でケシ栽培がおこなわれるようになったのは、つい百数十年前のことである。では、ケシはどこからワ州にやって来たのだろうか。横道にそれるが、その波瀾万丈《はらんばんじょう》の道筋をたどってみたい。

そもそもケシの原産地はどこなのだろうか。意外なことに、それがまだわかっていない。私は地中海沿岸もしくは中央・南西ヨーロッパだとする説に傾いているが、反対する学者も大勢いる。ケシの原産地が探しあてられない理由の一つは、この植物の野生種が見つかっていないことにある。ケシ、正確にはアヘンゲシは純粋に栽培植物である。世界中に存在するが、いずれもヒトが育てているもので、自生しているものはない。

ケシは、花が咲いたあと、放っておくと実は炸開《さっかい》（割れてはじけること）せずに枯れてしまう。実が炸開しないと種が散らない。人間が手を貸して種まきしてやらないと育たないのだ。果実のなかにも、人間が栽培するようになると実が炸開しなくなるものがあるという。過保護に育てられた子どもが自立できなくなるのに似ているかもしれない。ケシ＝アヘンがないと生きていけない人間を「アヘン中毒者」と俗に呼ぶわけだが、人間がいないと生きていけないケシは「人間中毒植物」とでも呼べばいいのだろうか。両者は互いに依存しあって共存しているのである。

興味深いことに、人間の精神に作用する薬物であるタバコ（学名 *Nicotiana tabacum* L.）やコカインの原料であるコカ（学名 *Erythroxylon coca* Lam.）などの植物の野生種も発見されていない。野生種が絶滅し、すべて栽培種にとって替わられているという事実は、それらの植物がひじょうに古くからヒトに扱われてきた証《あかし》であるように思える。つまり、精神を高揚させる薬物（とどのつまりはドラッグ）は、ひじょうに古くからヒトに愛用されてきたということでもある。

人類によるケシの利用は、ほとんどヒトが物心ついたときから始まっているといってもいい。知られている最も古いケシの痕跡《こんせき》は新石器時代にさかのぼる。スイスの湖畔生活者の住居跡にケシの種が大量に発見されている。

ただ、早合点してはいけないのは、当時の人間がケシからアヘンを抽出して摂取していたという証拠は何もないことだ。イラクのネアンデルタール人の洞窟跡《どうくつあと》から麻黄科《まおうか》（覚醒《かくせい》剤《ざい》の主成分エフェドリンを含む。漢方薬にも使われる）の植物が発見され、もしかすると、ネアンデルタール人はすでにドラッグでハイになることを知っていたかもしれないと主張する学者もいるくらいで、新石器時代のスイス人もアヘンの効用を知っていた可能性は十分にある。が、やはり推測にすぎない。

ケシの利用法はアヘンだけではない。若いケシの葉は食用になる。ケシの種も油をとったり、パンや肉にまぶしたりと、いろいろな用途に使われる。というわけで、当時ケシがどのように使われていたのか、またアヘンが知られていたのかどうかは謎《なぞ》のままである。ケシの種という、いわばハードは残っていても、そのソフトたるアヘンの利用法は考古学ではつきとめにくいのだ。

しかし、少なくともアヘンが文明の曙《あけぼの》から人類に使用されていたことは間違いない。現在のところ、アヘンに関して最も古い記録と認定されているのは紀元前一五五〇年ごろのエジプトのパピルスに記されたものである。医学に関する知識を集成したこのパピルスに、明らかにアヘンとおぼしき物質の名前が記されている。効能は鎮痛剤、頭痛薬、そして「子どもの泣きすぎを防ぐ薬」である。アヘンは、れっきとした医薬品として歴史に登場したのである。

以後、アヘンの歴史はそのまま「人類の文明史」と呼び替えてもいいくらい、世界史と密着して、つぎからつぎへと繰り広げられる。

欧米人にとって理性と美の王国であったギリシア時代。ここでもアヘンはふんだんに活躍する。まず、ヨーロッパ文学の源泉とされるホメーロスの『オデュッセイアー』(紀元前八世紀後半ころ成立)の第四章に、ゼウスの娘ヘレネーが酒の杯に「苦悩をたちまち忘れ去り、憤怒《ふんぬ》も消《け》やす薬を入れた」(呉茂一《くれしげいち》訳、岩波文庫)とある。さらにつづけて、その薬を飲めば、たとえ母親と父親とが一緒に死んでしまったとしても、兄弟かあるいは愛《いと》しい息子が目の前で斬殺《ざんさつ》されようとも、少なくともその一日は涙が流れない、とあるからすさまじい。はっきりいって、「効きすぎ」である。その薬はアヘンだとされているが、何やら後世のヘロインの弊害をすでに暗示しているような気がする。

この場面は、人びとが集まってトロイ戦争を懐古し、失われた者に涙しているのだが、ストーリーには関係なく、その薬がエジプトから伝わったこと、またエジプト人は医神パイエーオーンの子孫で、有益な薬も有毒な薬もとりまぜて栽培し巧みに処方していると、わざわざ解説が入っているのも面白い。おそらく、アヘンがギリシアに入りたてのころだったのだろうが、すでに古代において薬と毒は表裏一体だと考えられていたことに私はひかれる。

神話の世界から離れて地上に降りてみよう。紀元前四～五世紀ごろから医療の神アスクレピオスを祭った神殿兼治療所がギリシアのそこかしこにあらわれる。エジプト時代の医術もそうだったが、古代、信仰と医学は切り離せないものだった。現代でいう科学的な治療法と呪《まじな》いめいたものが混在していた。

アスクレピオス神殿では、病人は断食や沐浴《もくよく》で身を清め、神官が祈禱《きとう》をしたり、神に犠《い》牲《け》を捧《ささ》げてから、奥の祭壇へ入る。「神の薬」と呼ばれる睡眠薬を飲まされ、一晩眠る。その間、病人もしくは神官の夢に神があらわれ、病気の原因や治療法が示されるという仕組みである。怪しいといえば怪しいのだが、今のサイコセラピー（精神療法）を先取りしているといえなくもない。「神の薬」が何かは、はっきりしないが、副作用がなく、夢を見やすく、しかも心地よく眠れるといえば、まずアヘンが第一候補にあげられよう。

現代世界を風靡《ふうび》している西洋医学の足場が築かれたのもギリシア時代である。自然哲学に影響を受けたヒポクラテス（前四六〇―前三七七頃）は、あらゆる神秘性や迷信を排して、医学的治療を科学技術として確立した。ゆえに「医学の父」と呼ばれる。アスクレピオス的医学を真っ向から否定したわけだが、アヘンは否定しなかったようで、ちゃんと彼の医薬品リストに名前が記載されている。

ヒポクラテスを尊敬していた哲学者プラトン（前四二七―前三四七）とその弟子のアリストテレス（前三八四―前三二二）については説明するまでもないだろう。両者ともアヘン史に名を残していないが、その教え子に、きわめて重要な人物が二人いる。一人は『植物誌』を著したテオフラストス（前三八二―前三二八頃）で、薬草の分類研究で後世に大きな影響を与えた。もう一人の弟子は大きな影響どころか、世界史自体を大きく変えたアレキサンダー大王（前三五六―前三二三）である。前三三一年、東インドにまで及ぶ彼の大帝国のおかげで、東西の文化交流が活発になり、医学・薬学も著しく発達した。アラビア、インドにアヘンがもたらされたのはこのときではないかと考える学者が多い。

このようにギリシア時代にアヘンは広く普及するようになった。アヘンの液汁を「オピウム」と名づけたのもギリシア人である。それがアラビア語では「アフィユーン」、中国語では「阿芙容《あふよう》」もしくは「鳥片」「鴉片」「阿片」となり、そして日本語でも「阿片」となった。

時代はさらに下る。紀元後一〇〇年ごろ書かれたディオスコリデス（生没年不詳）の『薬物誌』は中世の終わりまでヨーロッパの最も重要な薬学書となった。アヘンについても記述はやたら詳しい。とりわけ重要なのは、歴史上初めて、ケシの実に切り込みを入れてアヘンの液汁を採《と》る具体的な方法を記していることである。この現在とほぼ同じアヘンの採集法が発明される以前は、ケシの実を直接煎《せん》じるやり方でアヘンの液汁を得ていたようである。また、『薬物誌』でアヘンの多量摂取の危険性についてはっきり言及していることも見逃せない。ここにおいてようやく、ケシ＝アヘンが伝説の霞《かすみ》のなかから現実の薬用植物としてはっきりと姿をあらわした感がある。

ディオスコリデスから約百年後、やはりギリシア人の医学者ガレン（一三一—二〇五頃）が登場する。ガレンにおいてギリシア医学は頂点に達し、以後、ディオスコリデスとともに西洋医学を千五百年にもわたってリードすることになる。ガレンも当然、アヘンについて言及しているが、もっと興味深いのはガレンが万能の解毒剤「テリアカ」を完成したといわれていることである。

「テリアカ」とは、もともと蛇毒などの解毒剤であったが、やがて万病に効く一種の霊薬と信じられるようになった。数十、数百種類もの薬品を調合した丸薬で、作り方は各医師の秘法とされた。とくにローマのネロ皇帝（在位五四—六八）の侍医だったアンドロマコスの調合が有名である。大博物学者プリニウス（二三頃—七九）がすでに指摘しているようにたいへん怪しげで、没薬《もつやく》（ミルラ）、肉桂《にっけい》（シナモン）、サフラン、胡椒《こしょう》、バラと、なんでもかんでも混ぜこぜにしたものだったらしいが、おそらく実際に最も効能があった成分はアヘンであろう。

イスラム教徒によるアヘンの《麻薬》化

ローマ帝国の没落後、他の科学と同様、医学・薬学も活躍の舞台をアラビア地方に移した。もっとも、七〜一三世紀にかけて発達したアラビア医学・薬学は、理論的にはガレンの唱えた学説の域を出ていないという。もちろん、アヘンも積極的に利用された。一三世紀にペルシャを訪れたというマルコ・ポーロ（一二五四—一三二四）の記録にも残っているところを見ると、そうとう普及していたのだろう。

また、同時にテリアカの研究もそのまま受け継がれた。ここでも各種テリアカにアヘンが混合され、時代が下ると、アヘンと大麻が大量に加えられるようになる。薬としてではなく、アヘンや大麻を酒のように楽しむためだと思われる。おそらくムハンマドがその存在を知らなかったためだろう、コーランではこの二つのドラッグを禁止していないが、酒と似たような作用を起こすことから、厳格なイスラム教徒には禁じられていた。その目をかいくぐる隠れみのとしてのテリアカである。

やがて、テリアカ常習者を指す「テリアキー」という言葉は「放蕩者《ほうとうもの》」という意味になってしまったという。それまでもっぱら医薬品として珍重されてきたアヘンが世界で初めて嗜好品《しこうひん》、あるいは《麻薬》の地位に転落し、人びとから白眼視されるようになったのである。

あくまでも私見だが、イスラム教徒であるアラビア人がアヘンの《麻薬》化に成功した（？）のは、やはりコーランでアルコールが禁止されていたからではないか。

コーランで禁止ということはそれを破れば罪である。白眼視されるどころではない。ちょうど今の日本でアヘンを吸えば犯罪であり、朝から酒を飲んでいたら顰蹙《ひんしゅく》モノなのと同じことだ。ムハンマドの時代にアヘンが流行していて酒が知られていなければ、結果は逆になっていたにちがいない。今でもイスラム諸国のなかには、酒には厳しいが大麻やアヘンには比較的寛容（もちろん、公式には違法だが）という、日本人からすれば良識を疑いたくなるような地域がある。

ここから二つの考え方が導き出せる。一つは「《麻薬》は必ずしも社会に好ましくないから禁止されたのではなく、法で禁止されたから《麻薬》である」という考え方、もう一つは「人間は何かしらなぐさみものが欲しい」という考え方である。ただ、ここでは深入りは避けよう。

しかし、テリアカという不思議な万能薬の寿命は長かった。アラビア経由でヨーロッパに逆輸入され、近代科学を尻目に一九世紀まで民衆のあいだで人気があったというし、中国はもちろん、日本にまで伝えられ、なんと昭和二十年ごろまで、いろいろな形で売られていたのである。もちろん、その陰にはアヘンがつきまとっていたのであるが。

アヘン戦争は「薬物戦争」だった

アヘンが中国に初めて伝えられたのはいつか。中国は文書記録大国であるから、つきとめるのはさして難しいことではないと思われるのに、なぜか唐《とう》の時代（七―一〇世紀）と元《げん》の時代（一三―一四世紀）というひじょうにかけ離れた二つの説がある。文献解釈の問題かというと、そうでもない。

実はどちらも正しい可能性がある。というのは、最初の説は、ギリシア文化圏から唐の高宗《こうそう》（在位六四九―六八三）に献上されたテリアカに含まれていたアヘンを指しているからだ。しかし、中国人はその成分にアヘンが含まれていたことを知らなかったので、当然、普及はしなかった。

明らかにアヘンがアヘンの名で中国の文献にあらわれるのは、時代が大きくとんで明《みん》朝《ちょう》（一四―一七世紀）である。名高い李時珍《りじちん》（一五一八―九三）の『本草綱目《ほんぞうこうもく》』が「鴉片は前代にはめったに聞かなかったものだが、最近の処方にこれを用いる者がいる」と記しているのを嚆矢《こうし》とする。つまり、アヘンは元の時代に姿をあらわし、明の時代に少しずつ広まり出したということだ。

元を含むモンゴル帝国は周知のように世界史上空前絶後の大帝国で、東は朝鮮から西はトルコ西部にまで及ぶ版図《はんと》を築いた。アヘンがこの時代に中国に到来したと考えるのは納得しやすい。ただ、東西の交流は大昔からあったことで、明の時代にようやくぽつぽつと利用されるようになったというのは、いかにも遅い。外来文化を見下す傾向の強い中華思想の賜物《たまもの》かもしれない。

もちろん、アヘンは医薬品として用いられた。おもな効用は下痢止めである。この時代にアヘンは「一粒金丹」（一粒は文字どおり一粒。小さい丸薬のこと）の形でもっぱら好評を博していたようである。「金丹」はさかのぼれば秦《しん》の始皇帝（在位前二二一―前二一〇）も求めた「不老不死の妙薬」に由来する。春秋戦国時代（前七七〇―前二二一）に始まった金丹を作る研究「金丹術」は中国版錬金術ともいえ、その思想の相似から、実は錬金術は中国からインドを経てギリシアに伝わったと主張する研究者もいるくらいだ（ただし、この説は全然認められていない）。時代が下っても「金丹」は万病の良薬とされ、「一粒金丹」もその例に漏れない。まさに中国のテリアカである。どうして東西世界の歩みはかくも似ているのだろうか。異なるのは、テリアカがいかがわしい調合薬だったのに対し、一粒金丹は純粋なアヘンの丸薬だったことである。

その後、中国におけるアヘンの足どりは、はっきりしない。明代の輸入量は微々たるものだったようだし、李時珍もアヘンの弊害について述べていないところから、アヘンが薬ではなく嗜好品として広まったのは清《しん》の時代（一七―二〇世紀）に入ってからと推定される。おそらく、まず台湾から広く普及したのだろう。当時、台湾ではマラリアが猛威をふるっており、その治療薬としてアヘンが活躍したからである。

もう一つ忘れてならないのは、このころからパイプによるアヘンの吸飲がおこなわれるようになったことだ。薬草に直接火をつけ、煙を吸うという方法はアメリカ大陸の先住民による発明である。コロンブス(一四五一—一五〇六)らがタバコとともにその吸飲法を持ち帰ったわけだが、どういうわけか、ヨーロッパではアヘンの煙をタバコのように吸うという発想が生まれなかった。初めてこの方法が編み出されたのは、オランダ領の台湾もしくはインドネシアだといわれている。

いずれにしても、吸飲というのは画期的な方法だった。口から服用すると胃から消化吸収されるまでに最低三十分はかかるし、効き方がマイルドなのでなかなか多幸感が得られない。ところが、煙だと肺から血管に瞬時に吸収される。効き方も強い。手に入りやすいことと効き目があらわれやすいことは、嗜好品として、あるいは《麻薬》として必須《ひっす》の条件である。今まであまり注目されてこなかったが、このアメリカ先住民式の吸飲法が発明されなければ、アジアでアヘンがこれほど広まることはなかったのではないかと、私は思うのである。

そして、いよいよ「アヘン戦争」(一八四〇—四二)である。この戦争はあまりに有名なので改めて解説する必要もないかと思うが、注目すべき点を一つだけあげたい。それは、この戦争が世界史上最初で唯一の薬物戦争であったことである。

アヘン戦争は、清とイギリスの貿易不均衡に端を発する。イギリスは中国を相手にひと儲《もう》けする腹づもりだったが、皮肉なことに結果は逆になってしまった。イギリスの期待したランカシャーの綿毛紡績製品に中国人が見向きもしなかったのに対し、イギリス人は当時、中国でしか生産されていなかった茶にすっかり淫《いん》してしまい、イギリスは中国茶の一大マーケットになってしまったのだ。当然、イギリスの中国に対する大幅な貿易赤字ということになる。イギリスはそれが許せなかった。

ところで、ここで気になるのは茶である。茶は一六世紀、船乗りや宣教師らによってヨーロッパに伝わり、初めは薬屋で貴重薬として販売された。ヨーロッパ人にとって、お茶という飲料はよほど強烈なものだったらしく、初期の飲用者には病が癒《い》えるのみならず、幻覚症状を起こした者もいたというくらいだ。今ではお茶を一服して病気が治ったとか幻覚を見たなどという話は信じがたいが、日本の茶道を「薬物を利用して仲間意識を高めるための儀式」として位置づけている欧米の民族学者の記述を読んだりすると、彼らにとって茶は特別な飲料であったことが理解できる。

一九世紀に入ると、イギリスでは「ティー・タイム」が一般化し、茶は生活に欠かせないものとなった。どんなに中国との貿易赤字に苦しみ、銀が流出してもイギリス国民は喫茶の習慣をやめられなかった。もし、中国に戦争をしかけるだけの軍事力がなければ、茶の輸入や飲用を禁止しなければならなかったろう。こうなると、もはや《麻薬》以外のなにものでもない。

茶に対抗してアヘンを売り込めというのはなるほど悪辣《あくらつ》な手段だが、戦略的に考えるなら、教訓を生かしたひじょうに有効な作戦だったといわなければならない。私がアヘン戦争を「薬物戦争」と呼ぶ所以《ゆえん》である。

アヘン、ワ人と出会う

アヘン戦争後、当然のことながら中国ではアヘンの輸入量がふえ、中毒者も増加の一途をたどった。しかし、中国人も手をこまねいていたわけではない。中毒者がふえるのはやむを得ないとしても、イギリスからわざわざ高い値でアヘンを買い求める理由があるのか。まったくない。アヘン戦争に勝ったイギリスが中国のアヘンの輸入高を定めたわけではない。

そもそも、この戦争の不思議なところは、「アヘン」という言葉の使用をイギリス人が徹頭徹尾、避けていたことにある。イギリス人はアヘンの有害性についてよく知っており、有害性のある物質を他国に売りつける非人道性も知っていた。つまり、確信犯である。したがって、イギリスにとって、この戦争は、建前ではアヘンと何の関係もない、単なる二国間の国益や国策の食いちがいによる「ふつうの戦争」なのであり、中国はイギリスにアヘンの購買を強要されてはいない。

輸入アヘンの高値に対抗するため、中国は実に単純な措置《そち》をとった。自国でケシを栽培し、アヘンを作り始めたのである。ケシの栽培に向いている土地はいくらでもあったが、なかでも、熱帯に属するが標高が高く、冷涼な貴州省《きしゅうしょう》、雲南省がうってつけであった。だが、ケシの作り手はいわゆる中国人である漢族ではなかった。ケシが作られるのはもっぱら山岳地帯であり、一般にそのような土地に住むのは漢族に平地を奪われた少数民族である。もともと雲南省とその周辺は「民族の十字路」と呼ばれるほど多種多様な民族が共存している地域である。そのなかにワ人もいた。

つまり、ワ人がアヘン作りを始めたのは一九世紀後半であると考えていい。ただし、ここで、「そうか、中国のワ人が先にアヘンに手を出したのか」などと早とちりしてはいけない。そのころ、ワ人が居住していた地域に中国もビルマもなかった。

前近代的な国家には国境という概念はない。どこの国もボーダーは曖昧模糊《あいまいもこ》としたものであり、中国（清）とかつてのビルマ王国のそれも例外ではない。この地域の国境線が初めて問題になったのは、イギリスが現在のビルマを植民地に組み入れてからの話である。国境の問題は、しかし、もめにもめて、とうとう第二次大戦が終わっても決着がつかず、曖昧なままであった。その曖昧などっちつかずの国境がちょうど現在のワ州なのであった。中国とビルマのどちらにも属するようでどちらにも属さないというワ州の奇妙なあり方は、すでに出発点から醸成されていたかのようである。

とにかく、ようやくワ人はアヘンを手にした。新石器時代のスイスや紀元前二〇〇〇年のエジプトから見れば、ずいぶんと出遅れたものだ。しかし、ワ人はそれから目覚ましい勢いでアヘン生産を拡大していく。そして、数十年もしないうちに押しも押されもせぬゴールデン・トライアングルの中心地となるのである。

第四章　ゴールデン・ランドの草むしり

一列に並んでケシ畑の草むしりをする

著者が泊まっていた「村の家」で開かれたムイレ村初の学校。
先生は、著者の通訳兼ガイドのサム

ムイレ村の朝は杵《きね》の音から始まる

草葺屋根《くさぶきやね》と土壁のあいだから青い光が射すころ、たいてい私は目を覚ます。どんなに眠りが浅くてもなぜか目が開いてしまうのである。まだ、起きるには早い。寝直そうかと思うと、最初はどこか一カ所から、そのうち集落全体からトン、トン、トンという音が響いてくる。籾《もみ》を杵でついて精米する音だ。それは耳に聞こえるのでなく、地面を伝って私の身体《からだ》にじかに振動となって届く。これを感じると、もう眠ることはできない。ニワトリや牛たちがとりとめもなく声をあげ、遠く山の鳥がさえずっているが、それらはあまり気にならない。しかし、あのトン、トン、トンはダメだ。ああ、村が目覚めたんだなあと思うからだ。それは私が村の生活にどっぷりと浸《ひた》っている証《あかし》でもある。

自然と意識が冴《さ》えてきて、まず昨日の夜をふりかえる。いつもながら、ひどい夜だった。ムイレ・プリム村（以下、ムイレ村）での通訳兼ガイドのサムと私が泊まっている「村の家」は、村人が集会をしたり、冠婚葬祭のおりに使用するものだから、だだっぴろい。風が直接当たらないというぐらいで、夜半の冷え込みに関しては外に寝ているのと変わらなかった。月がなく動物たちが寝静まっているときは真に沈黙の闇《やみ》で、寝袋にもぐっているのが嘘《うそ》のような冷気と、寝返りを打つたびにギシギシときしむ木製寝台の音がなければ、自分が生きているのか死んでいるのかもわからなくなる。

そのうちネズミが家のなかを跋扈《ばっこ》し始める。何が嬉《うれ》しいのか、チュウチュウとまるで歓声をあげるように鳴きながら天井、壁、土間、そして荷物や食糧、鍋釜《なべかま》などの生活用品を置いてある竹の簀《す》のこの上をカサカサカサッとすごいスピードで縦横無尽に走り回り、金ダライや大鍋にぶちあたってはカーン、カーンと景気のいい音を立てる。まるでピンボール盤のなかに寝ているようだ。茶碗《ちゃわん》がころんと倒れ、なかに残っていた水がぴちゃとはねる。ときには私の手や顔の上を横断していくことすらあり、小さい足が皮膚にシュッと触れるとさすがにギョッとする。米びつにしている籠《かご》をカリカリ熱心にかじるのもいる。もう底に穴を開けられているので、米をかじっている音かもしれない。私はこの音を聞くたびに子どものころに習った手遊びの歌を思い出す。

ずいずいずっころばし、ごまみそずい。ちゃつぼにおわれて、とっぴんしゃん、ぬけたらどんどこしょ。たわらのねずみがこめくってちゅう。ちゅう、ちゅう、ちゅう。おっとさんがよんでも、おっかさんがよんでも、いきっこなしよ。いどのまわりでおちゃわんかいたのだあれ。

半握りした拳《こぶし》に人差し指を入れっこするあの仕種《しぐさ》も風変わりだが、歌詞のほうもまるっきり意味不明である。私はワの村で暮らすようになって初めて、あの歌は何だったんだと疑問に思うようになった。童謡の歌詞など、どうせ昔の話だからと頓着《とんちゃく》しない習慣がついているが、もともとは何かしらの意味があったはずだ。しかし、疑問に思うと同時に、頭のなかで繰り返される歌がひじょうにリアルに感じられる。なにしろ、この光景、いや「音景」が歌のまんまである。「昔の話」というより、私が暮らしている生活は日本人にとって「昔の話」そのものなのだ……とまあ、こんなことを夜中に考えているわけだ。眠れるわけがない。

さて、朝のトン、トン、トンに混じって、やがてシャッ、シャッ、シャッという、べつの音が耳朶《じだ》をかすめる。杵でついた籾を日本で「箕《み》」とよばれる平べったいお盆状の籠に入れて両の手で上下に振る音だ。ちょっと外側に傾けて振るので、軽い籾殻は飛ばされ、米だけがなかに残るようになっている。杵でつくのはかなりの力仕事だが、箕を揺する作業は動作はできるだけ大きく、しかし米まで飛ばないように素早く動かすというテクニックが必要とされる。足もとに飛び落ちた籾殻をニワトリがコツコツつつき、ブタが地面ごとなめているはずだが、もちろん、その音までは聞こえない。

また一日が始まるのかと嘆息する。一昨日《おととい》も昨日もケシ畑の草取りだった。もちろん、今日もそうだろう。あの仕事はきつい。腰にも足にもくる。誰に強制されているわけでもなく、賃金をもらっているわけでもないから、やらなくてもいっこうにさしつかえないのだが、やらずにはいられない。

私が勤勉なせいではない。村人がみな何かしら仕事をしているのに、一人だけぶらぶらしていられるほど、私の精神はタフでなかっただけだ。後ろめたいとか、使命感とか、存在意義とかいうことの以前に、一部の老人と幼い子どもを除いてすべての人間が出払った村で、昼の長い時間をやりすごすことができないのだ。実際、日中、何もしていないサムは「暇で淋《さび》しくて気が狂いそうだ」と言う。それでも彼が働きに出ないのは、「おれは百姓じゃない」という見栄があるからにすぎない。

隙間《すきま》から射し込む青い光が白《しら》んでくると、考えごとに耽《ふけ》る時間もそろそろ終わりだ。私もサムも寝床から抜け出し、寝台のかたわらにある、石を三つ置いただけの囲炉裏《いろり》を見る。薪《まき》と灰を掘り返し、火種が消えていれば、よその家からもらって来なければならない。かつて日本では朝、火が消えていたら嫁さんが姑《しゅうとめ》に叱《しか》られたと聞いたことがあるが、ここではそんなことはない。火が消えていれば隣家へ上がり込み、何も言わずに勝手に薪を一本頂戴《ちょうだい》してくるのだ。

案の定、火が消えていたので、サムが隣のアイ・スンのところから火種をもらってきた。ようやく景気よく火が燃え上がり、やかんを乗せて、まずお湯をわかす。コーヒーどころかお茶もないので、私たちは白湯《さゆ》を飲むことにしていた。冷えた空気に湯気が立ちのぼり、熱いお湯は舌、喉《のど》、食道、そして胃壁を心地よく焼く。まだ日は昇っていないが、外では子どもの泣き声や大人たちのしゃべる声が聞こえてくる。「うちの畑に牛が入ってきてケシを食われた！」というイ・タオばあさんの罵声《ばせい》が集落中に響き渡ることもあるが、今日は何ごともないようだ。

だが、耳を澄ますと、裏のほうからサム・タオじいさんの吠《ほ》える声がするではないか。「半アル中」のこのじいさんは、朝からよく焼酎《しょうちゅう》をひっかけている。声が不規則に、しかし確実に近づいてくる。右手に長い煙管《きせる》、左手に火のついた薪を持ち、千鳥足で接近してくる老人の姿が目に浮かぶ。

彼は酔っぱらうと私に長々と説教する癖がある。ほとんど何を言っているのかわからないので、ぼんやりしていると、「アイ・ラオ、おまえはわしの畑でケシの種をまいたんだ。覚えているか。わしの畑だぞ。アイ・ラオ！　聞いてるのか！　サム・タオの畑だぞ」と繰り返すのである。あのときは知らなかったが、私が種まきをしたのは彼の畑だったのだ。それはどうもありがとう。でも、それが私と彼との奇跡的な縁《えにし》であるかのように、何百遍も言うことはなかろう。

「アイ・ラオ、アイ・ラオ！」

うちの前を通りすぎるのではないかという望みを打ち砕くしゃがれ声がする。しようがない。外に出るか。家のなかに入ってこられるともっと面倒だ。しかし、実をいうと、それほど悪い気分はしない。まったくのよそ者である私を朝から気にかけてくれる人がいるのはありがたいことだ。

扉を開くと朝の明るさがどっとなだれこんでくる。まぶしい光線が向かいにある山の斜面を削りながら射してくる。そのなかに浮かび上がるサム・タオじいさんのシルエット。

こうして私のムイレ村の一日は始まるのである。

私がマラリアから立ち直り、ムイレ村に帰ってきたのは、十一月二十四日のことで、サム・タオじいさんの畑でケシの種まきをしてからおよそ四週間ぶりであった。季節はずれの雨で道路状況が悪いうえ、われわれを運んでくれる車が見つからなかったため、パンサンからいったん中国領を経由してワ州北部へ向かった。中国との国境を越えるときは検問が厳しかったが、どうやら事なきを得た。

私はヤンルンの詰所と、ムイレ村の真向かいにあるクイマー区の詰所に寄って挨拶《あいさつ》し、村の隣にあるムイレ郷へ到着した。タ・クン・パオのおやっさんとニーは、私と通訳兼ガイド役のサムを置いて、一日先乗りして村に入った。たぶん、村人にあらかじめ私の扱いに関して何か言い含めたのだろう。

私を喜ばせたのは、付き添ってくれるパートナーがニーからサムに交替したことだ。サ

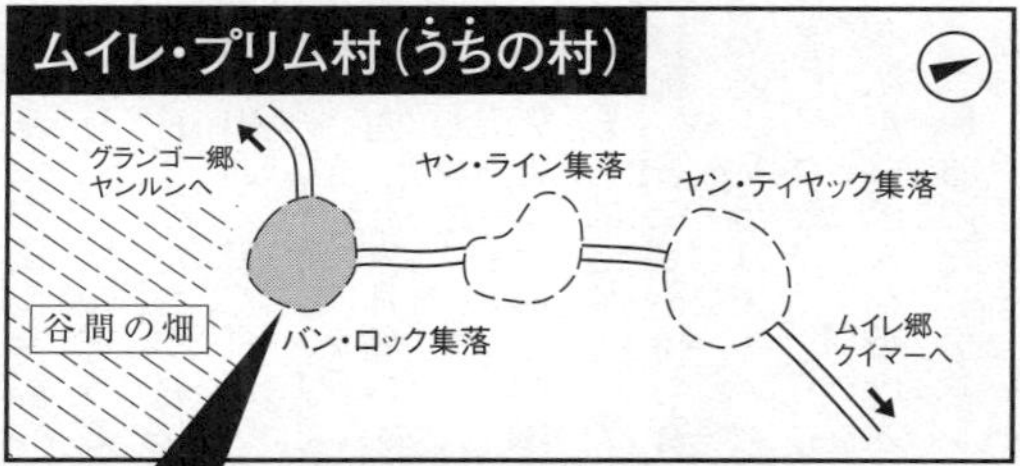
ムイレ・プリム村（うちの村）
グランゴー郷、
ヤンルンへ
ヤン・ライン集落
ヤン・ティヤック集落
谷間の畑
バン・ロック集落
ムイレ郷、
クイマーへ

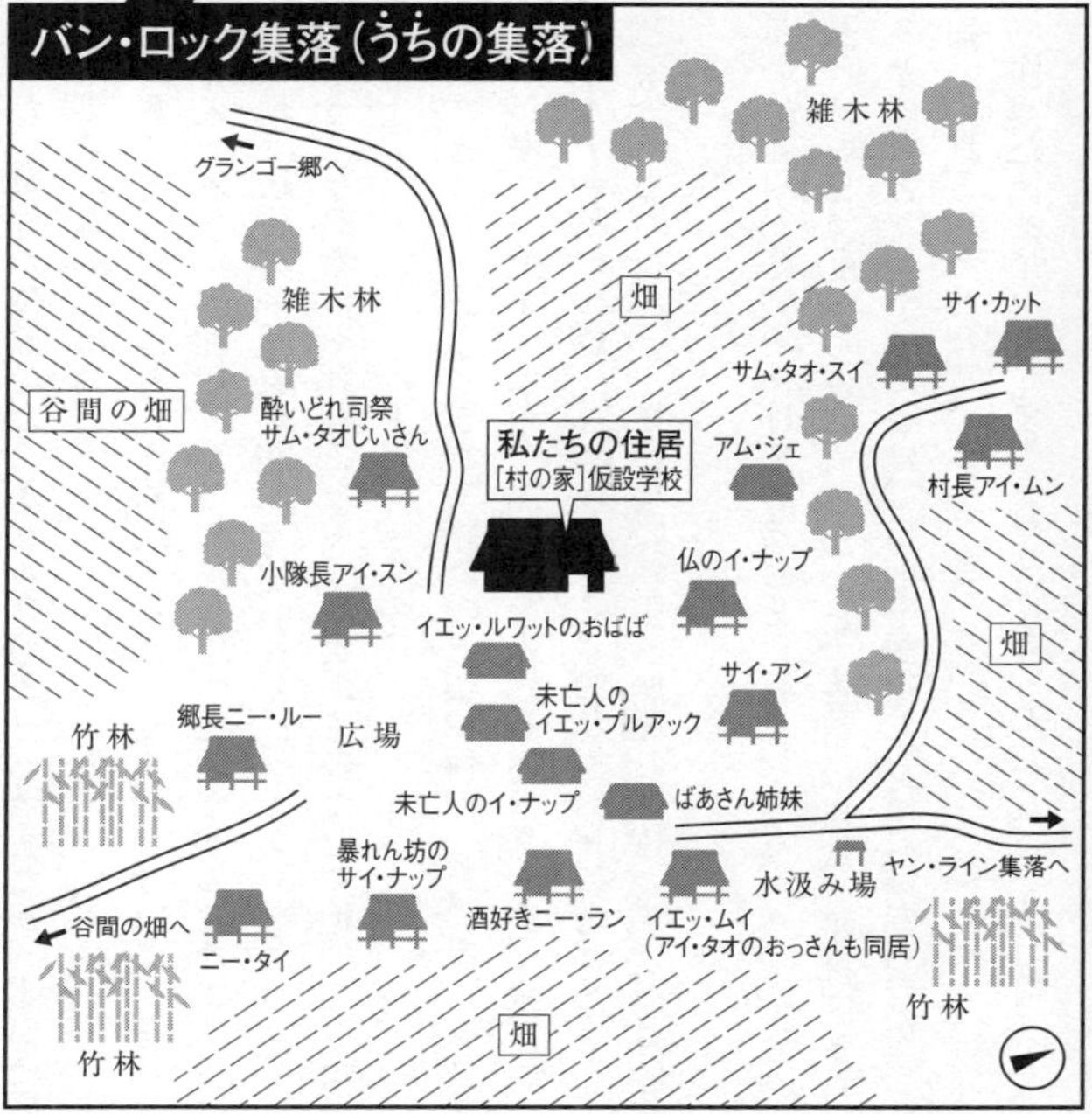
バン・ロック集落（うちの集落）
グランゴー郷へ
雑木林
雑木林
畑
サイ・カット
サム・タオ・スイ
谷間の畑
酔いどれ司祭
サム・タオじいさん
私たちの住居
［村の家］仮設学校
アム・ジェ
村長アイ・ムン
仏のイ・ナップ
小隊長アイ・スン
イエッ・ルワットのおばば
畑
サイ・アン
未亡人の
イエッ・プルアック
郷長ニー・ルー
竹林
広場
未亡人のイ・ナップ
ばあさん姉妹
暴れん坊の
サイ・ナップ
水汲み場
ヤン・ライン集落へ
谷間の畑へ
酒好きニー・ラン
イエッ・ムイ
（アイ・タオのおっさんも同居）
ニー・タイ
竹林
畑
竹林

ムもまた中国出身のワ人だった。動作が俊敏でどこかサルを思わせる若者だが、陽気で屈託がなく、私の言うことにも素直に耳を傾けた。

翌日、私たちが村にたどり着くと、村人はとくに歓迎するふうでもなかったが、それなりに出迎えてくれた。初めて来たときに「理想に近い村」と思ったのが嘘のようで、村は色褪《いろあ》せて狭苦しく見えた。それは私の第一印象が間違っていたというより、「今日からここで四、五カ月暮らす」ということが希望や計画でなく、現実のものとして迫ってきたからであった。

ほんとうは誰かの家に居候させてもらおうと思っていたのだが、件《くだん》の「村の家」に住まわされることになった。村人が寝台や敷布、毛布、鍋、水を入れるポリタンク、金ダライ、お碗、箸《はし》などを持ち寄ってきた。一軒につき一品程度である。負担を公平に分かち合っているというより、もともと余分なものなどいっさいないのを、無理して持ってきたという感じだった。

私たち二人を受け入れるのに、村が総力をあげているともいえた。みな、かつかつでやっているのだ。アヘンで潤っている気配など微塵《みじん》もなかった。食事は自炊、米は区から、青菜は村人から支給されるとのことだった。あとは、自前で調達しなければならない。私たちもかつかつの生活を強《し》いられることだろう。

ニワトリを一羽つぶして作った「モイック」(ワの雑炊)をいただく。ワ人は客人が来ると必ず男が料理を担当する。食事をともにしたのもみな男連中である。金歯の郷長ニー・ルーは相変わらず、迷惑そうな顔で私と目を合わそうとしない。その代わり、陽気な小隊長のアイ・スンがケへへへとへんな笑い声をあげながら、しきりと私の世話を焼いた。どうもこの男が、おやっさんから私の保護者役に任命されたらしい。

食事がすんでから、ようやく谷間の畑を見に行く。ずいぶんごぶさたしたから、よほど成長しているかと思いきや、私が種をまいたケシはまだ葉の長さ五〜六センチ、高さは三センチ程度であった。播種《はんしゅ》後十日くらいで発芽するというから、つまり二週間半でこれだけしか大きくならないことになる。思ったより成長が遅い。他の畑もいくつか見学したが、もう少し高さがあるくらいで、大差ない。長期戦が予想された。

夜は、男たちに代わり、女と子どもがうちの火の周りに集まってきた。男たちがいると、遠慮して近寄ってこないし、話しかけてもこないが、女と子どもだけだと、さすがにかしましい。

一日でいろいろなことがありすぎて疲れているうえ、理解できない言葉の洪水に倦《う》んで強烈な睡魔に襲われた私は床に就いた。しかし、彼女たちは帰ろうとせず、私の一挙手一投足をじっと見守っている。私が寝袋に入ったときなど大爆笑である。「何をやってるんだ、こいつは」と珍獣を見る目付きだ。人びとに取り囲まれて寝るなどということは初めての経験で、涅槃《ねはん》に入る釈迦《シャカ》のような気分だった。釈迦とちがうのは、周りの人が泣いてはおらず、くすくすといつまでも笑っていることだ。

夜は寒さがこたえたものの、ひじょうに静かだった。住み始めの家にまだ米びつはない。ネズミもいない。私が「ずいずいずっころばし」について思いをめぐらすのもまだもう少し先のことだ。

「水中国《みずちゅうごく》」から来た謎《なぞ》の男

私は一日でも早く村の人たちのことを知りたいと思ったが、その気持ちはあちらも同じであるようだった。隕石《いんせき》のように忽然《こつぜん》とあらわれ、「この村に住む」と高らかに宣言した謎の男は何者なのか、村人のあいだでさまざまな議論が巻き起こった。

まず、「ワ人説」。これは私が自ら唱えた。

村に着いた最初の日にクイマー区から私について来た男がいた。こちらを見ながら仲間同士でぼそぼそしゃべっている村の男たちを尻目に、彼はちょっと勿体《もったい》ぶった態度で私のほうへやって来た。オレは無知な村人とはちがうぜと言いたげな様子だった。この男は、どれくらい機能しているか知らないがクイマー区にある学校の教師だと言い、なかなか流暢《りゅうちょう》な中国語で私に訊《たず》ねた。

「あんたはどこから来たのだ」

「日本《リーベン》だ」

タ・コーやおやっさんら幹部連中から「身元を明かしてはいけない」と釘《くぎ》を刺されていたにもかかわらず、正直者の私はあっさり答えた。これから村に何カ月もいるのに騙《だま》しとおせるわけがないと思って開き直ったつもりであった。

しかし、自称教師は眉《まゆ》をひそめた。

「リーベンって、どこだ」

「日本《リーベン》といったら日本だ。そういう国があるのだ。首都は東京《トンジン》という」と丁寧に教えたが、

「それは中国のどのへんだ」と言い、まったくわかってない。

「中国じゃないって言ってるだろう。ワ語じゃ、ホー・ローム（水中国）だ」

先生はきょとんとしている。脇で聞いていた村人も同様である。標準ワ語の「ホー・ローム」という単語は、ここでは知られてないらしい。

先生は長考の末、「結局のところ、あんたは中国人かワ人なのか」と訊ねるので、笑ってしまった。まるで、この世には中国人とワ人しか存在しないみたいな言い草だったからだ。これが地元のインテリ先生である。私は「ワ人だ」と答えておいた。先生も村人も納得できかねるという顔をしたが、もう質問の余地がないらしく、黙りこんだ。もう返答の余地がなかった私もホッとした。

これが自ら唱えた「ワ人説」であるが、さすがに誰も信じなかったらしく、謎は深まっ

たようだ。以後しばらく、直接質問してくる人間はいなかったが、評判はたった。

つぎに登場したのは「中国人説」である。これはしごくまっとうな説だ。私はサムと毎日、中国語で会話をしていた。へたっぴいなのだが、片言しか、あるいはまったく中国語が話せない村人にとっては流暢にしゃべっているように見える。外国語とはそういうものだ。加えて、私の肌は白く、顔は頬骨《ほおぼね》が張って額が広い典型的な大陸系である。ホー・ロームという呼び名はよくわからないが、中国と名がついているのだからその一種だろう。よって、彼は中国人である……。

ところでホー・ロームだが、これは知らない人には困った呼称だ。「ホー・ロームには水が多いのか」と聞く者がいる。たしかに島国だから水は多い。「そうだ」と答えるしかなかったが、結果的に誤解を深めた可能性がある。だが、そんなのはまだいいほうで、「あんたらは、魚のように水のなかで暮らしとるのか」と、あるじいさんに聞かれたときには絶句してしまった。

さて、一週間、十日と日がたつにつれ、もっと思慮深い人たちが「中国人説はちがうんじゃないか」と言い出した。根拠は二つある。

一つは、私の書く文章がどうも中国語ではないらしいこと。私は毎朝、白湯を一杯飲むと外に出て、朝飯までの一時間から一時間半、前日分の日記をつけていた。通りがかりの人や子どもが珍しそうにのぞきこむ。そのうち、誰だか忘れたが賢いのが、漢字を読めないにもかかわらず、私のノートには漢字とおぼしき字と、ミミズがのたくっているような、べつの種類の字があると気づいたのである。

「これは中国語じゃないだろう」と、彼は「の」とか「と」を指さして聞いた。

「そうだ。これは『ロ・ホー・ローム（水中国語）』だ」と私は胸を張って答えた。

もう一つの根拠は、私が異様に毛深く見えることにあった。私は日本人としては標準的な毛深さだが、ここではひじょうに目立つ。まず、中国人と日本人の最も顕著な身体的相違は体毛の濃さにある。中国人の男はよく半ズボンやランニングシャツで街をぶらついているが、胸毛はもちろん、手や足が毛むくじゃらなんていうのは見たことがない。不気味なくらい白くて赤ん坊のような肌をしている。ヒゲも薄い。かつて中国の警察や軍は日本人のスパイをヒゲの剃《そ》りあとで見破ったという話があるくらいだ。

体毛が薄いのはワ人も同じである。軍人を含め、よほどのじいさん以外、ヒゲを生やしている者もいない。私は剃るのが面倒なので、たいていはヒゲぼうぼうである。決定打はなんといっても脛毛《すねげ》だった。ワ人は中国人ほど薄くはないが私ほど濃くもない。それに色が黒いのであまり目立たないのである。

こうして、「あいつはどうも中国人でもワ人でもないらしい」ということになり、また新たな説が生まれた。「白人説《ブイバイン》」である。

村人の誰一人として白人など目撃したことはない。彼らの世界はきわめて狭い。見たことがあるのはワ人と中国人だけで、軍隊に行っていた連中はラフ人、カチン人、カレン人、シャン人といったビルマ国籍の少数民族を知っている。あとはビルマ人、ビルマ国籍のインド人が精いっぱいのところである。彼らの世界はそこで閉じている。

ただ、話では「白人」というのが存在することは聞いている。私は彼らが知っている、いかなる民族にも当てはまらないから、消去法的に白人になってしまったわけだ。アフリカのコンゴ人も日本人のことを白人と呼んだりするが、ニュアンスは全然異なる。コンゴ人はどんな奥地の人間でも、白人のなかにアメリカ人やフランス人やらがいることを知っている。が、ワ人は、白人は「白人国」に住み、「白人語」を話すと思っているから参る。感覚的にはほとんど火星人というに等しい。

狭い村では、誰かが一言、思いつきを発表すると、マッハの速さで全住人に伝わる。ある日から突然、みんなが、「あんたは白人だろう」とか、私のノートを指さしながら「これは白人語だろう」とか、畑にいると、「白人国でもアヘンを作っているのか」と言い出し、私を悩ませた。私は、ことあるごとに「ホー・ロームという一つの国があり、私はホー・ローム人で、言葉はホー・ローム語だ」と、まるで外務省の出先機関の役人のように主張したが、果たして何人の人が認めてくれたことやら。

こうして、ワ軍の幹部の連中が「君が日本人とわかるとまずい」と危惧《きぐ》したのに、実際には、「おれは日本人だ」といくら叫んでもわかってもらえないという悲しい事態に陥ったのであった。

村にはなぜ未亡人が多いのか

村に定住するうえで、いちばん大事なのは、村人のあいだにできるだけ早く溶け込むことだ。ただでさえ閉鎖的な村で、しかも私は素姓《すじよう》定かならぬ謎の男である。

そこで、かねてからの経験から用意してきたのは、ポラロイドカメラだ。一軒ずつ家族全員の集合写真を撮影し、名前を聞く。二枚撮って、一枚は私がいただき、もう一枚は彼らにあげる。私は顔と名前と家を覚えることができ、しかも向こうからも喜ばれる。一石二鳥の方法である。

一軒ずつといっても、村の六十二世帯全部ではない。このムイレ村は南北に広がり、三つの集落からなる。北からヤン・ティヤック、ヤン・ライン、そして私の住むバン・ロックである。各集落はそれぞれ歩いて十分くらいずつ離れており、生活は基本的に集落の単位でおこなわれるらしいのは、私たちにモノを貸してくれたり、野菜を持ってきてくれたりするのがバン・ロック集落の人だけであることからも窺《うかが》えた。最初に私たちの所帯道具一式を持ってきたのもバン・ロックの人だったのだ。

まずは自分の集落だけでいい。この集落は全部で十七軒しか家がなく、それも半径五百メートルのなかにひしめいている。仕事はすぐに片づくと思った。が、それがなかなかうまくいかなかった。サムに手伝ってもらい、そのことを触れ回ったのだが、人びとの反応は鈍いものだった。

ワ人は日本人と同じで「ノー」をはっきり言わない。「あー、いいよ」と口では言うのだが、全然協力する姿勢が見えない。家族を集めてくれと頼んでも、「じゃあ、呼びに行く」と言い残して出かけたきり、本人が戻って来なかったりする。最初、写真を撮られるのが嫌なのかなと思ったが、そうではなかった。プリントされた写真は見たことがあっても、そもそも写真を撮るとか撮られるということの意味がわからないのだ。もちろん、写真自体を見たことがない者も大勢いる。正体不明の男に何か変なことをさせられると思ったらしい。

そこで、私の世話役であり、村の軍事面を担当する小隊長、アイ・スン家から始めることにした。ワ州の村において、文明との接触はもっぱら戦争を介しておこなわれる。兵役を通じて他民族と出会ったり、外国語（中国語やシャン語）を覚えたり、ラジカセで音楽を聞いたり、テレビを見たり、石けんで衣服を洗うという習慣があることを知るのである。長いこと戦線に出ていて見聞が広く、集落内で唯一、歯磨粉で歯を磨くというハイカラ男、アイ・スンなら理解があるだろう。

アイ・スンはさすがに心得た様子だったが、それでもすらすらとことが運んだわけではない。

「ちょっと待ってくれ。アイ・レーとイ・タオがいない」と彼は長男と老母の名をあげた。

「どこにいるんだ？」

「知らない。ニー・カー、兄貴を探してこい。オー・クワット、かあさんを呼んできてくれ」

アイ・スンの言葉に次男が走り出し、かみさんがおっとりと姿を消した。これで、不在者が二人から四人に増えてしまった。このように家族全員をそろえるのがひと苦労なのだ。私がひそかに恐れていたように村人は夜明けとともに畑に出たりはせず、日が昇ってから優に三時間くらいは家の近辺にいる。籾を精米したり、家の周りの野菜畑の手入れをしたり、食事の用意をしたりしている。が、いろいろな用事で親戚《しんせき》や友人のところに顔を出す者も多い。顔を出したついでに飯を食ってそのまま野良仕事に出てしまったりもする。ひじょうにルーズだ。家族の人間も誰がどこで何をしているのか、さほど気にしている様子はない。

ようやくアイ・スンの家族全員がそろったのは私が諦《あきら》めかけたころだった。アイ・スンの母親、イ・タオばあさんは隣の集落に嫁《とつ》いだ娘のところにいた。長男は山に行っていたらしい。

「じゃあ、写真を撮るよ」

「ちょっと待ってくれ。みんな着替える」

一生に一度の記念写真である。一張羅を引っぱりだそうというのだ。かみさんは汚れたTシャツを脱ぎ、白地に刺繍《ししゅう》の入った手織りの服を着て、ビーズの首飾りを倍に増やした。結ってあった長い髪もほどき、櫛《くし》でたんねんに梳《す》き始める。アイ・スンは帽子がないと騒いでいる。

イ・タオばあさんはぶつぶつ言いながら、またどこかへ行こうとした。「ちょっと、ちょっと！」と呼び止めたが、ばあさんは振り向いて何ごとか大声で答え、そのまま行ってしまった。サムが説明した。タカラ貝を縫いつけたベルトがいたんでいるので、誰かに借りに行ったんだと（あとでわかったのだが、実は結婚式と葬式が同時にやってきたような気合いの入れ方である（あとでわかったのだが、実は結婚式も葬式も、衣装に関してはたいして気合いが入っていなかった）。

イ・タオばあさんがタカラ貝ベルトを巻いて帰って来、かみさんが髪を梳《と》かし終え、アイ・スンが帽子を発見し、さあいよいよかと思えば、「ちょっと待ってくれ。子どもたちの準備をする」。

四人の子どもにきれいな服を着せ、長男にはご丁寧に自分の人民解放軍ズックをはかせた。子どもと老人は裸足《はだし》がふつうである。さらには長男に自慢のラジカセを持たせた。ラジカセを所有しているのはこの集落ではアイ・スンだけだ。そして自分は小銃を肩に担いだ。
やっとみんな並んだところで、彼の一家のメンバーを紹介してもらう。
家主＝パオ・アイ・スン
妻＝リー・オー・クワット
長男＝パオ・アイ・レー
次男＝　〃　ニー・カー
三男＝　〃　サム・シヤン
四男＝　〃　アイ・ルン
アイ・スンの母＝リー・イ・タオ
こうして、ようやく私はこの家族の全貌《ぜんぼう》がつかめた。右のような文章が書けるのも、ポラロイド撮影による調査のおかげだ。パオとかリーというのは、姓であるらしい。四男がアイ（長男）となっているのは、後妻のオー・クワットが初めて生んだ子だからということもわかった。妻が変わると、またアイ、ニー、サムとやり直すとのことである。アイ・スンの父親はすでに亡くなっていた。
家族構成調査が終わり、家をバックにしての写真撮影である。大家族なので横に並ぶと一人ひとりは小さくなってしまう。みな何だかわからず緊張しているが、いちばん緊張しているのは写真の何たるかを知っているアイ・スンである。

「みんなもう少し寄って。アイ・スン、顔を少しあげて。おばあさん、ちょっと前に出て。はい、それではいきますよ、ティ、ラ、ロエ（一、二、三）」

しばらくすると、アイ・スン家のみならず、野次馬が集まってきた。厚い印画紙にうっすらとセピア色の濃淡が浮かび、やがて、くそ真面目《まじめ》な顔で立ちつくす一家の面々がはっきりした輪郭と鮮やかな色調のなかにあらわれた。たちまち、ヒャアー、アイヤー、オー、ハアーと感嘆の声が巻き起こり、「おれにも見せろ」「あたしにも」と、みんなで写真をひったくりあった。アイ・スンは先ほどまでの緊張を忘れ、「ケヘヘヘ」といつもの素っ頓狂な笑い声をあげた。

この効果は絶大だった。あの無関心から一転、翌日は私のもとへ朝から誰かれとなくやって来て、「アイ・ラオ、ジャオシャン、ジャオシャン（写真、写真）！」とせがんだ。男より女が圧倒的に熱心であった。彼女たちは、いったい今までどこに隠していたのかと思うような、シミ一つない民族衣装を着こみ、首にはありったけの銀製品を巻きつけてきた。かくして、集落は突然、写真集や絵はがきに見るような山岳民族の世界と化したのであった。

おかげで、三日間ほどで残りの家族の撮影をすることができたが、家族調査兼撮影をおこなって、いくつか気づいたことがある。まず、夫のいない家が多いことである。十七軒中なんと八軒の戸主が女性であった。離婚が一人、あとは全部寡婦《かふ》である。夫の死亡原因の内訳は、戦死が二人、戦病死が一人、病死が三人。戦線から帰還した者は身体をこわしていることが多く病気になりやすいというから、病死も間接的に戦争と関係があるのかもしれない。戦死・戦病死のうち、二人は「解放」以降の戦死である。さらに、姉妹らしいばあさんが二人で暮らしている家がある。

つまり、男が世帯主の家はたった九軒しかない。しかも、世帯主の男のうち二人が年寄りである。なんとなく、青年・壮年男子が少ないような気がしていたが、気のせいではなかった。また、九人の男の世帯主のうち七人までが戦争経験者であった。敗戦直後の日本のようなすごい比率だ。今でも、集落から五名が兵役についている。五十年ものあいだワ州に戦闘が絶えたことがないという事実が目に見える形でわかる。しかし、未亡人たちはきわめて明るい。私に人なつこく話しかけてきたり、からかったりするのは彼女たちであった。

一つ注釈を加えれば、私が「世帯主」といっているのは、あくまで日本の概念によるものだ。ワは基本的に長子相続であるが、兵役のおかげで曖昧《あいまい》になっているし、結婚した若い息子がいる家では親と子のどちらが家長かわからない。だいたい世帯主とか家長とか呼ぶほど権限はない。

話を戻すが、集落のなかで五軒、高床でなく粗末な土間だけの家があり、それはいずれも寡婦のものだ。うち一軒はばあさん姉妹の家である。土間の家は造りが粗雑なだけではない。高床の家との決定的なちがいは、牛や水牛を飼えないところにある。高床の下は家畜を入れておくスペースである。もともと牛や水牛は田畑を耕すために飼育している。これは男の仕事だ。つまり、男がいなければ、牛や水牛を飼う資格がなく、したがって高床の家も必要ないということなのだろう。そのあたりに若干の貧富の差が出てくるようだ。

もう一つ興味深いのは、アイ・スン家の例でわかるように、みんな姓を持っていることだ。ビルマ、タイ、ラオスに住む民族で姓を持っている民族は少ない。タイ人の姓は二〇世紀に入ってから人工的に創《つく》ったものであり、ビルマ人にはアウン・サン・スー・チーという長い名前の人もいるが、あれも全部「名前」である。

姓を持っているのは中国の影響だと思う。この集落の姓は、パオ、リー、ラー、チュン、ヴォイ、ウェイの六種類がある。このうち、リーは「李」、チュンは「張」、ウェイは「衛」か「魏」と見当がつくが、あとはわからない。最も多いのはパオで、中国語で書くときは「鮑」という字を当てる。ワ軍総司令官であるタ・パンの中国名パオ・ユーチャンのパオもこの字である。中国人の姓としては珍しい部類で、私は「管鮑《かんぽう》の交わり」で有名な鮑叔牙《ほうしゅくが》くらいしか見聞した記憶がない。どこから来たものだろう。

姓の利用法は中国人とまったく同じだ。基本的に、同姓のものは結婚できない。女は結婚しても姓が変わらない。子どもは父方の姓を受け継ぐ。例外は、姓がパオの場合。集落だけでなく、ムイレ村の半分以上がパオなので、パオは同姓でも結婚できる。しかし、パオのなかにも系統があって、同じ系統のパオ同士はやはり結婚できないとされるらしい。いずれにしても、ワ人がそうとう古くから中国文化の影響を受けてきたことは間違いない。

この家族調査を口実に各戸のアヘン収穫量も聞いたが、ある者は四両（二〇〇グラム）と言い、ある者は十ジョイ（一六・五キロ）と答えた。たいへんな数字の差だ。こんなバカな話はありえない。どちらかがウソをついているか、両方ともウソをついているかだろう。タ・クン・パオのおやっさんか郷長に口止めをされている可能性が高かった。

さて、ポラロイドカメラによる家族調査兼人気取りは大成功のうちに一段落した。

と思ったのは誤りであった。私の人気、いや写真屋としての人気はたいへんなもので、誰も彼もが私を見れば、「アイ・ラオ、アイ・ラオ、写真、写真！」と呼びかける。アイ・ラオといえば写真、写真といえばアイ・ラオという感じである。それまで自分からは近づいて来なかった若い娘が二人で手をつないでやって来て、恥ずかしそうに小声で「アイ・ラオ、写真撮って。あたしたちを……」と言うかと思えば、アイ・スンに「今度は、おれとアイ・ラオの記念写真を撮ろう。オレたちは友だちだろ」と言われたりで、難儀した。

フィルムは限られているし、誰か一人を撮ってしまったら、つぎからつぎへと村人にねだられて、キリがないのは目に見えていたから、「おれは家族の写真しか撮らん」と答えると、彼らは「おまえは性格が悪い」とか「ケチだ」とか捨てゼリフを吐くのである。

ある日、「タイにいる妹に写真を送りたい」と言うおばさんがやって来た。「タイ」というのが妙だったが、アイ・スンやサムから、この村の人間が「タイにいる」と言うときは、シャン州の南方戦線に兵隊として出ていることを指すのだと教えられた。なぜか村人は、タイで戦争が起きていると思っているのだ。どうして「妹」なのかと聞くと、ワ軍では衛生兵もしくは炊事洗濯係として、女子も徴兵するのだという。クンサー相手の戦いに女まで引っ張りこむとは、ワ軍もあこぎだ。しかも妹は村を出て三年になるという。

しかたがない、特例として注文に応《こた》えることにした。写真を撮ると、おばさんはサムに手紙を書いてくれと頼んだ。なるほど写真だけ送ってもしょうがない。ここの村は全員、無筆だ。その点、サムは中国の学校を出ているから、手紙くらいは書ける。サムはおばさんがワ語で語るのを、悩みつつ中国語に翻訳した。私が見ても稚拙《ちせつ》な文章で、とくに書き出しの「你好《ティハオ》！　革命でお忙しいことでしょう」には笑ってしまった。だが、おばさんはもちろん、村の人たちにとっては笑いごとではなかった。それまでは、どんなに望んでも戦地の家族に手紙を送ることなど不可能だったのだ。それが異邦人の出現とともに可能になったわけである。しかも、写真付きで。

写真付きの手紙をタイに出せる——このニュースはムイレ村全域を駆けめぐり、サムがおばさんの手紙を書き終える前に、つぎの依頼が舞いこんだ。いちばん遠いヤン・ティヤック集落からだ。すでに日は高く、仕事に出る時間はとっくに過ぎていたが、十数人のギャラリーが私たちと一緒にぞろぞろとヤン・ティヤックへ移動した。

おばさんの頼みを「特例」と思っていた私が愚かだった。アイ・スンによれば、村から兵役に出ている者は三十名にも及ぶという。全戸数六十二。一戸につき平均五人家族とすれば、村の人口は推定約三百。そのうちの三十人だから、約一割が軍隊に加わっていることになる。すごい数、すごい比率。ムイレはまさに「銃後の村」だった。

ヤン・ティヤックの依頼人は、村でも最長老の一人であった。またしても私は「はい、みんな並んで。そこの人、少し顔をあげて。帽子の陰になるよ。はい、いいですか。ティ、ラ、ロエ」と写真を撮り、サムが「革命でお忙しいことでしょう」の手紙を書いた。サムが苦心惨憺《くしんさんたん》して仕事を終えると、予想どおり新たな注文がくる。今度は真ん中のヤン・ライン集落、依頼人は村長（アイ・ムンとは別人。村長は二人いる）であった。

ふたたび移動、撮影、代書。かくして、私たちは完全に写真屋と代書屋のコンビと化した。サムのペンのスピードがえらく遅いし、途中でお礼に酒や食事をご馳走《ちそう》になったので、結局、全部で五通分に丸一日かかった。思いがけない展開であったが、ヤン・ティヤックとヤン・ラインの二つの集落には足を運んだことがなかったので、絶好のお披露目《ひろめ》になったと思う。

この日以降、そうしょっちゅうではないにせよ、私とサムは写真屋&代書屋の仕事を頼まれた。村に溶け込むにもいろいろな方法がある。

ケシ栽培は純粋な農業である

世に冠たる《麻薬地帯》ゴールデン・ランドの核心部であるワ州で、アヘンを得るためにケシ栽培をおこなう。といえば、いったいどんな禍々《まがまが》しいことがおこなわれているかと思うだろう。正直にいって私も、具体的にはさっぱり見当がつかなかったものの、何か想像を絶するようなことが経験できるのではないかと漠然と期待していた。

ある意味で、それは間違いではなかったといえるだろう。たしかに現実は私の想像を絶していた。すなわち、ケシ栽培とは毎日毎日が畑の草むしりだったのである。よく考えてみれば、驚くことは何もない。ここの人びとにとって、ケシ栽培は純粋に農業なのである。そして、この辺鄙《へんぴ》な土地で農業といえば完全自然農法、正確には焼畑《やきはた》である。肥料はやらない。農薬も撒《ま》かない。水さえやらない。種まきが終われば、あとは花が咲くまで雑草をとるだけしか、することがないのである。野良仕事にエキサイティングなことを期待していた私が浅はかだった。

それでも最初は、何かワ人特有のケシ栽培テクニックでもあるのではないかと、かすかな希望を抱《いだ》いていたのだが、十日目くらいで「あー、こりゃ何もないな」と観念した。観念したと同時に村の日常というものを実感した。

その十日目の一日を紹介しよう。

朝、飯を食い終わり、外に出ると、村人はほとんど畑に出払っている。午前九時くらいか。仕事に出遅れたからといって慌てることはない。行きつけの谷間の畑へ向かって木立ちのなかの道をぶらぶらと降りていく。途中、牛を放牧に連れていく少年が声をかけてきた。

「アイ・ラオ、どこ行くの」

「ケシ畑だ」

「また『レン・ペン』?」

「レン・ペン」とは「ケシ畑の草取りをする」という意味の成句である。ここではケシ＝アヘンが最重要の単語の一つなので、特殊な成句がたくさんあるのだ。ペンだけだと「ケシ」と「アヘン」の両方の意味がある。これは中国語の「鴉片《ヤーピエン》」から来ているのだろう。

少年はくすくす笑って言った。「アイ・ラオ、レン・ペン、クゲー・クゲー」

「クゲー・クゲー」は「毎日毎日」という意味である。

少年に笑われるのも無理はない。元来、ケシ畑の草取りは女の仕事なのだ。男はよほど暇なときか、手が足りないときしか参加しない。また、女といえども、私のようにほんとうに毎日ケシ畑に行く者はいない。ときには、家で機織《はたお》りをしたり、コーの実を杵でつく。どれも鼻唄《はなうた》まじりにできる仕事ではないが、作業の姿勢がちがうし、気分転換にもなる。

りとなる。

実際、私もほかの仕事がしてみたかったのだが、できることがないので、やむを得ず草取
「そうだ、おれはレン・ペン、クゲー・クゲーだ」と半分ヤケでどなる。

五分足らずで谷間の畑に出た。いつもならここで、あたりをぐるっと見渡す。草取りをしているグループがどこにいるか探すのだ。ワ人は各家ごとに自分の畑を持っていながら、作業をするときは共同でおこなう。今日はこの家の畑、明日はあの家の畑という具合だが、きちんと順番が決まっているわけではないらしい。参加するメンバーが日によってバラバラだからだ。

まだ村人の顔もろくに覚えていない状態なので、どういう規則があるのかも不明である。したがって、今日、どこの畑で誰が参加するのか想像もつかない。村人に訊ねても、当てにならない。前の日から決まっていることもあるが、直前に変更になったりするからだ。

それに私は「どうしてもこの人と一緒に草取りがしたい」と恋心を抱いている相手もいない。どこの畑でもいい。ただ、自分が種まきをした谷間の畑を重点的にやることにした。

この日に限っては、見渡す必要もなく、目の前で十人くらいの女たちが作業をしていた。私は最初に行き合ったグループに参加することにしていたが、見たことのない顔ぶれだったので、ちょっと躊躇《ちゅうちょ》してから「手伝ってもいいか」と訊ねた。女たちは顔を見合わせ、笑いながら手招きした。聞いてみると、ヤン・ティヤック集落の人たちだとわかった。谷

間はほとんど私の所属するバン・ロックの畑なので、例外である。持ち主はアイ・サンという名前の男だという。彼は軍の中堅幹部で、いってみれば村の出世頭であり、ヘロイン・ブローカーであるとのちにわかったのだが、このときはもちろん知らない。

女ばかりの他集落のグループに割り込むのは気後れすることだが、今さら恥ずかしがってもしようがない。牛除《うしよ》けの柵《さく》を乗り越え、みんなと同じようにゴムゾウリを脱ぎ、裸足で畑のなかに入った。畑に入るときは履物を脱ぐという決まりがあるわけではない。このほうが草取りをしやすいだけだ。およそワ人には決まりとかタブーとかがない。タイ北部のプライという、ワと近い民族の調査をしていた文化人類学者の友人は、「村がタブーだらけで参った」とこぼしていた。たとえば、畑でメモをとったり写真撮影したりするのも「畑の精霊が怒るから」と許されなかったという。ワの村には精霊がいないのか、それとも鷹揚《おうよう》な精霊なのか知らないが、とにかく何かしようとして「ダメだ」と怒られたことはなかった。

畑は十メートル四方程度で、村のケシ畑としては標準的な広さである。女たちが横一列に並んで北側の端から南側へ向かって前進している。私もラインに加わる。手には彫刻刀を大きくしたような草取り刀。短い棒の先に鉄の刃がついている。それを逆手に持ち雑草をえぐりとる。それだけだ。しかし、この「それだけ」が難しいのだ。とくに、この畑のようにケシが足首程度の高さしかない小さいやつがいちばん厄介だ。雑草と区別がつきにくいうえ、ケシ以外にもトウガラシとか香菜《シャンツァイ》（コリアンダ）とか菜っぱが植わっている。それを一瞬で見分け、雑草だけを取り除く。

しかも、この畑はサム・タオじいさんの畑と同様、まるで荒れ地だ。黄色い土は干からびて固まり、裸足の足の裏が痛いくらいである。刀を深くつき刺すと周りの土まで一緒にガバッととれてしまう。これから何カ月も雨はほとんど降らない。よくこんな水分の乏しいところでケシが育つなと思うが、よけいなことを考えている暇はない。サクッ、サクッと注意深く刃をつき刺す。それでもうっかりケシを根こそぎにすることがしばしばある。幼いケシはひとたび土から引っこ抜いたらもう根づかない。確実にアヘンの収穫を減らしていることになる。アメリカ政府は喜ぶかもしれないが、村人はそうではないだろう。

「いかん！」と慌てて土に埋め直して取り繕うが、顔をあげると、みんなが私の一挙一動に注目しており、私の見えすいた隠蔽《いんぺい》工作に笑いが起こる。

一人が私のほうへやって来て、「こうやるんだ」と手本を示してくれる。見ていると雑草を狙《ねら》って取るのではなく、刃で軽く地面をかき回し、雑草があれば左手でササッと集める。勢い余ってケシや野菜の根が取れかかったりするが、ぎりぎりのところで土にとどまっている。目にもとまらぬ早業だ。「わかったか」と聞かれれば「わかった」と答えるしかないが、とても真似《まね》のできるものではない。

酔狂な異邦人の観察にも飽きたようで、みんな仕事に没頭しはじめる。サクサクサクサクサク……と、大量のシロアリが柱を齧《かじ》るときはかくやと思うような音が響く。こちらは相変わらずサクッ、サクッという感じだ。試験会場で他人の鉛筆の音ばかりがカツカツと聞こえるようで、プレッシャーがかかる。実際、ラインは私のところがしだいにへこんで、やがては盲腸のような窪《くぼ》みになり、しまいには離れ小島と化した。

彼女たちが一心不乱に仕事に取り組んでいるかというとそうでもない。ほとんど全員が銀パイプをくわえ、すぱすぱタバコを吸いながら作業をしている。ときどき立ち上がり、首からぶらさげた銀色のライターで火をつけ直す。悠々としたものだ。このタバコは自家製で、私も試したことがあるが、猛烈に強い。休み時間ならともかく、よくあんなきついタバコを一日中パカパカ吸いながら作業ができるなと感心する。

とくにこたえるのは腰の痛みだ。村人は身体がやわらかく、足を伸ばしたまま、腰をかくんと折って、地面に手を伸ばす。これだと視界が広く、移動も簡単だ。それにひきかえ、私はしゃがみこんで背中を丸め、覇気《はき》のない砂場の子どもみたいにイジイジと土を引っかいている。疲れるわけだ。もっとも、村の男たちもたまに草取りをするときは私みたいにしゃがみこむ。そして、一日やっただけで「腰が痛《い》てえ」と泣き言を言い、つぎの日はもうやらないぐらいだから、私が少々グチをこぼしてもいいだろう。

私は二時間こらえ、パイプをふかす「シロアリ軍団」に別れを告げる。べつの畑に移動だ。私はそのころ二時間ずつちがう畑で仕事をすることにしていた。できるだけ大勢の人と仲よくなりたいということと、少しでも多くの人を手伝いたいということ、そして、もしかしたら私の手伝いは彼らにとっては、単なるありがた迷惑かもしれず、もしそうなら、なるべく迷惑を分散させたほうがいいだろうという私なりの心配りによる。

わりあい気心の知れたアイ・スンの畑へ向かうが、手前でべつのグループに「アイ・ラオ、アイ・ラオ！」と呼び止められた。これはうちの集落の人間だ。おばさん二人に、十代後半くらいの若い娘が三人。ポケットから写真の束を取り出し、名前と顔をチェックする。

おばさんの一人は、小隊長アイ・スンの亡くなった先妻の母親である。実は今朝《けさ》、畑に出るのが遅れたのは、アイ・スンに連れられてこのおばさんの夫ニー・ランの家へ行き、焼酎を二、三杯いただいたからだ。ニー・ランは仕事に出る前に一杯ひっかける癖があるらしい。口数の少ないおとなしい男だが、かみさんはおしゃべりで、異常な笑い上戸である。私から写真をひったくり、「なんであたしゃ、こんな顔してるんだ」と大笑いしている。もう一人のおばさんは、夫が最近戦死したイエッ・プルアック。つぎにこの人の畑をやることにした。

イエッ・プルアックの畑は前のところよりケシの丈が高い。土は黒くて粒が細かい。少ししか離れていないが、だいぶ土壌がいいようだ。草取りのやり方もちがう。一言でいうと、ラフである。前の畑のように丁寧にサクサクやらない。ガーッと土を荒っぽくかき回して雑草を左手で払いのけるがそれだけで、あとは放置しておく。ケシはほとんどが地面に倒れてしまうがお構いなしである。仕事は早く進むが、これでいいのだろうかと心配になる。単に手抜きなのか、土壌がいいから問題ないのか、そのへんはよくわからない。

パイプをふかす者はいないが、彼女たちはみな陽気だった。「アイ・ラオ、アイ・ラオ」としきりに呼びかけ、何か言うのだが意味がわからずに「えっ。モフ・ミ・ウー？」とオウム返しに聞き直すと、爆笑する。娘たちが「あんた、わたしのこと好き？」と、からって聞いていたのだが、私が眉間《みけん》にしわを寄せて「アンタ、ワタシノコトスキ？」と機械的に繰り返すのがおかしかったらしい。「おれはあんたたちは好きじゃない。おれはこの人が好きだ」と、一人でせっせと作業を続ける戦争未亡人のイエッ・プルアックを指さしたところ、彼女たちは地面にへたりこんで笑い崩れた。

娘たちはますます調子に乗り、また何か話しかける。私が「わからない」と首を振ると、一人がすぐそばに来て大声で同じことを繰り返した。そのとき、彼女のスカートがいきなりフワッとめくれあがり、私はたまげた。背後からべつの娘がスカートめくりをしたのだ。めくられた娘は真っ赤になって相手を追いかけ、仕返しをしようとする。二人の娘は、半分本気になって相手のスカートを引っぱりあい、しまいにはスカートの裾《すそ》を握りしめたまま、そろって地面に倒れてまだ暴れている。

さすがにおばさん二人は「もういい加減にしなさい」と叱りつけ、仕事は再開されたが、私はさっきのシーンが目に焼きついた。ワの女性は貞操観念が強いと聞いているが、彼女らのやってることは日本の中学生や高校生の女の子と変わらない。

かくして、イエッ・プルアックのケシ畑は惨憺《さんたん》たるありさまになってしまったが、誰も気にする様子はない。ケシは私が思うより、たくましいようだ。

さて、昼飯である。村人は家に戻らず、畑で飯を作って食べる。当番は畑の所有者と決まっている。時間は遅く、だいたい一時半から二時くらいに作り始める。火を起こし、大鍋に米をどさっと入れ、ポリタンクの水をざばざば注ぐ。何人分かなんて考慮している様子はない。水加減も適当だ。娘たちはケシ畑に点在している菜っぱを集める。これは生活の知恵だ。畑で食べるために菜っぱを一緒に植えているのである。水が足りないので洗わずに鍋に放り込む。笑い上戸のおばさんやスカートめくりの娘たちの下敷きになったものもあるはずだが気にしない。

二時半から三時ごろ、ようやく飯ができる。いわゆる「モイック」で、水分の少ない雑炊というか炊き込みご飯である。味付けは塩とトウガラシのみ。精米が不十分なせいか米の色が赤っぽくぱさぱさしている。これを、太い木をぶった切ってこしらえたできそこないのお盆のような皿にどかっと大山盛りにする。

こんなに食えないよと私は少なめにしてもらう。彼女たちは手づかみで食う。畑仕事をしていたから土だらけなのだが、パンパンとはたいておしまいだ。私は木の枝で作った箸を使う。汚いのが嫌なのではない。熱くて手づかみできないのだ。彼女たちは、先ほどまで煮えたぎっていた雑炊を平気で手でつかむ。そのくせ猫舌で、しばらく手のなかで冷ましてから口に運ぶ。

お世辞にも口に合うとはいえないが、身体をさんざん使い、三時まで待たされるとけっこう食える。満腹だ。彼女たちは、老いも若きも豪快に飯をがんがん口に放り込み、あっという間に大山盛りを平らげる。しかし、驚くのはまだ早い。みんな、最初と同じ大山盛りをもう一杯食うのだ。どこかタガがはずれたような食い方だ。

わざわざ「彼女たち」と断ったのは意味がある。男は女ほど食べないからだ。一つには、女のほうがずっと身体を酷使するため。もう一つは、男は腹がくちくなるとさっさと皿を放り出すが、女は飯を残すともったいないので無理してでも全部食べる習慣があるからだろうと推測する。

その証拠は男女の体型になってあらわれている。男は中年でも贅肉《ぜいにく》はなく、二十歳《はたち》そこそこのように引き締まった身体をしているのに対し、女はお腹《なか》がぽこんと出ている者が多い。この日の二人のおばさんもそうである。明らかに食いすぎだ。ほかの村は知らないが、ムイレ村にかぎっていえば、主食の米には不自由していないように見える。もっとも、米以外の食糧に関しては不自由の極致だが。食事の質を量で補っているともいえる。最大の原因は、半年ものあいだ、畑でケシばかり作っているからだろう。ケシの代わりに野菜を作れば、こんなに片寄った食生活をしないですむと私は思うのだが、どうであろうか。

　飯を食い終わって、ようやくこの騒がしい一団のもとを去る。最後はアイ・スンの畑だ。山の北側の斜面にあるその畑は日当たりはよくないが、その分、土がいい感じに湿っている。ケシは「よく日が当たり、水はけのよいところに育つ」と、どの本にも書いてあるが、ワ州のように冬にからっきし雨の降らないところではそう教科書どおりにはいかないのである。

　アイ・スンの老母、イ・タオばあさんとかみさんのオー・クワットが二人で静かに仕事していた。土壌がいいせいか、高さ十五センチくらいに育っており、しかもびっしり生えているので、雑草取りと同時に間引きもしなければならない。一口に草取りといっても、畑の質やケシの生育度でやり方は千差万別である。間引きも難しい。難しいだけでなく、もったいない。三つに二つ、ときには五つに四つも間引かなければいけないこともある。

　このころになると、私もほんとうにへばってきて、腰だけでなく、手や足も動かなくなってくる。タバコをふかして休憩する時間が増える。畑のはしに腰を下ろし、夕日を浴びて、オレンジ色に浮かび上がる村を眺めると何ともいえない気分になる。一日の終わりは、一つの世界の終わりにも思える。今日だけを振り返ってもなんていろいろなことがあったことか。しかし、それも終わってしまえばただの村の一日にすぎない。一生、外部世界を知らずにこの山岳地帯でケシを作りつづける人の気持ちとはどんなものだろう……。

「アイ・ラオ！」

　イ・タオばあさんのしゃがれた大声が私の感傷をぶち破った。

「あれはホー・ローム語でなんて言うんだ？」とばあさんは西の方角を指さした。ご存じのように、人の指さすものは他人には全然わからない。しかも、指さす本人は確信を持っているので他人にわからないこと自体がわからない。

　オー・クワットが「ゲー」のことだと言うが、そんな単語は知らない。ただ、指さす方向に大きな木が見えた。たぶん、あれだろう。「知らない。日本にはない」と答えた。すると、ばあさん、「いや、ある。絶対ある！」と譲らない。「だから、ないんだ」「ある」「ない」「ある」と押し問答をしてるうちにハタと気づいた。たしか、今朝、牛追いの少年は「クゲー・クゲー（毎日毎日）」と言っていた。「ク」は「毎」だから、「ゲー」は「日」のことだ。ということは……。大きな樹のはるかかなたに赤々と燃えながら沈む夕日が見えるじゃないか！

　ばあさんが訊ねていたのは、太陽のことであった。そうでなければ、ばあさんがあんなに確信をもって言い張るわけがない。

「あー、ある、ある。『タイヨウ』って言う」

　照れ笑いをしながら答えると、ばあさんも笑った。「ほら、あるだろう、アイ・ラオ」

　ふだん無口なオー・クワットもくすくす笑いつづけている。これで、今晩の村の話題は決まったようなものだ。

「ちょっと聞きなよ、『水中国には太陽がない』ってアイ・ラオは言い張るんだよ」

日が暮れると、とたんに寒くなる。仕事は終わりだ。ばあさんとオー・クワットはアイ・スンが伐《き》り出した薪を、額にかけたバンドで維持する背負い籠いっぱいに詰めて歩き出した。アフリカもそうだが、ここでも重い荷物を運ぶのは女たちの役目だ。私も腰を押さえながら、ふらふらと村へ帰る道をたどっていく。少年に追われ、牛たちも村に帰る。牛の首につけられた鐘のカラコロ、コロカラという音が響く。

これがゴールデン・ランドの核心部ワ州のごくふつうの一日である。

ネズミのお供え、そして楊枝《ようじ》の占い

話は前後するが、村に入ってちょうど一週間目のことだ。村に一台だけ「脱穀機」という文明の利器があり、その日はそれを使ってみんなが共同で脱穀をしたということで、アイ・スン家で集落全体の人間が集まる宴会があった。共同作業をすると、あとでみなが一緒に飯や酒を飲み食いする習慣があるらしい。

また、その前日、軍隊に供出する大量の米を七、八頭の馬やラバに乗せて、クイマー区まで運んだ。それも一種の共同作業だろうから、二日分を兼ねての宴会かもしれない。ちなみに、軍への米供出義務は村人にとって、そうとうの負担になっており、私の目からは米は自給できているように見えたが、稲の収穫前には米が尽きて、中国の輸入米を現金で買わなければならないという。

私とサムも呼ばれて座に加わった。そこで私は、前から疑問に思っていたことについて訊ねてみた。「信仰」についてである。ワ州に来て二カ月、村に住み込んでから一週間が経過していたが、私はいまだにワ人の信仰が具体的に何であるか知らなかった。首府パンサンには、プロテスタントの教会が一つ、仏教の寺も一つあったが、それだけだ。教会へ行くのはワ州以外の出身者で、寺は敬虔《けいけん》な仏教徒であるシャン人の集落にあった。つまり、ワ州のワ人はどちらへも行かない。パンサン以外の場所では、私は彼らが宗教的な儀式をおこなうのを見たことがないし、仏教寺院やキリスト教会にもお目にかかったことがなかったのだ。ひょっとしたら、「お蚕《かいこ》さま」ならぬ「おケシさま」でも信じているのではないかという変な期待もあった。

話題の節目を見計らって、私はサムを通して聞いた。

「あなたたちは何を信じているのか」

答は沈黙と、妙なことを問われて、せっかくの酒宴に水をさされた気まずさだけだった。彼らは顔を見合わせ、やがて首を振った。

何も信じていない？　そんな人びとがいるのだろうか。しかも、こんな非近代的な村で。

しかし、今のところ、私は彼らが何かをタブー視したり、縁起《えんぎ》かつぎをする場面すら見たことがなかった。アニミズム（精霊信仰）かとも思っていたのだが、その雰囲気も感じない。共産党の長い支配で、彼らは頭ごと漂白されてしまったのだろうか。唯物論が、よい精霊も悪い精霊も追い払ってしまったのだろうか。それで、何ものにもすがらずに生きていけるようになったのだろうか。サムにも聞いてみたが、中国のワ人も何も信仰していないと言う。

自ら意志をもって探しても見つからないことが、ふと気を抜いてぼんやりしているときに向こうからやって来るというのは、ほかの人はどうか知らぬが、私にはよくある。

翌日、ケシ畑から戻り、遅い夕食を食べ終わった直後、半アル中のサム・タオじいさんがふらふらとあらわれ、酒臭い息を吐きながら、「これからここでモイックを作る」と言い出した。私は酔っぱらいの戯言《ざれごと》と思い、サムも「ごちゃごちゃ言ってないで、さっさと帰ってくれ」と一蹴《いっしゅう》した。すると、老人は案外おとなしく帰っていったが、入れ替わりに、今度はべつの、まだ老人とはいえないが年配の男が裸足でひたひたと入ってきた。手に体長二十センチほどのネズミをぶらさげている。

何かと思って観察していると、尻尾《しっぽ》を切り落とし、黙々と火のなかで転がし始めた。毛を焼いているということは、このネズミを食うのである。そのうち酔いどれじいさんが米を持ってやって来て、二人でモイックを作り始めた。二人がかりでやるなら、これは酔狂ではない。サムに問いただすと、「家を修理したらモイックを作って食べるっていう迷信があるんだよ」と笑いながら答えた。たしかに、昨日、この家の穴だらけの屋根を修繕してもらっている。私は「おおーっ」と思い、座り直した。あるじゃないか、妙な信仰が。

　モイックが煮えると、じいさんは壁にむかって手の平サイズの葉っぱを置き、上に生の米をいく粒かぱらぱらと振りかけた。そして、焼酎を小さな碗に注《つ》ぎ、口に持っていったからそのまま飲むのかと思いきや、ちょっとなめただけで、祝詞《のりと》のようなものを長々とつぶやき、飲まずに葉っぱの横に置いた。私は瞠目《どうもく》した。どう見てもお供えである。やはり彼らには何か信じるものがあるのだ。

　じいさんたちのやっていることに何の関心も示さず、若い村人とおしゃべりしているサムに「これはいったい何なんだ、ちゃんと説明しろ」と叱ったところ、「ピー・パロッグだ」と答えた。「パロッグ」とはワ人の自称だから、「ワのピー」ということだ。サムの故郷もここのワ人も同じ言葉を使うらしく、じいさんたちも微笑《ほほえ》みながら頷《うなず》いている。

「ワのピー」か。ピーはタイ・シャン語で精霊の意味だから、おそらく精霊信仰だろう。では、昨日の「何を信じているのか」という質問に対する沈黙は何だったのか。しばらく考えてようやくわかった。まったく私も頭が悪い。「信じている」というのは実に客観的な言い回しである。ほんとうに信じているなら、その人にとってそれが真実であり、「信じている」のではない。

話を戻して、ネズミ入りモイックであるが、たまたまネズミを捕まえたから入れたのではなく、この場合は、必ずネズミを入れるらしい。このネズミはサム・タオじいさんが自分の家でとってきたものだという。あとで気づいたが、どこの家でも囲炉裏の上に燻製《くんせい》のネズミを常時ぶら下げていた。この日のように、すぐにネズミが捕まえられればそれに越したことはないが、なかなかそうもいかないので、いつでもお供えできるように取り置きしているのだ。ネズミを入れる理由は、この小動物が米を食うからだとのこと。米を食われるのはたいへんな迷惑だが、米があってこそネズミがやって来ると発想を逆転させて、家に米がたくさん入ってくるようにネズミを象徴として用いるようだ。

さて、モイックがほどよく煮え、じいさんたちは二人で食べ始めた。興味津々で眺めていた私にも「食え、食え」と勧める。意外なことにネズミの肉が香ばしい匂《にお》いをたて、食欲を誘った。先にあぶっておいたからだろう。ネズ肉は焼き鳥のような味で旨《うま》かった。

まさか私の期待に応えたわけでもないだろうが、この夜から突然、ムイレ村は伝統と因習を重んじる村となった。

翌日、仕事に出かけようとすると、「今日は畑に行ってはいけない」と言われた。年に一度の「労働禁止日」なのだそうだ。この日、畑に出ると、悪霊に襲われるとのことである。ワ語でこの特別な日の名称を何と呼ぶのかと訊ねたら、ただ「ユフ・モイック（モイックを作る)」とだけ言う。モイックなんか毎日食ってるのに変な話だ。サムに意味を聞くと、「単なる迷信だ。こんな習慣は知らないし、知りたくもない」とにべもない。中国人として教育を受けた彼には、こういったワ本来の因習が古くさく、ばかばかしいものとしか映らないらしい。「ワ州が発展するためには、こういう無意味な迷信をなくしていかなければならない」などとえらそうなことを言う。それが彼やニーのいう「革命《グーミン》」の一つらしい。

通訳兼コーディネーターがこのような態度なので、行事の真意がちっともわからない。村人に直接意味を聞いても「迷信だ」としか答えない。私に説明しても無駄だと思っているのか、本人たちにもしかと意味がわかっていないのか。

ただ、腰痛がピークに達していた私にはありがたい休みだった。村をうろついていたら、昨夜《ゆうべ》の年配のおっさんアイ・タオと、サム・タオに次ぐ酒好きのニー・ランが面白いことをやっていた。飼いイヌを一匹殺してピーに供えているのだ。具体的には、葉っぱの上にイヌの血とすでに調理ずみのイヌ肉をのせ、モイックの米粒をいくつかふりまいてある。酒を横に並べるのも昨夜と同様であった。

二人の初老の男はさらに奇妙なことをした。ニワトリの小骨を二本用意し、爪楊枝《つまようじ》に似ているがその三分の一くらいの太さしかない尖《とが》った木か竹をそれに突き刺そうとするのだ。楊枝の細いのが骨に刺さるわけがないと思うだろうが、ポイントをうまく選ぶとこれが見事に刺さる。もっとも、四本刺すべきところが最後の一本がどうしても刺さらず、三本だけになってしまった。これをしばらくニー・ランはしげしげと眺めていたが、やがてぼそぼそと何かつぶやくと、極細楊枝を引き抜き、骨をイヌ肉の横に供えた。

サムに「こんな変なことをやってたぞ」と報告すると、「あー、それならうちのほうでもよくやる」と、あっさり言われた。彼によれば、占いの一種で、たとえば、中国で兵隊に行こうかどうしようか迷ったときなどにおこなうという。楊枝の刺さり具合で吉凶《きっきょう》を占うらしい。刺さり方にもよるが、四本刺されればまず吉の兆《きざ》しだという。ニー・ランたちは何を占っていたのだろうか。

酔いどれ司祭、サム・タオじいさん

屋根葺《やねふ》きの儀式、労働禁止日とつづいたあと、「平日」をはさんで、出産と結婚式に遭遇した。

出産は村長のアイ・ムン家であった。村長といっても実質的な権限はなく、村の事務局長程度だから、暮らしぶりもふつうだし、儀式や宴会がとくに派手なわけではない。私は早朝、知らせを受けて直行したので、まだ村人は集まっておらず、アル中のサム・タオじいさんと、これまた酒好きのニー・ラン、そして一人だけまともなアイ・タオの三人が儀式をおこなっているところだった。

儀礼となると、いつもこの三人が登場する。彼らはこの集落の儀礼を司《つかさど》る三長老といえよう。なかでもサム・タオじいさんは、バン・ロック集落の「ジャオ・ピー」と呼ばれていることを知った。ジャオはやはりタイ・シャン語と同じ語で「主」の意味である。直訳して「ピーの主」、つまり精霊と生きている人間の関係をとりもつ司祭ということになる。ふだんは尊敬を得るどころか顰蹙《ひんしゅく》ばかり買っているようなサム・タオじいさんだが、儀式のときだけは誰もがおとなしく彼の指示に従う。

じいさんは、家の隅っこの柱の根元にしゃがみこむと、前の晩に生まれた子のために、大きな葉っぱの上に米とネズミと牛の燻製肉を一切れ並べ、さらに締めたばかりのニワトリ二羽から羽根を一本ずつ抜き、一羽の喉をかっ切って血を茶碗のなかに滴らせ、それも一緒に供えた。そして、当然のごとく、プライコーを竹筒に注ぎ、床に少しずつまきながら、祈りの文句を唱えた。

それからは鶏肉《とりにく》入りモイック作りだ。彼らの肉の調理の仕方は独特である。まず、羽根を焼いてむしりとり、内臓は胃腸と肝臓だけを残して丸ごと雑炊の大鍋のなかに放り込む。このころから、だんだん人が集まって来て、プライコーの回し飲みが始まった。

一時間半ほどして雑炊が煮えると、まず肉を引き揚げる。子どもたちが大きな葉っぱを二十枚ほど集めてきて、皿がわりにモイックをよそう。丸煮えの鶏肉をサム・タオじいさんが手でむしり、葉っぱに盛られたモイックの上にのせる。通常、年寄りにはおいしい部分が多めに分配されるが、それもすべてじいさんの裁量に任されている。私には名誉長老として肝臓や腿《もも》の柔らかい肉が手渡され、恐縮した。

といっても各人に渡る肉の量たるや微々たるもので、ほんの二切れ、三切れが大量のご飯の上にちょこんとのっている様子は、申し訳程度にイチゴがのったショートケーキにも似たはかなさだ。しかし、このモイックをみな嬉しそうに食べるのだ。

「アイ・ラオ、イッヒ・モイック・ネ・イヤ（鶏肉のモイックだぞ）！」

見ればわかるのに、みな口々に叫ぶ。なにしろ、彼らはふだんの生活では肉を口にする余裕がまったくない。だから、わずかな肉片でも大御馳走になってしまう。肉そのものは少なくても、モイックに肉のだしが出ているから、いつもの菜っぱモイックとは段違いにうまい、と彼らは言う。冠婚葬祭は彼らの頭のなかで「肉食」と切っても切れない関係にあるのだ。

厳《おごそ》かな儀礼はどこへやら、集まった連中は、部屋の片隅に身を横たえてじっとしている出産直後の母親と、布に何重にもくるまれ、コウノトリが運んできたような籠に収まっている幼子のことなど見向きもせず、ガツガツ食い、飲んだくれる。女はともかく、男らは赤ん坊の顔すら見ない者もいる。司祭サム・タオも敬意を払われていたのはたかだか二時間で、あとはただの酔っぱらいと化した。

ところで、プライコーの宴会だが、この村の人間は最初の一杯めは、じいさんのほど長くはないが、やはりお祈りみたいなものを唱え酒を床に滴らせる。こんな習慣はほかの村では見たことがない。何を言っているのかアイ・スンに文句を教えてもらい、メモに書き留めた。意味がわからないところも多いが、明らかにこう述べているくだりがあった。「おとうさん、おかあさん、おじいさん、おばあさん、お酒をどうぞお召し上がりください。そして、私たちに病気をもたらさないように。私たちに死をもたらさないように」

意外なことに、彼らの「信じているもの」は精霊ではなく、祖先の霊だったのだ。まず、祖霊に酒を捧《ささ》げてから自分がいただくわけで、基本的には日本人と同じである。

母親と子はほっぽらかされ、主《あるじ》は酒注ぎ係に徹しているのを見ているうちに、何となくわかった。当事者は祖霊に感謝し、また集まってくれた人びとにも感謝する。集まったほうも当事者を祝福するのではなく、当事者に恵みを与えてくれた祖霊に敬意を捧げるようである。

翌日、隣のヤン・ライン集落でおこなわれた結婚式になると、この傾向はもっとはっきりしていた。出産の儀式は集落単位だが、結婚式は村単位である。私が行ったときには、集会所のような家に人があふれ、アイ・スンを筆頭に、すでに出来上がっている連中が奇声を発するやら大声で笑うやら誰彼かまわずにしがみついて泣き出すやら、ほとんど乱痴気騒ぎになっていた。新郎新婦を探すが、なかなか見つからない。いろいろな人に聞いて、ようやく発見すると、若い二人はまったくの普段着で、額に汗を浮かべながら、酔客にタバコを配っていた。

なんらかの儀式が先立っておこなわれたのかもしれず、それはおそらく、葉っぱにお供えして酒をこぼしたくらいだと推測するのだが、どう見ても「華燭《かしょく》の典」の趣《おもむき》はなかった。これほど新郎新婦をないがしろにする結婚式は世界でも稀《まれ》ではないか。祖霊に敬意を表せば、新郎新婦なんてどうでもいいみたいだ。

結婚式では牛をつぶすとのことで、肉の量はニワトリとは比較にならないほど多いはずだが、参加者も比例して多いから、結局、モイックは出産の儀式のそれに毛が生えた程度であった。ただし親族や仲のよい者はお土産《みやげ》に肉や骨をもらうらしい。

しかし、私は飯を食い終えることすらできなかった。「おー、アイ・ラオじゃねえか！」と酔っぱらいどもが殺到してきて、二、三人が「ア」「ア」と同時に酒を強要する。なんとかなだめすかして、順番に五杯あけたが、それで限界だった。が、「もう飲めない」と言おうものなら、「おまえ、あいつの酒が飲めて、おれの酒が飲めねえっていうのかあ」と充血した眼でねめつける。日本の性質《たち》の悪い酔っぱらいとそっくりだ。酒がなくなると、村じゅうの家に散って二次会、三次会を始めるのも一緒である。

私は草むらで吐きながら、「似ているのは、祖霊崇拝だけで十分だ」と思ったのであった。

ワ州にて教壇に立つ

有史以来初めて、ムイレ村に「学校」という画期的な近代システムが持ち込まれたのは、私たちが村に来てから八日目のことだった。

前の日の夕方、畑から戻ると、私らの家が半分に仕切られ、入口に面したほうが教室になっているのにびっくりした。どこに置いてあったものか、ベンチと長机用の細長い板が六列に並べられ、脚は太い竹で支えられていた。黒板は長さ一メートル、幅八十センチほどの大きな板を黒く塗ったものだ。今あるものを利用して何かを作ることにかけては、この人間は実に手早くて手際がいい。

サムが得意げな顔をして「明日から授業をやるんだ」と言うので、思わず「誰が？」と訊ね、彼を大いに憤慨させた。サムは十八歳になったこの年、ようやく中学校を卒業したという勉強嫌いで、私に聞かないとワ語の読み書きもロクにできないのだが、初めての教師役に本人はやる気満々であった。何でも、タ・クン・パオのおやっさんがサムに、「村で世話になるかわりに、子どもたちにワ語の読み書きを教えるように」と命じていったらしい。

教育に燃えるおやっさんは、「週一回、子どもたちを川に水浴びに連れていくように」

とか「箸で飯を食うように指導せよ」という注文も残していったのだが、どちらも村全体の習慣にかかわることで、若いサムには手に余る。結局、学校だけが実現の運びとなったのだ。それにしても、人類学者が農村にフィールドワークに行って学校に寝泊まりさせてもらうケースはよく耳にするが、自分の家が学校になってしまったなんて例は聞いたことがない。

翌朝の開校は私の予想に反してきわめてスムーズにおこなわれた。アイ・スンが軍隊用の笛を鳴らすと、うちの集落だけでなく、全部の集落から子どもたちが集まってきた。小隊長が中国国境で仕入れてきたノートと鉛筆を一セットずつ渡し、生徒はワイワイガヤガヤしながらも、思ったより整然と席についた。さすがに軍事独裁政権下のワ州の子どもである。だてに人民帽や軍服（子ども用もある）を着用しているわけではない。こんな経験は初めてのはずなのに、規律が感じられた。

集まった子どもは全部で四十名以上、それに大人たちが野次馬で参観に来て、土壁の狭い部屋はいっぱいである。サムはそのなかで水際立った教師ぶりを披露した。一冊だけある教科書からアルファベットを白墨で黒板に書き写し、それをノートに書き取らせ、読み方を教える。もちろん、鉛筆の持ち方から指導しなければならないので、すんなりとはいかないが、そういうことはどこの国の幼稚園や小学校でもあることだ。

この村の子どもたちのハンディは、アルファベットを読めないだけでなく、それをほとんど見たことがないことにあった。ふだん目にする文字といえば、市で買ってきた中国製品に記された漢字である。アルファベットは、軍服に付けられたＵＷＳＡの胸章ぐらいである。したがって、子どもたちは、私たちがアラビア語を習うように、見たこともない母語の文字を覚えなければならない。それでも日ごろ、娯楽のない子どもたちは半ばはしゃぎ、半ばサムの罵声《ばせい》におびえながら、一所懸命、絵を描くように文字を描いていた。

この日以降、授業は早朝と午後の二時間ずつおこなわれることになった。ただし、午後の参加者は少ない。子どもといえども、みな仕事がある。男の子は牛や水牛や馬の放牧、女の子は畑仕事と薪運び。日が高いうちに村に帰るわけにはいかない。そこで、午後の授業は自然と暇な者のための補習の時間と化し、朝の二時間半くらいで詰め込み授業がほどこされたのだった。

準原始共産制の村における「学校」の存在は、見ていてひじょうに興味深いものがあった。そこには学校というシステムの原形があり、原形には必然的に本質があらわれるからである。

まず、学校の第一の特徴は「管理」であることがいやおうもなく浮かび上がってくる。「画一的」といってもいい。ここの生活というのは、いろいろな決まりごとや習慣はあるにせよ、みなが毎日、同時に何かをしなければいけないなどということはない。畑に出る時間もまちまちだし、行っても行かなくてもいい。畑より家畜の飼育に熱を入れる者もいる。働き者とそうでない者もいるが、やっていることがちがえば、互いに比較の対象にならない。畑で草取りをしていて感じることだが、誰からも監督されないというのは気分のいいものだ。みな自発的に仕事をし、疲れたら勝手に休む。サボっても怒られない。あとでツケが自分に回ってくるだけの話である。

ところが、学校はそうはいかない。始まってから終わるまで教師の監視下で、みながいっせいに同じことをしなければならない。「飽きた」とか「ちょっと用を思いついたから」といって抜けるわけにはいかない。私も村人のルーズさに呆《あき》れたりしたが、村の生活になじむほどに、それが当たり前になり、学校のやり方に違和感をおぼえた。日本の学校教育が「管理教育」だとか「画一的」だと批判されるのを思い出し、馬鹿馬鹿しくもなった。学校はそもそも管理教育であり、画一的なのだ。

もう一つ、学校では当然、優劣というものが出てくる。勉強のできる者とできない者の差が歴然とあらわれる。ケシ畑の草取りや家畜の飼い方で、「あいつはうまい」とか「あいつは下手《へた》だ」なんていうのは聞いたことがない。もちろん、多少の差はあるだろうが、教室で「K」の読み方がわからないからといって、みんなの前で恥をかくようなことはない。

勉強のできるできないが、向き不向きや好き嫌いということ以上に家庭環境に左右されることもわかった。ワ語の読み書きができても今のところ何の役にも立たず、教育の大切さを理解している親など皆無に近いので、親の教育熱心さという意味ではなく、家庭の経済状況に大いに関係するということである。

準原始共産制といったが、あくまで「準」であり、微妙な貧富の差はある。イエッ・プルアックの家のように男親がいないとか、サム・タオじいさんのところのように金を酒に費やしてしまうとか、うちの集落にはいないが他の集落にはアヘン中毒者が少なからずおり、そういう家は当然、一般家庭より家計は逼迫《ひっぱく》する。一見したところでは、ここのうちは裕福だ、ここは貧しいというのは感じない。が、子どもの勉強の出来にはそれが見事にあらわれる。端的にいえば、灯油ランプである。

子どもたちは日中は外で働いているので復習するとしたら夜しかない。勉強するには明りがいる。海のものとも山のものともつかないワ語の読み書き能力向上のために、安くはない灯油を消費するのは贅沢以外の何ものでもない。そこで息子や娘のために灯油ランプを使うことができるかどうかが、勉強の出来不出来においては境目になる。私はある晩、遊びに行った家のランプの明りの下で子どもが復習をやっている姿を見て、「あ、この家はけっこう余裕があるんだな」と理解したこともある。

というわけで、学校とはいい、はなっから無慈悲な代物なのである。幸いなことに、このサム先生の主宰する仮設学校は試験もなければ成績表もない。ましてや、勉強ができなくても、それが将来の何にもつながらないので、落ちこぼれても問題はない。

ところが、いわゆるＡＢＣが終わり、単語の綴《つづ》りに入ると、学校のべつの管理システムが姿をあらわした。それまでのは同じ管理でも、村のなかの管理であったが、今度は国の管理である。

ムイレ村は首府パンサンのはるか北東にあり、言葉が東京弁と大阪弁ほどもちがう。私は先に「標準ワ語」と言ったが、それは首府パンサンおよびそれに隣接する中国のワ人居住域の言葉である。現にワ州政府がそう決めているし、文字もその音に従っているので、これは間違いではないが、村人がそう思っているかというと、まったく別問題である。村人は中国やパンサンのワ語は単に中国やパンサン地方の言葉であり、自分たちがしゃべっているのは、この地方の言葉だと思っている。つまり、対等である。とりわけ、このムイレ村は由緒が古く、村の古老には「中国に住んでいるワ人の多くはこの村の出身だ」とまで言う者がいる。実際、この村の「伝統度」はかなり高い。つまり、ムイレ村はワの伝統文化の中心地だということだ。

それが文字を習うとどうなるか。「わたし」は村言葉の「ウー」ではなく標準語の「アウ」となり、同様に「あなた」は「ミ」ではなく「マイ」と読まされる。綴りがそうなっているのだから、ほかの読み方はできない。ウーやミと読めば、先生に怒られる。無条件降伏だ。ここにおいて、少し前まで「パンサンや中国の言葉」だったものが「標準語」にのしあがり、「おらが村の言葉」は「方言」に零落してしまう。このとき国家の中央集権化は確実に大きな一歩を進める。

どこの国の歴史でもあったことだろうし、政治や文化に多少関心がある人なら常識レベルの話である。が、誰かが言ったように、地面に落ちた果実を見るのはたやすいが、枝から果実がちぎれ落ちる瞬間はなかなか見られない。ましてや、地元の住民以外は誰も「国家」と認めていないワ州で、「標準語」と「方言」が誕生する場面に立ち会うのはなかなか感慨深かった。

「方言」に落ちた側にとって悲惨なのは、「標準語」がちゃんと発音できないことだ。たとえば村の子どもたちは、「アウ」の発音がどうしてもできない。そもそも、そんな音がないのだ。ラジオもテレビもないから、音を聞いたことすらない。ここでは「アウ」は「ウー」か「アイ」に変化する。標準語の「サウ・ダウ・バウ（かばんのなかに入れる）」というフレーズは「サイ・ドゥー・バイ」になってしまう。こんな発音をした日にはサムに容赦なく怒られる。一人ずつ当てて、ちゃんとできるまで、あるいはそれらしくなるまで、立たせて繰り返し発音させる。サムとしては、綴りどおり発音できなければ教える意味がないのだからしかたない。

しかし、だからといって、どこの馬の骨かもわからない私にまで怒られたのだから、今から思えば、子どもたちにはかわいそうなことをしたと思う。

学習の段階が進むにつれ、聞いたこともない「標準語」が正しく発音できずにサムに叱られてばかりの子どもは学校に嫌気がさし、だんだんと来なくなった。かつての落ちこぼれから熱血先生に早変わりしたサムはそれを許さない。不登校の子どもがいると、授業を放り出して捕獲しにいくのである。ちっちゃい子だと、ワーワー泣いているのを小脇に抱えて帰ってくる。他の集落の子どもは、連れ戻すのに三十分もかかる。そういうとき、待ちくたびれた子どもたちから私にお声がかかる。

「アイ・ラオ、読んで、読んで！」

どうしてオレがワ人にワ語を教えてやらにゃいかんのだ。そうは思うが、しかたなく教壇に立つ。タイのチェンマイ大学で日本語教師をしていたこともあるから、教えるのが苦手なわけではないが、嫌々やっているから不機嫌にもなる。したがって、サムなみのスパルタ教師となる。日常会話はままならないくせに、毎朝聞いているので、授業用語は暗記している。私が前に出ていくと、子どもたちがどっと笑うので、まず、大声で怒鳴る。

「ポー・ラ・スックサック（うるさい、静かにしろ）！」

つづいて黒板を棒でガツガツ叩《たた》きながら、

「ギッ・ティン、ギッ・ティン（こっちを見ろ、こっち）！」

それから例文を読む。さすがに子どもとはいえ、大勢のネイティヴの前で手本を示すのは、とんでもなく恥ずかしい。「アイ・ラオが授業をやっている」といって大人たちがゲラゲラ笑いながら集まってくるからなおさらだ。しかし、耐えがたきを耐え、忍びがたきを忍び、読んで繰り返させる。

「カ・ダウ・ローム、ニョム・ティ・イッヒ（魚は水のなかにいる。食べるとおいしい）」

一通り読んだから、もういいだろうと思うと、「アイ・ラオ、今度は一人ずつ当てて！」とリクエストがくる。それで、前の席に座っている小さい子から順に立たせて読ませる。が、例によって、「アウ」が言えない。「カ・ドゥー・ローム」になっている。初めは我慢して聞き流していたが、何度やっても直らない子どもがいて、思わず叫んだ。

「『ドゥー』じゃない、『ダウ』だ。もういっぺん言ってみろ！」

とうとうネイティヴの発音矯正をやってしまった。自分が片言しか話せないのに。だが、いったん始めてしまった以上、もうやめられない。

「こらっ、笑ってるんじゃない。もう一回！」

「カ・ドゥー・ローム……」

「『ダウ』だっていうのがわからないのか！『ダウ』って言ってみろ」

「ドゥー」

「ダメだッ！」

生徒や野次馬が大笑いしているなかで、一人、私に怒鳴られている子どもが途方に暮れている。しかし、こちらもつらいのだ。「サム、早く帰ってきてくれ」と思う心は、生徒も私も一緒であった。

《国家》は誰のために？

愛国者アイ・スンの覚悟

私が四カ月におよぶ村滞在で仲よくなった人物が二人いる。アイ・スンとアイ・ムンだ。アイ・スンは小隊長で村の軍事面を司る。アイ・ムンは村長。こちらは行政面のまとめ役だ。二人は互いにとても親しい。私には「兄弟だ」と言っていたが、縁戚関係はない。友だちだ。年はアイ・スンが三十七歳、アイ・ムンが三十一歳と少し開きがあるが、同世代の範疇《はんちゅう》に入る。朝、かみさんたちが精米や食事の支度に忙しいとき、生まれたばかりの赤ん坊をおぶったアイ・ムンが、私の隣家で赤ん坊をあやしているアイ・スンのところに遊びに来るのをよく見かけた。

二人の性格は対照的である。アイ・スンのほうは豪放磊落《ごうほうらいらく》、酒が強く、自ら「冗談王」を称し、いつも「ケヘヘへ」と笑っているが、怒らせたら村でいちばん怖そうな男である。一方、アイ・ムンは人徳の人である。穏やかで、力強さはないが、いつも人を引きつける柔和な笑みをたたえている。酒は弱い。焼酎がまったく飲めない男は村でも彼くらいなものだろう。宴会でも勧められた杯を早々と断り、また断っても許される数少ない男である。

私はこの二人の村の代表者と親しく付き合ったが、付き合いが深まるにつれ、親友である男二人をとおして見る村の姿が、それぞれかなり異なっていることに気づかされた。どちらが正しいとか間違っているといったものではない。コインの裏表のようなものだ。その意味で、まさに彼らは私にとって村の二つの面の代表者だった。

アイ・スンは村の「表」の顔である。たとえば、こんなことがあった。

二週間目の終わりごろ、私は夕方、例によって腰をおさえ足をひきずって村に帰ってきた。憂鬱《ゆううつ》であった。夫が三年前に戦死したという未亡人イ・ナップの畑に行ったのだが、スキーの中級コースくらいの急斜面で私は足をずるずる滑らせ、雑草を取るのと同じくらいのケシを踏みつぶして地面に葬ってしまった。

毎日草取りをしてもいっこうにうまくならない。理由は、草取りのやり方がつねにちがうからだ。日本のように徹底的に管理された田畑ならいざ知らず、ワ州みたいに山だらけでただ自然まかせになっているところでは、人間にまったく同じ顔がないように、畑もどれ一つ同じものはない。平らなところか斜面か、斜面ならその傾斜の角度と向き、どちらの方向に日をさえぎる山や森があるか、雨季の水の流れ具合、ケシの前にどんな作物を植えていたか、あるいは焼畑にして何年目か、などで土壌がまるっきりちがってくる。土壌がちがえば、草取りのやり方も変わってくる。

ともかく、私はその日、著しく疲れただけでなく、一緒にいたおばさんたちから「疲れたらやめていいよ」すなわち「もうやめてくれ」と宣言されたのである。

家に戻って畑を呪《のろ》っていたら、イ・ナップがアイ・スンと私を招き、酒を振る舞ってくれた。アイ・スンが何か仕事を手伝ったお礼らしい。これは異例のことだ。ここでは共同作業はお互いさまなので、いちいち礼などしない。

私はそのころようやく畑仕事のシステムがわかるようになっていた。共同作業をするのは、㈠親戚、㈡畑が隣り合った者、㈢親しい友だち、㈣何かほかに貸し借りがある者、のほぼ四パターンがある。しかし、助け合いといっても、今日あんたのとこをやったから明日はうち、といった規則正しさはない。参加者は多種多様で、とてもそんなきちんとしたスケジュールは組めない。結局、そのときいちばん作業を必要としている畑へ仲がいい者同士が行き、収穫のときまでに村全体でつじつまが合っていればよいという、きわめておおらかな、システムとも呼べないシステムである。

しかし、その日の仕事は四つのパターンのいずれにも当てはまらなかった。イ・ナップとアイ・スン家が共同作業をするところは見たことがない。この日は、イ・ナップの畑にアイ・スンとニー・ランが牛（もしくは水牛）よけの柵を作ったのだ。牛や水牛はケシ畑の天敵で、ちょっと気を許すと若いケシの葉をむしゃむしゃ食ってしまう。だから、毎年、しっかりした柵を新調するのだが、イ・ナップの家には男手がないため、アイ・スンに頼んだそうである。酒を振る舞うのはパターンからはずれたことへの埋め合せだろう。

さて、酒が入れば、アイ・スンも私もとたんに元気になる。アイ・スンは酔ったときのつねで、私にワ軍の軍歌を教える。ちなみに、酒を飲まず畑仕事にも参加しない通訳のサムはこういう夜の飲み会にはまず顔を出さない。よって、歌の意味はよくわからない。それでも、「一緒に歌え！」とアイ・スンは私に強要する。こういうとき、冗談王の彼に、通算十年出征しており、今でも一朝ことあれば戦地に駆り出される兵士の顔が出る。

「ハック・テ・バン・パロッグ・プイン・ナイン・ティン」と、わけもわからず、アイ・スンのあとについて歌うと、彼は機嫌がよくなり、「ハハハ、これでおまえもワ人だ」と言って私の肩を叩いた。軍隊経験のあるじいさんと飲んでいるのと変わらない。やがて、お互いおぼつかない片言の中国語とワ語のやりとりで歌詞の一部がわかる。

たとえば、「ワ州で戦争が始まったぞ、それ行け、それ行け」とか、「走れ、走れ、しっかり戦わにゃ飯はやらんぞ、一、二、三、四！」といったものである。

なかには、軍歌とはちょっと毛色のちがうものもある。最初だけしか意味がわからないのだが、「タ・ライが初めて土地の扉を開き、タ・パンが国をまとめた」というもので、国の指導者を讃《たた》える歌だ。軍歌はともかく、この手の個人崇拝の歌は正直言ってあまり聞きたくない。サムはときどき歌っているが、村人がこんな歌を歌っているのは耳にしたことがないから、それほど浸透している様子はないが、これから徐々に広まっていくのかもしれない。そのときは村における軍の代表で、したがって最も「ナショナリスティックな」アイ・スンが音頭をとるのは目に見えている。

ちょっと酔いが醒《さ》めて、私は彼に一つ質問をした。

「アイ・スン、ちょっと聞くけど、戦争で死ぬのは怖くないの？」

「アン・ラット（怖くない）」

彼はきっぱり答えた。これは予想どおりの答だ。私はそれまで、ことあるごとに、ワの男たちに同じことを聞いたが、全員がこう答えているのである。しかも、そこにはハッタリや気負いのようなものはほとんど感じられない。アイ・スンのように胸を張って答える者もいるが、どちらかというと、ニコニコとシャイな笑顔を浮かべて「怖くない」と首を振る人のほうが多い。これだから、他の民族はワの兵隊を恐れるんだなと心底実感する。

ワ人はふだんはけっして勇ましくもないし、気性も激しくない。どちらかといえば温和で、ひじょうに礼儀正しい。そして、何より従順だ。こういう人たちが戦争になると、死を恐れず敵に向かって突っ込んでいくのだ。

しかし、この夜、「どうして怖くないの？」と重ねて聞いたときのアイ・スンの答には、ほんとうに驚いた。「おれが死んでもアイ・レー（長男）がいる。アイ・レーが死んでもニー・カー（次男）がいる。ニー・カーが死んでもサム・シヤン（三男）がいる。サム・シヤンが死んでもアイ・ルン（四男）がいる」

こう平然と言ってのけたのだ。ふつうなら「おれが死んでも子どもたちがいる」くらいで止まるだろう。仮にも「長男が死んだら」などと口には出さないものだろう。それを息子三人までは死んでもかまわないと明言するのだ。ひどいことを言うものだと思った。末っ子のアイ・ルンは彼が毎朝あやしている赤ん坊でまだ生後三カ月である。それさえ生き残ればいいと言うのだ。

このときの暗い囲炉裏の炎ごしに揺れて見えるアイ・スンの淡々とした顔と少ししゃがれた声が今でも忘れられない。

「何のために、死ぬの？」と私は重ねて聞いた。彼は少し考え、「ハック・テ・パロッグ（ワ州）のため、《国家》《グオジャー》のため」と答えた。国家のために死ぬということがどういうことか、ほんとうにわかっているのだろうかと私は怪しんだが、私自身が混乱してしまい、二の句がつげなかった。私はその意義や状況もわからず戦争に行くことなど「死ぬほど」怖い。死ぬのが怖くない人間と「死ぬほど怖い」人間のあいだに議論が成立するのだろうか。

ふと、囲炉裏から少し距離を置いて腰を下ろしているイ・ナップの姿が目に入った。集落でも一、二を争うにぎやかなおばさんなのだが、心なしか寡黙だ。この人は二十代にして夫を戦争で失い、幼い二人の女の子を抱えて難儀をしている。夫がいれば、自前で柵を作り、われわれに酒をおごる必要もなかったろう。アイ・スンの発言はワ人のお手本のようなもので、それに表立って異議を唱えるわけはないが、彼女はほんとうはどう思っているのだろうか、と考えずにはいられなかった。

しかし翌朝、アイ・スンの考えに異議申し立てをおこなう人間があらわれた。私の家の真ん前に住むイエッ・ルワットである。彼女も夫が戦病死して、今は七、八歳ぐらいの娘と二人で細々と暮らしている。彼女はまだ三十代だろうが、身繕いにしても口のきき方にしても、荒《すさ》んだ感じがした。ぼさぼさに乱れた髪とぎょろりとした目つきが異様で、山姥《やまんば》を彷彿《ほうふつ》させた。集落でもちょっと孤立している印象を受ける。そのイエッ・ルワットが朝から表の地面にべったり座り込んで何かわめいていた。サムに問うと、「娘が兵隊に行くことになって怒っているんだ」と答えた。

「え、あの年で?」と驚くと、「シンチュアンドゥイだ」と言う。シンチュアンドゥイとは「革命」や「解放」と同様、ワ軍お得意の中国直輸入の制度で、漢字に表せば「宣伝隊」となる。何をするのかというと、派手な民族衣装を着て、ワ州の各地をまわり、例の「タ・ライが初めて土地の扉を開き、タ・パンが国をまとめた」というような歌を歌ったり踊ったりして、人民や兵士を文字どおり鼓舞啓蒙《こぶけいもう》するためのプロパガンダ部隊である。私ものちに見物したことがあるが、レストランの民族ショーじみた、およそ馬鹿馬鹿しいものだった。

私は前の晩のことを思い出した。アイ・スンが「これから村の会議がある」と言い残して先に帰って行ったのだ。会議はつぎに誰が兵役に出るかを決めるものだと言っていたから、その会議で、イエッ・ルワットの娘を宣伝隊に差し出すこととなったにちがいない。

おそらく、軍の上から割当があって、誰かを指名しなければならなかったのだろう。まさしく「差し出す」という表現がしっくりくる。しかし、それはあんまりだ。父親は戦地で病死し、たった二人の母娘、しかも娘は日本ならまだ小学校三年生くらいだ。戦場には出ないから危険な目にあわないとはいえ、軍隊にはかわりない。生活は厳しく、いつ帰れるかもわからない。サムでさえ「かわいそうだ。ひどい」と憤慨していた。

村人は知らない顔をして、いつもどおり行き来しているが、内心はどう思っているのだろう。私が外に出ると、自宅の軒下で山刀を研いでいるアイ・スンと目が合った。

「イエッ・ルワットがかわいそうじゃないか」

「しようがない」

アイ・スンは伏目がちに答えた。

「これも《国家》のためか」

アイ・スンは黙って刀を研ぎつづけていた。アイ・スンは幹部ではないから、彼に責任があるとは言わない。が、最善の解決策ではないにせよ、子どもの多い家を選ぶといった方法があったのではないか。集落ではやや異端視されているイエッ・ルワット親子を人身《ひとみ》御供《ごくう》にしたのではないのか。

しかし、もちろん居候の私が口をはさむ余地はない。せめて、それまでは敬遠しがちだったイエッ・ルワットのおばばのケシ畑の草取りをすこし手伝おうと思ったくらいである。

反体制派アイ・ムンの不満

アイ・スンと国家問答をしてから一週間後だから、ちょうどバン・ロック滞在三週目の終わりになるが、私は二日連続してアイ・ムンの畑で草取りに精を出していた。これも難度の高い畑だ。日当たりがよすぎて土がおそろしく硬く、まるで剣山にでも乗っているようだし、草取り刀を握る手も疲れるが、それでもせっせと頑張ったのにはわけがある。

前日、「アイ・ラオが毎日一所懸命、草取りをやってるから、アヘンの収穫のときにはみんなで少しずつ分けてやろう」という話が村人のあいだで持ち上がっていると、サムを介して聞いたのだ。アヘンそのものが欲しいのではなく、自前の労働力でアヘンを手に入れられそうなこと、それから村の人びとに「お客さん」から「仲間」もしくは「出稼ぎ」として受け入れられつつあることが嬉しかったのである。

アイ・ムンの畑で仕事をして楽しいのは、主人のアイ・ムン本人がいるからだ。ほかの家では、呼び方こそ「アイ・スンの畑」とか「サイ・カットの畑」などと言うが、実際には男は単調で腰の痛む草取りを厭《いと》ってたまにしか来ない。草取りなんぞは男のやる仕事じゃないと思っている節がある。

そのへん、アイ・ムンはさばけているというか、そういうマッチョな風潮と無縁というか、自ら率先して畑に出る。私はふだん女たちに混じって仕事をしている。女たちは私をからかいのネタにするか無視するかのどちらかで、なかなかまともな会話をする機会がない。それが畑で働くうえで最大の欠点である。したがって、ときには土をほじくり返しながら、ときには一緒に腰を下ろしてタバコを吸いながら、心おきなく話ができるのが嬉しい。

アイ・ムンは中国語が一言もわからない。要所要所で中国語を交えてくれるアイ・スンよりコミュニケーションはずっと難しいはずだが、不思議とそんな感じはしない。単純に気が合うのである。気が合う人間とは外国語も通じやすい。さらに、彼は一種言いがたいやわらかさ、やさしさを身にまとっており、長いこと一緒にいても気疲れがしない。

そういうわけで、私はそれまでのルールを破って二日つづけて同じ畑に行ったのである。小さなハプニングに出くわしたのはその朝のことだ。

なぜかアイ・ムンのその畑は、われわれの集落からはるか遠いヤン・ティヤック集落の向こう側にあった。私が朝日を右の頰に受けながら一人で、てくてく北へ向かって歩いていると、ヤン・ティヤックにさしかかったところで、顔見知りだが名前を知らない男に誘われて、ある家でのプライコー飲み会に顔を出した。とりあえず三杯飲み干したあとで、「今日は何で集まっているのか」と訊ねたら、このあいだ、戦死の知らせが届いたゴ・タイという男を偲《しの》んで酒盛りをしているとのことだった。村で誰か戦死者が出たという噂は聞いていたが、知らないうちにその人の通夜だか慰霊祭みたいなものに紛れ込んでしまったらしい。

故人の奥さんが黙々と瓶《かめ》から酒を汲《く》んではみなに配っていた。おそらく、まだ二十歳に達していないだろう。十代で寡婦となって茫然《ぼうぜん》としているにちがいない。ちなみに、故人が亡くなったのは八月であるという。知らせが届くまでに四カ月もかかったことになる。彼の遺品もない。やがて酒盛りがだんだん乱れてきたので、私は素早く抜け出し、アイ・ムンの畑へ降りていった。

午後の三時ころだったろうか。山の上から、女の叫ぶような歌声が風にのって聞こえてきた。おかしなことだと思い、初めはくすくす笑いながら聞いていたのだが、アイ・ムンが真面目な顔をして「あれは泣いているんだ」と言うのでハッとした。戦死したゴ・タイの母親が泣きながら嘆きの歌を歌っていたのだ。あとでサムに聞いたところでは、歌の意味は「おまえは私をおいて先に逝《い》ってしまった。私は孤児のようだ」という内容らしい。

私はコロンビアの作家ガルシア＝マルケスのある小説を思い出した。反体制活動家の息子が政府軍兵士に撃ち殺され、やはり母親が「あたしたちは息子に死なれた孤児みたいなものですよ」というくだりがあるのだ（『大佐に手紙は来ない』）。その小説を読んだときには風変わりな表現だなと思って記憶していたのだが、それは世界共通の母親の心境に私が通じていなかっただけの話だった。その哀調を帯びた歌を聞きながらケシの草取りをしていると、自分は特殊な世界にいるのだなあとつくづく思った。

ふと、アイ・ムンに一九八九年の「解放」以降、この村で何人くらいの戦死者を出しているんだと訊ねたところ、「十人」という答が返ってきたので驚いた。ゲリラ戦は近代戦とちがい、死傷者の数は少ない。しかも、宿敵クンサーとも本格的な戦闘状態に入ったのはここ一、二年であることを考えると、この数は多すぎる。

私が不審そうな顔をしたのであろう。アイ・ムンが立ち上がってこう言った。

「グオジャー・アン・モーム（国家はよくない）！」

初めて見る彼の険しい顔だった。私はびっくりした。ワ州に入って初めて、《国家》つまりワ軍／党批判に出会ったのだ。それも温和で、行政府の代行者である村長アイ・ムンの口から聞くとは思わなかった。彼は重ねて言った。

「ワ州のため、ワ州のためといって、国家は村から人を戦争に連れていく。戦争で人はどんどん死ぬ。いいことは何もない」

よく考えてみると、アイ・ムンは兵役についたことがない。アイ・スンのように軍の教育を受けていないから、こういうことが言えるのだろう。でも、まだ疑問があった。今まで会った人が「ワ州は共産党のときより、ずっとよくなった」と口をそろえていたのもウソとは思えない。それについてアイ・ムンはこう答える。

「共産党のときよりよくなったのはほんとうだ。でも、ほんの少しだけだ」

やはり手厳しいのである。それだけじゃない、とアイ・ムンはつづけた。

「アヘンだってそうだ。国家が全部持っていっちまう。全部だぞ！」

私はワ軍／党がいかにして村人に税を課すのかに関心があった。私だけではない。これはあのシャン人の仲介役セン・スックも知りたがっていることであった。

アイ・ムンの説明と、あとでサムを通してほかの村人にも確かめたところによると、軍／党は、私やセン・スックが想像していたようにアヘンに現金税をかけるのではなく、アヘンの現物を取り上げてしまうらしい。アイ・ムンは「全部だ！」と息巻いていたが、もちろんそれは言葉の綾《あや》というものだろう。その後、アイ・スンや村人に聞くと、答はまちまちではっきりしなかったが、少なくとも半分以上であるのは間違いないという結論に達した。ひどい話である。村人の生活が貧しいのも頷ける。半年間、精魂傾けて育てたものを半分も持っていかれたら、たまったものではない。

ワ州では、この税収制度によって個人より軍全体がシステマティックにヘロイン・ビジネスをおこなっていることが推察された。なぜなら、現金を徴収するだけならともかく、軍自ら大量のアヘンを握っているとすれば、そのままヘロインに加工して売りさばくにちがいないからだ。アヘンでは大した金にはならない。だが、ヘロインに化けると値がつり上がる。それをみすみす個人に譲り渡すわけがない。もちろん、軍の幹部連中がプライベートにヘロイン・ビジネスに手を染めている可能性は高いが、最大のメーカーおよび販売元はワ軍だろう。その金で兵器や物資を買いそろえているわけだ。

話を戻そう。村を代表する人間が「国家はよくない！」と怒っているのだから、口には出さなくても、多くの村人が同じ思いを抱いているにちがいない。愛国者アイ・スンが村の「表」の声を代弁しているなら、反体制派アイ・ムンが代弁しているのは「裏」の声であろう。前にもいったが、「表」が偽りで「裏」が真実だとかいう簡単な話ではない。どちらも、村人の真情だと思う。ただ、その比重は人によってちがうのだろう。

いずれにしても、私はワ州に来て初めて、この土地の亀裂を目にしたような気がした。

ワ軍幹部の「敏感的問題」

「早くどこかへ帰りたい」

サムはもともと陽気で楽しいやつなのだが、毎晩、二人きりになると必ず暗い顔をしてこう訴えた。「どこかへ帰りたい」とはおかしな言い方だが、その気持ちはよくわかる。この村を脱出して、どこでもいいから自分の慣れ親しんだ場所へ戻りたいという意味だ。

ここの生活は楽ではない。毎日、食事は菜っぱかラ・ホウというニラとネギのちょうどあいだのような緑色野菜に缶詰の豚肉をちょっと混ぜた炒《いた》め物か、同じ材料をぶちこんだモイックしかない。子どものころ、学校や家でしきりに「あおい野菜を食べなさい」と言われたものだが、ここの一カ月ですでに一年分のあおい野菜を食べていたような気がする。

なにしろ便が緑色をしているのだ。

緑がかっているという比喩的《ひゆてき》な表現ではない。ほんとうに草色なのだ。村には便所がないので、みんな草むらで野ぐそをしていたが、地面に落ちても見失いそうなくらいだ。インドを旅行していたとき、便が真っ黄色だったことがあるが、緑色の便とは恐れ入る。草食動物じゃあるまいし。いや、草ばかり食べている水牛や馬の糞《ふん》だって、もっと黒っぽい。

さらに、寒さは日に日に厳しくなり、水が少なくて水浴びはできないし、私はといえば、原因不明の猛烈な全身のかゆみで夜もうつらうつらしか眠れない状態であった。

しかし、それらはまだ我慢できた。いちばんの苦痛は、村の何ともいえない閉塞感《へいそくかん》にあった。村人はおおむねオープンな性格で、私たちをおおらかに受け入れているから、彼らには問題はない。しかし、ときおり感じるどうしようもない息苦しさは何だろう。まるで、監獄にでも閉じ込められているような気がするときがあった。

結局、たどりついた結論は、「この村が閉じている」。これに尽きた。山岳地帯の寒村が閉じているのは、当たり前といえばそうなのだが、ちょっと度が過ぎているのではないかと思う。近隣にも村がいくつもあるにもかかわらず、ほとんど交流がない。よその村の人間がやって来るのは稀で、こちらから出向くこともめったにない。行き来はもっぱら軍や行政関係の用事であり、そういう機会に私が呼ばれることはない。私は、いろいろな村に遊びに行けるものとばかり思っていたのに、見事に肩透かしをくらってしまった。

アイ・スンに、ほかの村に親戚はいないのかと訊ねたことがあるが、あっさり「いない」と言われた。他の村の人間とは結婚もしないのだという。彼らはそうは言わないが、察するところ、これは首狩りをしていたころの名残りではないかと思う。

ワ人が天下に聞こえた「首狩り族」だったことはすでに述べた。その習慣はアイ・スンが子どものころまで、つまり二十数年前まであったらしい。共産党が入ってきてから、「そんな野蛮《やばん》な習慣はやめるべし」と禁止されたせいだろう、村人たちに訊ねても「ありゃ昔の迷信だ」ときわめて口が重いので、私も確信を持って詳細を語れない。

ただ、昔の資料とワの人びとから聞いた断片的な情報を組み合わせると、首狩りには大きく二種類あったことが窺える。一つは村同士のいざこざの際、敵の首を持ち帰ることで決着をつけるものだが、取られた側はそれを恨んで、いずれ仕返しに襲ってくるからキリがない。もう一つは宗教的なもので、新年の最初の種まきの際、祖霊に人頭を捧げる習慣があった。こちらは誰の首でもいいので、他民族も標的にされたらしい。これがほんとうなら、シャン人ら平地民がワ人を蛮族呼ばわりするのも故なしとはいえない。もちろん手近のワ人を一人屠《ほふ》ってもいい。

ニーやうちの村の人間は、村によって首狩りに積極的だったところとそうでないところがあったという。後者は前者を「ルワ」と呼んで今でも警戒している気配がある。とにかく仲よくやりようがなかったのは事実だろう。前にも述べたが、その当時のワの村々は常時敵対関係にあり、村の周りは柵や堀で厳重に囲まれていたという。今はそんなものはなく、誰でも自由に入ってこられる。ただし、誰もわざわざ入ってこない。目に見えないバリヤーが張りめぐらされているかのようだ。

外界に対し、バリヤーを張っているということは、自分らもそのなかに閉じ込められていることにほかならない。監獄といったのはまんざら誇張でもないのだ。ワ州自体が陸の孤島なのに、そのなかの村の一つ一つがさらに小さい孤島なのだ。もちろん、村人は生まれてこのかたそういう生活を送っているから、不自然に思っていないだろうが、サムは中国に生まれ育っているので、私同様こんな閉鎖的な暮らしに慣れていない。だから、前述したような妙なセリフが出てくる。私は彼とちがい、好んでここへやって来たのだから、帰りたいとまでは思わないし、また帰るわけにもいかない。ただ、ときどき大声でこう叫びたくなる。「シャバに出たい！」

そんなものはない。が、近いものはある。それが市だ。ワ州では、あちこちで五日に一度、市が立つ。うちの村から最も近い市の立つ場所は、ヤンルン方面に山を歩いて二時間ほどのところにある集落で、グランゴー郷という。そこへ行くのが、私とサムにとって最大の楽しみであった。五日に一遍も行けないので、十日に一遍ということに決めていた。市に行くのは、私たちを空間的なバリヤーから解き放ってくれるだけでなく、時間感覚を維持させてくれる意味でも重要だった。

村にカレンダーはない。のんべんだらりんと日が過ぎるのは、近代人の私にはけっこうきつい。やることは変わらなくても曜日や日付がほしかった。一種の自己確認である。つぎの市まで何日と数えると時間の流れにちゃんとのっかって動いていることがわかり、安心するのだ。

それは三回目に市に行った日のことだったと思う。いつものように朝遅めに村を発ち、ジョウゴ状のスロープを上がっていった。谷間を見下ろすと、初めて来たときにはただ茶色の荒れ地だったところが、鮮やかな蛍光色のグリーンに変わっている。ケシは近くで見ると冴えない黄緑色だが、距離をおいて畑全体を眺めれば不思議なくらいの光沢を放つ。だてに「神（悪魔？）に選ばれた植物」の異名をとってはいない、と育ての親である私は思う。

グランゴー郷は村よりずっと高地にあるので行きは上り坂いっぺんとうだが、私とサムはその坂を駆けのぼった。私はここ一カ月で格段に体力がついたのに驚いた。狭い村のなかをうろうろしていただけなのに、十八歳のサムに勝つこともある。ケシの草取りはかくも足腰を鍛えるらしい。

しかし、われわれの体力などワ人の女性に比べれば屁《へ》でもない。しばらく歩くとうちの村だけでなく、他の村から来たグループも合流し、険しい道では長い列になるが、彼女たちのすごいこと。背負い籠にバナナやサトウキビ、ヤマイモをどっさり入れ、しかも空いた手で綿花から糸をつむぎながら、裸足で急斜面を登っていくのだ。この籠はビルマ、中国、タイ、ラオス近辺の山岳民族に共通のスタイルで、ほかに南米のインディオがなぜかまったく同じものを使用している。

グランゴー郷は人とモノであふれんばかりであった。ふだんは人影もまばらで、店は閉まり、広い道に乾風が土埃《つちぼこり》を巻き上げているだけという、黒澤明の『用心棒』の宿場町のセットみたいなところなのだが、市の日の豹変《ひょうへん》ぶりに最初はたまげたものだ。市は私にとってシャバなのと同様、村人たちにとっては「町」である。実際、ワ語では市と町は同じ単語である。

女たちは髪を丹念に櫛けずり、ポラロイドの記念写真のときのようにフォーマルな民族衣装を身につけ、男たちは中国の公務員の制服や軍服に人民帽を着用しと、華やかな舞台にふさわしい出《い》で立ちをしている。なかには自動小銃を下げた現役兵士の姿も見える。

一口に民族衣装といっても、村によって多種多様で、頭に金属の輪っかをはめている女性や、黒いターバンを巻いた老人もいて、これが同じワ人かと思うことすらある。うちの村の人間（ほとんど女性だが）は顔を知らなくてもすぐわかる。白地に刺繍の入った「脛《すね》巻《ま》き」をしているのがそれだ。あとをついていくと、みな一軒の店の前に集まる。その店は、穏やかな人柄なので私が「仏のイ・ナップ」と呼んでいる隣家のおばさんの息子がやっているもので、村の人間はグランゴーではここを拠点とする。こうして、市に来ても同じ村でかたまり、よそ者とは距離をおくという姿勢を崩さない。

市はモノもまた豊富で、ないないづくしの村から出てくると、冗談ではなく目がくらくらする。衣類、毛布、懐中電灯、電池、薬、石けん、油、タバコ、酒、ビール、鋤《すき》や鍬《くわ》の刃、鏡、櫛と生活に必要なものが何でもある。すべて質はともかく値段がべらぼうに安い中国製品である。すべて、金さえ払えば、即座に手に入れることができる。市場経済のすごさが身に染みる。

ワ州が「政治的秘境」であることを思い出すのは、このときである。物資が簡単に入ってくるだけではない。実は車で三日も走れば（パンサンからなら二日）、タイとの国境を越え、タイ側の町のあちこちにあるセブン-イレブンで買物ができるのだ。もちろん村人はそんなことは夢にも知らず、このローカルな市で十分興奮している。

売り手の大半は、よくこんな辺境までやって来て零細な商売をするなあと呆れる中国商人だ。私は村長のアイ・ムンに頼まれた胃腸薬を買ったとき、薬屋のおやじと話をしたのだが、湖北省《こほくしょう》から来たというのでたまげてしまった。湖北省は揚子江の北側で、ここから千キロは離れているだろう。私はかつて湖北省の神農架《しんのうか》というところへ「野人」なる怪獣を探しに行ったことがある。

そんな話をしたら、「あー、知ってる、うちの実家のそばだ」と嬉しそうに答えた。私も嬉しかった。これがシャバの空気というものだ。よその人とよその土地で話をするだけで、閉塞していた心に風穴がどっと開き、新鮮な空気が流れ込んでくる。

ワ人の売り手もいる。キセル用のタバコや円形の大きな塊《かたまり》に圧縮した茶、生きたニワトリ、豚肉や牛肉の切れっぱし、それに地酒（プライコー）も並べられている。

私は、いつもどおりタバコと豚肉の缶詰、電池、焼酎、油を買った。タバコは村人に配るので、いつも二カートン。なにやら混ぜ物が入って豚肉の味がしない豚缶は五個。もっと買ってもいいのだが、ただでさえ高い食用油を使った炒め物を食べるという贅沢をしているので、村人から無用な妬《ねた》みを買わないよう抑えている。

さて、この日、特筆すべきは、アヘンの売り買いを目撃したことだ。ワ軍の帽子をかぶり、ものがよさそうなジャケットを着た軍人らしい中年の男が店先の椅子《いす》に腰かけ、天秤《てんびん》でアヘンの塊を量っている。かたわらにはアメリカ製のM16自動小銃。天秤の反対側には錘《おもり》がわりの銃弾が四つ、足もとにはアヘン、銃弾と並んで百元札の分厚い札束が三つ、四つ、無造作に放り出されていた。

アヘン、銃、札束の三点セット。絵に描いたような、「ザ・ゴールデン・トライアングル」の光景である。まさに小説か映画のようだ。ほんとうにあるのだ、こういう世界が。

私はシャバに出ることしか考えていなかったので、カメラを持ってきておらず、あとでひじょうに悔やむことになった。以後、二度とこういうアヘン売買の場面にはお目にかかれなかったのだ。かわりに見たのは「公共の場でのアヘンの売買を禁止する」という貼《は》り紙だけだった。

帰り道、さきほどの光景を思い出し、「ああいう連中が軍にいるんだな」とサムに話しかけたら、彼も頷いて「幹部になると、金儲《かねもう》けに走る連中が多いんだ」と嘆いた。それに比べると、タ・クン・パオのおやっさんは「私は国家のために尽くしたいだけで、自分に金はいらない」とつねづね言っているという。たしかに彼の着ているものや持ちものは質素を通り越して粗末だったし、教育文化という、重要だがどう考えても地味で金にならない分野を担当していることからも、彼が清貧の愛国者だとわかる。実に見上げたものだと私が感心しかけたとき、サムは同じ真面目な調子でそれを根底から覆すことを言った。

「でも、タ・クン・パオは今年は少しは金が入る。ムンスーでアヘンを売るんだ。百万元くらい儲かるはずだ」

百万元！　日本円にしてざっと千二百万円だ。それはいくらなんでも、ありえない。サムの思いちがいだろう。しかし、仮に桁《けた》を一つ減らしたとしても十万元、すなわち百二十万円だ。ワ州の村人からすれば天文学的数字であることには変わりない。サムはそれでも、「（あくまで百万元は）少ないほうだ」と言う。年間所得数千万元という者も少なくないとのことである。これも一桁削って数百万元としても数千万円になる。さらに、「外相のタ・コーなんか、道路工事に関わっているから、そうとうに儲かってるはずだよ」と、市での解放感にいつになく口がゆるんだサムは、中国語でいうところの「敏感的問題」をポロポロ漏らす。

私は唸《うな》ってしまった。サムはワ州に来たばかりの若者で、話のどれくらいが真実かはかりかねたが、軍の幹部が私利私欲に走っていることは間違いないように思えた。それも一部ではない。給料が支給されない以上、自力で稼がなければいけないというワ軍の制度に構造的欠陥があるとはいえ、ものには限度がある。これでは、世間に無法者の集団だと思われてもしかたがない。アヘンを作っている村人が浮かばれない。村人が孤島に閉じこもっているのに、軍の幹部が一方的にシャバの生活を謳歌《おうか》しているというのも、やりきれない話であった。

年が明けた。一九九六年一月一日。しかし、村人には元旦《がんたん》など関係ない。彼らの時間感覚は天体の運行にともなう。もっと具体的に言えば、天体の運行により季節が移り変わり、それにしたがって作物が成長し、収穫の時期が来る。それだけが村人にとっての時間である。

ケシ畑の具合はどうなっているのか。ケシ栽培レースのトップをきっているアム・ジェというおばさんの家の畑では、すでに一割くらいが開花し、ケシ坊主もいくつか見られた。一方でまだ膝元《ひざもと》にも達していない畑もあったが、全体的に成長のスピードには著しいものがある。どうやらケシはある段階を過ぎると、加速度的に手足をぐいぐい伸ばすようである。

草取りは相変わらずつづいていた。ふつう一つの畑で三回草取りをするらしい。私はすでにこのころ、ケシの草取りにおいて、技術はともかく時間だけみれば集落内でもっとも働いていた。ほかの仕事ができないだけだから自慢にもならないが、それでも現地人を上回るとは、われながらたいしたものであった。そのかわり腰痛がひどくて、身体を動かすたびに「あたたたたー」と声が出る。それを村の連中が面白がり、みんなで「ほら見ろ、アイ・ラオ、あたたたたー」と真似をしては笑った。

腰痛だけではない。全身のかゆみが限界を超え、夜も眠れない状態がつづいていたので、これは尋常ではないと思い、元旦から三日後、畑に出るのはやめて水浴びをすることにした。村では水場は集落に一つずつしかない。それも山の上のほうから延々と竹の樋《とい》でひいてきた水は、つねにチョロチョロで、ときには完全にストップする。飲み水をポリタンクに汲みに来たり、菜っぱを洗ったりしている人間がおり、手を洗うのにもときには二十分も待たなければいけない。水浴びどころではない。

私は村に来てからたった一度しか水浴びをしたことがない。村人は当然、まったく水浴びをしない。女性が髪を洗うくらいだ。アイ・スンなどは「水浴びをすると身体がかゆくなる」とまで言う。どうも水は病気をもたらすと信じている人間が多いようだ。ニー・ランにいたっては、いつも裸足でいるにもかかわらず、ここ十年くらい足を洗ったことがないそうだ。寝る前に両足をパンパンとはたいておしまいだという。彼の足が妙に大きく見えるのは、土と垢《あか》が何重にもこびりついているせいじゃないかという気がするくらいだ。独身者なら多少汚くてもいいが、夫や妻がいる者はよく平気だと感心する。下腹部など一生洗う機会がないだろう。

朝夕はひどく冷えるので、昼間、太陽が出て、水場に誰もおらず、水がある程度流れているというチャンスは、なかなか訪れない。だから、畑仕事を休まなければいけないのだ。ようやく機会を見つけ、水浴びをしたのだが、裸の自分を明るい太陽の下で眺めてびっくりした。パンツのゴムがあたる赤道付近を中心に身体全体にすさまじい湿疹《しっしん》が出ていた。見るだけで鳥肌が立ったが、すでに鳥肌など見えないようなありさまだ。ヘビのように表皮を脱ぎたくなった。サムもこれを見て「アイヤ!」と叫び、「これは病気だ。一度ちゃんと治療したほうがいい」と言った。

「クイマー区に来なさい」という歴史家タ・クン・パオのおやっさんからのメッセージが届いたのは、たまたまその直後のことである。われわれはさっそくV字型の谷を越えてクイマー区へ向かった。

クイマー区で一泊することになったが、これは村社会にどっぷり浸《つ》かっていた私にとって、大袈裟《おおげさ》に言うなら、「天と地がひっくり返るような」驚きをもたらした。まず、おやっさんの持っていた短波ラジオである。チューニングをいじくっていたら、BBCのワールド・ニュースが飛び込んできて、「ロシアとチェチェンが和平合意した」とか「北朝鮮の核査察問題が」と英語で言っている。私は、「世界」はまだ存在していたんだなと心底感動した。村が外部世界から遮断されている最大の原因の一つはラジオでワ語の放送がないせいである。聞いてもわからないから、一部の多少金銭に余裕のある者もラジオを買わないし、聞かない。おかげで私まで、ワ州の外には中国とビルマとタイしかないような錯覚に陥っていたのだ。

ＢＢＣのつぎは電気。夜、部屋に明りがともるとはなんと嬉しいことだろう。中国から流れる衛星放送スターＴＶまで見た。アメリカの連続ドラマ、ジャッキー・チェンのインタビュー、マイケル・ジャクソンのプロモーション・ビデオ……。

いったいこれはなんだ。ついさっきまで水を得るのも容易ではない陸の孤島ムイレ村にいたのに。善悪の彼岸が電波にのって、此岸《しがん》に侵入してきたという感じだ。「もう休みなさい」とワ語で言われたとき、毎日聞き慣れた言葉なのに耳に入っても一瞬、全然理解できなかった。衛星放送とワ語がどうしても私の頭のなかで共存できなかったのだ。

翌日になると、カルチャーショックはやわらいでいた。外に出ると、真正面にムイレ村が見える。それがやけに遠くに感じられた。ラジオをいじっていると、ラジオ・ジャパンを探し当てることができた。三カ月ぶりに聞く日本語は、頭から尻尾まで完璧《かんぺき》にわかってしまうので、へんな気がした。

ところで久しぶりに会ったおやっさんだが、ムンマオの自分の家に来いという。少し療養するのも悪くないし、ワ州第二の町を見物してみたいという気持ちが起こり、承諾した。アヘンの収穫までには、まだ間がありそうだ。

いったん村に帰ってから、荷物を隣の「仏のイ・ナップ」のところへ預け、村を離れた。男たちが大声で「おまえがいなくなったら、誰がケシの草取りをするんだ！」と言った。もちろん冗談だが、そう言ってくれるのは嬉しい。

「すぐに帰って来て、またやるよ」と答えて私は手を振った。

第五章 「アヘン＝モルヒネ化計画建白書」

畑のケシの実に縦に刻みを入れる作業「ポッ・ペン」

ワの酒、プライコー

「ぼくの名前はチ・コ・コです」

ムンマオはワ州第二の町で、別名「新地方《シンディーファン》」と呼ばれる。日本語に直せば「新開地」ほどの意味だろう。車はあっても舗装道路はない。電線と電柱が点と線を結んでいても肝心の電気はめったに来ない。映画館の看板を掲げている建物はあるが、いつも入口は閉ざされていた。要するに、まだ「町」の体裁が整っていないのだ。しかし、ワ州では例外的にだだっ広い盆地で、田んぼや荒れ地まじりながら可能性を秘めた平坦《へいたん》な土地や、歩きまわるのが容易でないほどの活況を呈している市場兼目抜き通りを見ると、いかにも拓《ひら》けつつある町であることを実感させられる。

が、それは嘘《うそ》である。ムンマオはワ州で最も古い町であり、一九六〇年ごろまでは、ワ州唯一の「町」であった。「町」とはいっても、前近代的な「町」の意味ではあるが。

一九世紀、イギリスが現在ビルマと呼ばれる地域（当時は英領インドの一部）の支配に乗り出したとき、ワ州は手のつけられない土地であった。険しい山岳地帯、道はけもの道に毛が生えた程度で、住民は隙《すき》を見せれば首狩りに襲ってくるという恐ろしい野蛮人。行政府の役人が視察してまわるだけのことが冒険や探検の範疇《はんちゅう》に入った。さすがのイギリス人もこの土地を支配するだけの余力はなく、かろうじて植民地政府の拠点を置くことができたのがムンマオという小さな盆地の町だった。

ここに住むワ人は、近隣のシャン人やビルマ人の影響を受け、多くが仏教徒であった。非イスラム・非キリスト教圏の東南アジアで仏教徒ということは、イコール文明化されているということだ。シャン人らは、ムンマオを中心に居住する仏教徒のワ人を「ラ」と呼び、仏教を受け入れておらず、首狩りの風習を残しているその他の「ワ」と区別していた。

イギリス人はこれを訳して、仏教徒の「ラ」を Tamed Wa（飼いならされたワ）、非仏教徒の「ワ」を Wild Wa（野生のワ）と名づけた。まるっきり野生動物扱いである。それもライオン並みの猛獣だ。付け加えれば、今でもそう信じているシャン人やビルマ人は少なくない。

そういうわけで、ムンマオは事実上の鎖国状態にあるワ州において、シャン・ビルマ側からの唯一の接触地点だった。かつての中国における香港のようなものだ。なにしろ六〇年代まで、ワ州で雨季にも通行できる車道はシャン州のラショーからムンマオに至る道だけだったのだ。おそらく、そのころ、ムンマオにはワ人以外の民族が盛んに出入りし、いくつものワット（仏教寺院）が金色《こんじき》の仏塔を紺碧《こんぺき》の空にきらめかせていたことだろう。

それらのワットは今はない。きれいさっぱりない。古い文献を読んでいた私が、ムンマオに来て最も意外に感じたのはそのことである。ワットがないとは、とどのつまり仏教徒がいないことにほかならない。古都ムンマオはこの三十年あまりのあいだに、ラが姿を消し、みんな野生のワに戻ってしまった。理由はよくわからないが、マオイズムのビルマ共産党の仕業と考えるのが妥当なところだろう。同時に、過去の歴史も闇《やみ》に葬られた。ワ人にしても、それはけっして過去の栄光と呼べる代物ではない。「飼いならされた」などと呼ばれる過去は葬られたまま忘れ去られるにこしたことはない。私が目にしたのは、一度、御破算になって土をかけられた古い町の上に、何食わぬ顔をして開発されている町だったのである。

それでも、現在のムンマオが果たしている役割は昔とさして変わらない。陸の孤島ワ州の、ビルマ側との接点としての役割だ。おかげで私はムンマオ滞在中には他のワ州ではできない体験をした。

歴史家タ・クン・パオの家は町の目抜き通りから少しはずれたところにあった。草葺《くさぶき》に土壁の家で、村の家となんら変わりはない。「近いうちに建て直す」と言う。庭に中国製の車が一台あったが、今は壊れている。「近いうちに修理する」と言う。その言いぐさも村人と同じである。

党の中堅幹部にしてムンマオ県文教委員長宅には来客が多い。私には多様な人間がやって来ることが実に新鮮だった。とくにビルマ語の会話を耳にしたときは感慨深いものがあった。ビルマ語を話すといっても、ビルマ人とは限らない。もっと正確にいえば、おやっさんの家にはビルマ人は一人も来なかった。みな、ビルマの少数民族である。

ビルマという国は、内戦に次ぐ内戦を重ねているにもかかわらず、学校でのビルマ語教育が徹底していることと（学校で少数民族の言語を教えることは禁止されている）、少数民族同士が――ビルマからの分離独立を目ざしているゲリラたちですら――共通語としてビルマ語を使用していることから、かなりの人間がビルマ語を自由に操る。地域丸ごとビルマ語を解さないのはワ州のワ人だけだろう。

たとえば、おやっさんの家に遊びにやって来る人のなかに、近所にあるカトリック教会の一団がいた。ラフ人の神父に、二人のシスターだ。おやっさんはビルマの学校へ通っていたことがあるので、ビルマ語はぺらぺらである。四人全員が非ビルマ人であるにもかかわらず、彼らはビルマ語で楽しげに談笑していた。

初めてこれを聞いたとき、私はしみじみ思ったものだ。「ワ州ってのは、《国家》《グオジャー》じゃなくて、ビルマのなかにあるんだっけ」と。ワ州はあまりに自己完結していて、誰もビルマ語を話さず、しかも、ワ軍／党を《国家》と呼びならわしているので、私はすっかり独立国にいるような錯覚に陥っていた。そこへ吹きつける異国の匂いのする微風。それは微風といえども厳然としたビルマの風である。

教会の一団のなかでも、私は若いほうのシスターに引きつけられた。美人である。しかも色白で、日本人と紹介されても違和感がないくらい目鼻立ちが似ている。そして、なによりも挙措《きよそ》が洗練されていた。ムイレ村に美人がまるでいないかといえばそうでもないのだが、当然のことながら垢《あか》ぬけていない。現に水浴びをしないから、垢だらけであろう。それだけに、このシスターの知的な物腰、清楚《せいそ》な雰囲気には参ってしまった。

私もビルマ語はしゃべれなくはない。思わず、自分の素姓《すじよう》は棚にあげて、「あなたはどの民族の人ですか」と訊《たず》ねた。彼女は、中国人だと紹介されていた私が急にビルマ語をしゃべったので、びっくりしていた。ワ州の中国人はまずビルマ語を話さない。「チン人です」とシスターはややはにかんで答えた。

私の頭のなかにゆっくりとビルマとその周辺の地図が浮かんだ。チン人はチン州の多数民族である。そして、チン州はというと、ビルマの西部、インドと国境を接する位置にある。また、なんて遠いところだ。インドなんて一般ワ人の世界概念図にはない。もちろんチン州もない。私は生まれて初めて外国人に会った子どものように喜んでしまい、ビルマ語のギャグを飛ばした。

「ぼくはビルマの名前があるんです。なんだかわかりますか」

「いいえ」

「『チ・コ・コ』です」

彼女は「キャッ！」と言って笑い転げた。他の面々も大爆笑である。

私は、チェンマイにいるビルマ系少数民族と会ったり、ラングーン経由でビルマに入ったときなど、数えきれないくらいこのギャグを使ったが、一度もはずしたことがない。老若男女を問わず、どんな謹厳な人にも異常に受ける。これを教えてくれたのは、父親が昔、大物のアヘン商人だったというシャン人の友人である。

実をいうと、何がそんなにおかしいのか私にはよくわからない。話では「チ・コ・コ」とはビルマ語で「愛するお兄さん」という意味であり、有名なマンガのキャラクターの名前でもある。そして、そのキャラクターは私のような丸メガネをかけている、という。どうしてそれが大受けするのか謎《なぞ》である。しかし、現実として、アウン・サン・スー・チー派の反軍事政権の人間だろうが、軍の大佐だろうが、「おれはビルマ人ではない」と主張する少数民族ゲリラの親分だろうが、ビルマ国籍を有する人間はもれなく大笑いするのである。これは珍しいことだろう。日本人なら誰でも絶対に大笑いするギャグなんてあるだろうか。聞いたことがない。ましてや民族も立場も貧富の差も支離滅裂なこの国において。

だから、私がいちばん「ビルマ」を実感するのはこの瞬間なのであり、七カ月におよぶワ州滞在中、ビルマの強風を浴びたのも結局、このおしとやかな美人シスターを大笑いさせた一瞬だけであったことを強調しておきたい。

知られざる「東南アジアのユーゴスラビア」

ワ州は行政的にも文化的にもあまりに完結した空間であり、私自身、それが公式にはビルマの一部であることを忘れてしまうため、ビルマの国内事情について説明不足だったような気がする。そこで、遅ればせながら、簡単にビルマという国を紹介してみたい。

その前に私がなぜ、「ミャンマー」ではなく「ビルマ」といい、首都を「ヤンゴン」でなく「ラングーン」というかという問題がある。日本では一般に、現在のビルマの軍事政権（一九九七年十一月十五日に国家平和開発評議会と改称。略称ＳＰＤＣ）を認めていない人は「ビルマ」と呼び、建前でも軍事政権を認めている人、もしくは何も考えていない人は「ミャンマー」と呼ぶものと考えていい。

一九八八年のクーデターで政権を握り、総選挙で大敗しながらも武力でその地位を明け渡さない軍事政権に権力の正統性はなく、したがって、彼らが勝手に改称した新しい対外向けの国名および地名にも正統性がないと反軍事政権＝民主化勢力は考える。逆にいえば、ビルマを「ミャンマー」と呼ぶことは軍事政権の正統性を認めることになる。つまり、どちらの呼称を使うかが、親軍事政権か反軍事政権かの踏み絵になるわけだ。

私は反軍事政権の立場なので「ビルマ」「ラングーン」を使う、といいたいところだが、実はちょっとちがう。そういう気持ちもあるが、それより私が不審に思うのは、どうして外国の対外向け名称が変わると日本語も変えなければいけないかということだ。われわれの国は「ニホン」もしくは「ニッポン」だが、どこの国もそうは呼ばない。英語は「ジャパン」、スペイン語は「ハポン」、中国語は「リーベン」と、みな好き勝手に呼びならわしている。日本政府もこれにクレームをつけたことはない。よく引き合いに出される例だが、日本人も英国のことを「大ブリテンならびに北アイルランド連合王国」と呼ばずに「イギリス」と呼び、外務省の文書のみ「連合王国」と書くらしいのだが、それがイギリス政府の正統性を疑う者の踏み絵になったなどという話は寡聞《かぶん》にして知らない。

さらに、軍事政権を認知している各国も、関心があるのは経済面ばかりで改称にはいたって無関心である。「建設的関与」と称して「ミャンマー」と仲よくやろうとしていながら、ビルマとは歴史上の宿敵であり、亡命したり難民となって逃げ出した反軍事政権のビルマ人を陰に日向《ひなた》に、かばっているという微妙な立場にあるタイにしても、昔ながらの「パマー」で通しており、それが両国の緊張を高めてはいない。

軍事政権の熱烈な保護者である中国も当然、「緬甸《ミエンディエン》」という呼称を改めていない。欧米諸国も私の知るかぎり、どこもふつうには Burma かそれに近い以前からの呼び名を使っている。どうして日本人だけが慌てて軍事政権の改称に追随する必要があるのか、よくわからない。英語で公式文書のやりとりをするのでないかぎり、日本語でどう呼ぼうが自由である。それが物書きの端くれとしての私の言い分である。

しかも、この改称はあくまで対外向けである。当のビルマ語では、一九四八年の独立時から、正式国名は「ミャンマー」であり、首都は「ヤンゴン」であった。「何を今さら」といいたくなる。

もう一つ、興味深い指摘がある。軍事政権は「『バマー（ビルマ）』はビルマ民族を指す言葉であり、多民族国家としては他の少数民族を含めた広義のビルマ国民を示す『ミャンマー』のほうが好ましい」ということを改称の理由としてあげている。だが、東京外国語大学の根本敬教授（ビルマ近現代史）によれば、「ミャンマー」も「バマー」も狭義のビルマ民族を指す言葉であり、ちがいは前者が文語、後者が口語だったことでしかないと、豊富な歴史的事例をもとにして説きおこし、それを自らは「ビルマ」を使う根拠としている。一方で、根本先生は狭義のビルマ人を他の民族と区別して「ミャンマー民族」と呼んでいる（詳しくは根本敬著『アウン・サン—封印された独立ビルマの夢』参照）が、そこまで断定してしまっていいものかどうかは私にはわからない。

しかし、この「ビルマVSミャンマー」論議は、単に政治や言葉の問題を超え、ビルマの抱える根本的な問題を提起している。というのは、ビルマは独立するまではビルマではなかった、言い換えれば、独立して初めてビルマになったからである。すなわちイギリス領インド帝国の東側がインドから切り離されて独立することにより、そこに含まれる領土がビルマという国家に、そこに住む民がビルマ国民になったのである。

もちろん、ビルマは実態のない民族集団の寄せ集めではない。一一世紀半ばからビルマ人による王朝（パガン朝）が興《おこ》り、イラワジ川流域の平野部を中心とする肥沃《ひよく》な土地を支配し、ビルマの王朝は最終的にイギリスに屈する一八八五年までつづいた。それが現在の「ビルマ」の原形であったが、王朝の統治が「ビルマ」の隅々まで行き届いていたかとなると疑問を残す。

王国の東西南北にはあまたの少数民族がおり、それぞれ封建的な土侯国《どこうこく》（日本でいえば江戸時代の「藩」くらいの大きさ）を形成していた。ビルマ王朝はそれらの土侯国に対して影響力を持っていたが、直接支配していたわけではなく、土侯国はいわば属国であった。たとえば、ワ州を含むシャン州には小さな土侯国が三十三あり、ビルマ王朝に忠誠を誓う一方で、中国（清朝）にも朝貢《ちようこう》をおこなっていた。二つの大国のどちらにもいい顔をしながら、実質的な自治を守っていたのである。だから、彼らには自分たちがビルマ王朝の支配下にあるという感覚はなかっただろう。仮にあったとしても、それは屈辱感を伴うものではなかったにちがいない。

話をややこしくしたのはイギリス人である。得意の分割統治を存分に発揮し、南部のタイ国境付近に住むカレン人を重用したり、タイ系のシャン人が多数を占めるシャン州を直轄の植民地ではなく、「辺境地区」と区別したりした。このような所業は当然、少数民族の民族意識を高めることになる。

一方、イギリスからの独立を目ざすビルマ人の動きは一九二〇年代からあった。三〇年代に入ると、彼らのなかから、独立には少数民族との連携が不可欠と考えて「ミャンマー」と同義語ながら、口語の「バマー（ビルマ）」に新しい意味をこめて未来の独立国家の名に掲げる動きが出てきた。

さて、第二次世界大戦が終結し、いよいよ独立の機運が高まったが、依然として少数民族を取り込む作業は難航した。誰だって多数民族の軍門には下りたくない。どうせ独立するなら、自前の国を持ちたい。かたやビルマ人側は、各民族がばらばらになってしまったら、イギリスからの独立を訴えるうえで説得力がなくなる。もっと重要なことは、ビルマ人は人口こそ「ビルマ」の三分の二を占めるとはいえ、居住地域は二分の一程度である。ビルマ人は肥沃な平野部に住んでいるから人口が多いだけで、単独で独立したら哀れなくらい領土の少ない小国家になってしまう。石油こそ平野部にあるが、ウランを含む豊富な地下資源もみな少数民族の居住地域にある。

こうした葛藤《かっとう》を打開し、少数民族をまとめたのが、今では「アウン・サン・スー・チーの父親」としてのほうが国際的には通りがいい「ビルマ建国の父」アウン・サン将軍である。現在ではアウン・サンはカリスマとなっているが、実際には政治的手腕が優れていたとか、実績があったというより、「有徳の人」だったようだ。結局、少数民族の代表らは、新しい国家の運営方法に納得したのでもなければ、多数派で学問もあるビルマ人にうまくしてやられたのでもなく、単純に、「みんなを平等に扱う」というアウン・サン個人の「誠実さ」を信用したのだった。

ここに「ビルマ」建国の核心があり、それは一九四八年の独立から現在に至る半世紀にわたって「ビルマ」が動乱と圧政に苦しみ、のたうちまわってきた歴史の核心でもある。なぜなら、一九四七年七月、最終的に少数民族をまとめあげてから半年とたたないうちに、当のアウン・サンが暗殺されてしまったからである。平等の約束を反故《ほご》にされても、肝心の約束した当事者が死んでしまっているのでは、文句の持っていきどころがない。

私は、少々アウン・サンを過大評価しすぎているかもしれない。少数民族問題に重きを置きすぎているかもしれない。が、当時三十三歳のアウン・サンがあと四十年生きていたら、「ビルマ」は幸福な、とまでは言わなくても、もっとましな道を歩んだとは思う。そして、少数民族問題がなければ軍事政権がこれほど長続きしなかったとも思う。実際、一九六二年にネ・ウィン将軍のクーデターが起きてから現在まで実質的に軍事独裁政権である。

アウン・サンは凶弾に倒れたが、「ビルマ」は翌年、独立した。そして、現在も当時の形のまま存続している。ビルマ人が多数を占める「管区」のほかに、シャン、カレン、ヤカイン（アラカン）、モン、チン、カチン、カヤの七つの州があり、各州の多数派は州と同名の民族である。そして、それらの州のなかにさらに少数民族がいる。

人類学的に大きく分けて、チベット・ビルマ語族、タイ語族、そしてモン・クメール語族とまったく系統の異なった民族が三種類もおり、さらに細かく分類すればいったいいくつの民族が数えられるのか誰も知らない。ビルマ政府はいちおう百三十五という数字を出しているが、人類学者がちゃんと調査したわけでもなく、分類の仕方にもよるので参考程度の数字にとどまる。とにかく、やたらたくさんいるとしかいえない。

「ビルマ」の総人口の八〜九パーセントを占め、推定四百五十万にのぼる最大の少数民族シャン人の多くはシャン州に居住しているが、それでもシャン州全体の六割強くらいの比率である。残りの四割弱は、都市部のビルマ人のほか、カレン、カチン、カレニー、パラウン、ワ、ラフ、コーカン、リス、アカ、パオウ、エン、タイ・ロイ、インダー……と、私が直接会ったことのある民族だけでもこれだけいる。

さらに州内州であるワ州の九割以上はワ人だが、ほかにシャン、ラフ、パラウンなどがいる。少数民族居住域のなかにもっと小さな少数民族がおり、そのなかにさらに少数民族が存在するという手のつけられない入れ子状態である。「みなが平等に生活したいというなら、一人一人が『独立』するしかない」という名言を吐いたシャン人もいるくらいだ。シャン州以外はよく把握していないが、これほどではないにしろ、事情は似たり寄ったりであろう。

民族ゲリラの数もいったいいくつあるのやら、見当がつかない。人が百人集まり、銃が数十梃《ちょう》あれば、「――民族独立軍」とか名乗ってしまうからだ。「民族民主戦線」という主要な民族ゲリラの連合体がある。本来は各ゲリラが協力しあって、いっせいにビルマ政府と戦うことを趣旨として形成されたのだが、それぞれ規模もちがえば、目的や主張も異なるので、情報交換を主とする「連絡会」程度におさまっている。それに名を連ねているものは、いわばメジャー団体だが、それでも一九九六年の時点で十五もあった。まさに、東南アジアのユーゴスラビアである。

今やすっかり身近になった東南アジアの一角に、こんな国があるということを認識している人は少ない。「ビルマ」といえば、アウン・サン・スー・チーくらいしか思いつかないのがふつうだろう。「ビルマ」に関心を持っていても、「民主化問題」で止《とど》まっている人が大半だと思う。そういう人を私は「ラングーン中心主義者」と呼んでいる。

民主化は、私の目からは問題解決のとば口にしか映らない。何度もいうが、軍事政権が居直っているのは、少数民族を抑えられるのは軍事力しかないと確信しているからではないか。今、「ビルマ」はコンロの上にのせっぱなしの巨大な圧力鍋《あつりょくなべ》と化している。このままでは圧力がどんどん増し、危険度は高まる一方だが、かといってふたを開けたら大噴火である。だから、何か方策がつくまでとりあえず、力ずくで抑えつづけるしかないというのが軍事政権の基本的な考え方ではないか。そして、ふたがはずれたとき最も危険なのは軍事力と自己完結度が突出しているワ州であると、私はそれまでの経験から、ほぼ確信に至っていた。今はこんなにものどかで涼しい風が吹いているけれども。

ムンマオでクンサー降伏の報を聞く

短波ラジオをじっと聞いていたニーが突如、興奮してワ語で何か叫び、おやっさん宅に住み込んでいるサムやその他の下働きの連中も歓声をあげた。おやっさんも「ほんとか？」と上気した顔で何度も訊ねる。私だけ取り残され、ポカンとしていた。いったいどうしたんだと聞くと、ニーは「張奇夫《チャンチーフー》（クンサーの中国名）がビルマに降伏した！」と白い息を吐きながら答えた。

私たちはいつものようにみんなで火に手をかざし、早朝の冷え込みに身を震わせているところだった。火とは金だらいに盛った炭火である。村にはこんな便利なものはない。いくら男たちが毎日薪《まき》を伐り、女たちが腰を折りまげて背負って帰ってきても、素《す》の木は恐ろしいほどの勢いで燃えてなくなる。それだけに、ゆるやかな炎がいつまでも揺らめきつづける炭を見ると、その驚異的な経済性に「町はやっぱりちがうな」と情けない感慨に浸《ひた》り、「なんとかして、村に炭を作る技術を導入できないものだろうか」などと、村長のアイ・ムンが考えればいいようなことを私は考えていた。

そこへ降ってわいた国際的な（ワ人にとって）ニュースである。私は意表をつかれた。ニーによれば、一月八日、クンサーは拠点のホームンをビルマ軍に明け渡し、全軍が投降したという。ビルマの放送でなく、中国の国営放送が報じているのだから間違いないはずだ。

クンサーがビルマ政府軍に降伏したということは、ワ軍との戦争も終わったということである。支配区とアヘン・ビジネスの利権をめぐっておこなわれた戦いはクンサーが引き下がる形で、ワ軍が勝利を収めたことになる。ニーたちが大喜びしているのも当然だ。

私は複雑な気持ちだった。戦争が終わったのはいい。村人が、自分たちとは直接関係のない争いの犠牲にならずにすむ。が、すでにワ軍から心が離れつつあった私にとって、これから彼らがますます幅をきかせるのかと思うと何か面白くないものがあった。ビルマ国軍を除けば、クンサー率いるＭＴＡ軍はワ軍と並んでビルマ最大の武装勢力だった。それが消滅したのだ。残るはワ軍だけである。シャン州のサロウィン川東部はワ軍の天下になる。アヘンもワのモノポリー化が進むだろう。

残るはワだけ。この事態がビルマ政府とクンサーの巧妙な遠謀だとは、ワ人も私もまだ気づいていなかった。ワ軍は実はこれからが正念場になっていくのである。

さて、戦勝気分に浮かされた面々は、その日、市場へ繰り出した。といっても、特別なお祝いのためではない。三、四日に一度の買い出しである。私もついていった。服を買いたかったからだ。

私はムンマオのおやっさんの家に行って、たいへんなことを発見した。ひどい全身の湿疹《しっしん》の原因がわかったのだ。おやっさん宅には山の湧《わ》き水から引いた水道があり、水がいつもあふれている。炭を初めて見たときと同じくらい感激し、さっそく水浴びをしたのだが、着ているものを脱いだときに、シャツに何か動いているものを見つけた。

白い虫だ。アカアリほどの大きさがある。慌てて衣服を改めてゾッとした。服の縫い目に数えきれないほどの白い虫が蠢《うごめ》いているではないか。つまんでプチッと潰《つぶ》すと血が飛び散った。そんな虫が私の着ているもののほとんどすべての縫い目にびっしりしがみついていたのである。総勢二百匹は軽く越すだろう。おそらく昼間は縫い目に隠れていて、夜になるとワサワサと私の身体《からだ》を這《は》い回って血を吸っていたのだ。これでは眠れるわけがない。とくにパンツと下着がわりのTシャツにはものすごかった。虫だけならまだいい。辛抱強く取ればいなくなる。問題は、虫の数より多い小さな卵だ。数もさることながら、生地に植えつけられていて、ナイフで削ってもとれない。

おやっさんに見せたら、「うあっ、『ブルイン』だ！　近くに寄るな」と言われた。「ブルイン」と言われてもわからないが、半分透き通った白さや形からしてどうやらシラミの一種らしい。よくよく思い返せば、村の連中がときどきシャツを脱いで、日に透かしてしげしげと眺めていることがあった。あんなボロい服をなんでそう愛《いと》しげに見つめているのだろう。ボロ服はボロ服でも村の人間にとっては貴重なもの、死んだお母さんに買ってもらったとか、いろいろ感じるところがあるのだろうと勝手に想像していたが、そんな情緒的なものではなかった。彼らはブルインを探していたのだ。

この異常なかゆみを、「気のせい」とか「不潔感に対する過剰な反応」と精神論で片づけ、二カ月以上も放置しておいた私のほうがよっぽど情緒的だった。ちなみに、サムはまったく大丈夫で、私だけとりつかれたのは、私がしょっちゅう宴会に呼ばれて他家へ行き、そのたびに酔いつぶれては手近な寝台に寝てしまっていたからだろう。

本人は話したくてしようがないが、他人が聞いて退屈なのが「持病の話」であることは周知の事実で、これもその範疇に入るだろうから、もうやめておこう。ただ、日本に帰ってワ州の話をしたとき、年配の人たちは何よりもこの「ブルイン」の話にひじょうな興味を示した。

「そりゃシラミだ。縫い目にいたって？　そうなんだよ。シラミで困るのはなあ……」

「卵でしょ？」

「そうそう、卵！　あれがとれなくてねえ……」

満洲（現中国東北部）の引揚者だという友人のお父さんは、「栄養失調とシラミでどれだけの子どもが敗戦直後の満洲で死んだか……」としみじみ語ってくれたものだ。彼ら戦中派の人びとは「シラミ退治は鍋で服を煮ればいい」と言い、私をアッと言わせた。煮沸《しゃふつ》すればよかったのだ。村人は誰もそんなことをしていなかった。私と同様、思いつかなかったのだろう。「これも村の人に教えてあげれば……」と、もう日本に戻ってきてしまっているにもかかわらず、またしても村長アイ・ムンでも考えればいいことを考えてしまったものである。

話が大幅にそれた。市場へ行ったのだ。この市場の特徴はビルマ人の物売りがいること、ビルマ製品が売られていることである。ビルマの風、ふたたびであった。

ビルマ商人は片言の中国語やワ語でワ人の客とやりとりしている。ワ人でもビルマ語を多少使える者がいる。ワ人が町でビルマ語を話しているのは珍奇な光景であった。

ビルマ人の商人は中国商人に比べ、ずっと大らかで明るい。中国人はこちらが買う気がないとわかったり交渉がまとまらないと、すぐにそっぽをむくし、客に対して愛想というものがない。ビルマ人はこちらが値切りすぎても「そんなんじゃ売れないわよー」と言ってニコッとする。「おねえさん、美人だけど性格はよくないな」とビルマ語で軽口をたたくと、屈託なくケラケラと笑う。そして、しまいにまけてくれたりする。典型的な古き良き東南アジアの匂《にお》いがする。「ビルマはいいなあ」と思う。

ビルマの少数民族は多かれ少なかれビルマ人が好きではない。「ずるい」「平気で人を騙《だま》す」「差別する」と彼らは言う。また、外国のビルマ・ウォッチャーはジャーナリストにしても、アムネスティー・インターナショナルのようなNGO団体にしても、大半がラングーン中心主義である。民主化の問題さえ論じれば事足りると信じている人びとも多く、少数民族の独立や自治については、アウン・サン・スー・チーらビルマ民主化勢力も、軍事政権と同じくらい否定的であるという事実を無視しており、少数民族側からビルマを見ている私はしばしば反発を覚える。つまり、ビルマの国のなかでも外でも少数民族差別もしくは軽視が改まる様子はないのだ。

しかし、それは、一つの国家のなかに多数民族と少数民族が同居しているところでは必然的に起きる非情な現象で、だから少数民族を虐《しいた》げてもいいとは断じていわないが、ビルマ人という民族がひねくれているわけではないだろう。少なくとも、私は個々のビルマ人と会って不愉快な思いをしたことは一度もない。

さて、ビルマ商人はいいのだが、ビルマ製品はというと、これがいただけない。旧イギリス植民地の本領発揮で、やたらと英語を使っているから、ちょっと見はいいのだが、質は中国製品よりはるかに劣る。私はパンツとヒゲソリを買ったが、パンツは三日で尻が裂け、ヒゲソリは一度使っただけで柄《え》がぽっきり折れた。これも古き良き東南アジアの匂いといえなくもないが。

ニーたちは市場で銀貨を買いあさっていた。イギリス植民地時代のインドのルピー銀貨である。一九〇七年とか一九一三年の刻印が押してあり、裏にはジョージ七世とかエドワード五世など聞いたこともない英国国王の横顔が描かれている。ニーたちによれば、ムンマオ県のいくつかの地域では、村の人たちがビルマの紙幣はもちろん、ワ州の公用通貨である中国の人民元ですら信用せず、銀貨しか受け取らないという。おやっさんはあちこち歩いて回るため、そういうところへ行ったときに必要とするらしいが、そんな辺鄙《へんぴ》な場所があるのかと驚いた。百年前の古銭を使っているのだ。辺鄙さはうちの村の比ではない。ワ州はほんとうに奥が深い。

家に帰ると待っていたのは、おやっさんとの意見の衝突であった。私は今一つ腑《ふ》に落ちなかったアヘン税について、おやっさんと、その場に居合わせた軍の宣伝部長である彼の友人に問いただした。アイ・ムン以下、村人が口をそろえてアヘンの半分以上を《国家》が取り上げると言っていた件だ。

「そんなことはない」とおやっさんは不愉快そうに一蹴《いっしゅう》した。「アヘンの税は二〇パーセントと決められているんだ」

「じゃあ、村の人がウソをついているんですか」と私が聞くと、なんとも歯切れの悪い調子で「そうだ」と答えた。私は食い下がった。

「それはおかしい。じゃあ、今度、村に来て、ぼくの前で村の人間に聞いてほしい」

「いやだ」

おやっさんはしばらく黙りこんだが、私が眉《まゆ》をひそめているのを見てこう吐き捨てた。

「中央政府が二〇パーセントと決めていても、軍の幹部やその部下が勝手に取り立てているかもしれないだろ！」

　なるほど、これがことの真相か。おやっさんもその友人もワ軍／党の幹部である。その彼らが不正を知っていて黙って見逃しているのは、さような事例が多すぎるのか、他人の管轄には下手《へた》に手出しができないのか。たぶん、その両方だろう。

　私はまだまだワ州の権力構造がよくわかっていなかった。一見、一枚岩のように見えるワ軍／党もいろいろな派閥や実力者がいるのであろう。アヘン＝ヘロインという特殊な利権がからむので、その構造はふつうのゲリラに比べてもはるかに込み入っているにちがいない。それにしても、本来の税の一・五倍をピンハネするとはひどすぎる。

　おやっさんは、ワ州の恥部を知られた分を挽回《ばんかい》せんとするがごとく、またしても「歴《リー》史《シ》」を持ち出してきた。彼がなぜかくも歴史にこだわるのか理解に苦しむ。それもみな耳にタコができるくらい聞いた話ばかりだ。「ジョージ・スコット（英領インドの役人）が中国（清朝）と交渉を重ね、中国の『サロウィン川を二国間の国境にすべき』という主張をはねつけ、メコン川が国境だと主張した。ワ人はそのころ未開で首狩りばっかりやっていて何も知らなかった」という話は、もういいというくらい聞いた。だいたい、そんなことは文献を読んで知っている。

　たしかに、中国とイギリスの主張がぶつかりあっていた地域にはワ州がすっぽり入るが、かといって、それが現在のワ州とどういう関係があるのか。ワ人には文字がなかったから、自ら書き残した民族の記録がない。それで、シャン人やビルマ人にワ人の権利の正統性を疑われているのかもしれない。余人には理解しかねる歴史コンプレックスである。

私は今のワ州におけるワ人自治の正統性を疑ったことはない。ワ州で暮らし、そのころはほとんど確信に近いものを感じていた。ただ、チェントゥンを含めたサロウィン川東部一帯がワ人の土地だという主張は信じがたいだけである。そのあたりにはたくさんワ人が住んでいる。前に書いたように、はるか昔は彼らの土地だったかもしれない。しかし、何百年も前から現在に至るまで、彼らは山の民であり、平地は桁違《けたちが》いに数の多いシャン人に占められている。また、ワやシャン以外の民族もゴマンとおり、それぞれが共存してきたはずだ。

それを私が正直に述べたのが、またおやっさんの癇《かん》に障った。しかも、「あなたの言うことは、シャン人の言うことや記録と食いちがう」と言ってしまったのがまずかった。「どうして、これだけ説明しても、おまえは私のことを信用しないで、シャン人の言うことを信用するのだ。まったく、わけがわからん!」と言い放ち、眉間《みけん》にしわを寄せたまま、そっぽを向いてしまった。

どうにも困ったものである。これは、信用する、しないの問題ではない。いちいち知り合いの言うことを鵜《う》呑《の》みにしていたら、こちらも仕事にならない。一方、これは絶対に正しいと断言できる過去の記録、現在の統計がないので証拠を出せと迫られても困る。

私はワ州が好きだし、ワ人も好きだ。しかし、ワ軍は……と、ふたたびその日の朝の結論に戻ろうとしていた。そのとき、憤懣《ふんまん》やるかたなく地面を見つめていた私の目の前にバドミントンのラケットが差し出された。びっくりして、顔をあげると、おやっさんが照れ臭そうな顔をして言った。

「ア」

仲直りに二人でバドミントンをしようというのだ。そうか、二人でやるものなら、酒ではなくても「ア」と言うのか。思わず、頰《ほお》がゆるんだ。私も「ア」と答え、ラケットを受け取った。

草葺屋根の家の庭で夕陽を浴びながら、この土地ではおそろしくハイカラな遊びに興じている二人のいい大人の姿が道行く人から眺められたはずである。

世界史を変える夢を見る

私はここムンマオで重要な仕事に着手した。ケシ畑の草取りではない。あれも重要だが、今度は私の本業をフル活用したものだ。ワ州の《国家》、つまりワ軍／党にレポートを提出しようというのである。題して「岩老《アイラオ》ワ州滞在報告書」。

私のそれまでの動向を報告するという体裁をとっているが、中身はれっきとした意見書であり、その趣旨がワ州の存在の根幹にかかわることを考慮したら「建白書」といってもいい。

何を意見するのか。これがなかなかすごい。一言で言えば、「アヘン＝モルヒネ化計画のすすめ」である。

これは元をただせば私がマラリアを患《わずら》った際に得た思いがけない副産物である。高熱でうなされ、頭が無軌道に高速回転するなか、ふとひらめいたもので、初めは無数の妄想の一つかとも思ったが、病気が一段落したあと考え直しても、たしかに妄想と紙一重ではあるが、そのまま忘れるには惜しい「構想」であると判断した。

私がまだムイレ村に入る前のことだが、軍や党の人間から、「今、ワ州ではアヘンの生産を減らすよう農民に指示している」としじゅう聞かされていた。真相はわからない。部分的に実行していたのかもしれないし、形だけそう取り繕っていたのかもしれない。ただ、彼らなりに国際世論を受け止めて、なんとか《麻薬地帯》という汚名を拭《ぬぐ》って、正々堂々とワ州の合法的な完全自治を主張したいという意気込みは感じられた。が、問題なのは、アヘンの生産をやめるのはいいが、軍備を縮小し、貧しさにも耐えるという覚悟が幹部連中の誰にもできていないことにあった。

彼らの理想は、アヘン・ビジネスから足を洗いながらも、富と軍事力はそのまま保持したいというきわめて虫のいいものである。「アヘンをやめるから、それで得られる収入と同額の援助をビルマ政府や日本、アメリカなどの先進国からもらいたい」というのが本音だ。適当な比喩《ひゆ》かどうかわからないが、カタギになるから生活の安定と社会的地位を保証してくれとお上《かみ》に訴えるヤクザのようなものである。

このように安直な姿勢なので、彼らは自ら率先してワ州のアヘン問題を解決する具体的な手立てを何も考えていない。だから、私が代わりに考えてあげましょうというわけだ。私の案はこれまで誰も思いつかなかった画期的なものである。

「ワ州でアヘンの生産を停止する、もしくは減らすのは非現実的である。今までどおり、せっせと作るのがよろしい。ただし、アヘンをヘロインに精製して密輸するのは好ましくない。代わりに、モルヒネに精製して医薬品として公的に輸出するべきである。ワ州は《麻薬地帯》の汚名を返上し、《国家》の収入も減らず、なによりも農民の生活が安定する」

あまりに奇抜だと思われるかもしれないが、ちゃんと根拠はあるのだ。私は村の生活をとおして、いかにワ州の農民がアヘンに依存しているかを実感した。現金収入はこれしかないといっても過言ではない。タイではケシ栽培をやめ、キャベツやコーヒー、果物などの換金作物への転換に成功しつつあるが、それは近くに大きな消費地があり、輸送用の道路も整っているからである。

町らしい町はなく、道路は雨季には通行止め、農産物を輸送する車はほとんどゼロというワ州において、キャベツや果物を作っても誰も食べてくれない。唯一の可能性は茶ぐらいだが、隣の中国雲南省の安くて質のいい茶と競合しなければならず、勝ち目は薄い。したがって、ケシをやめるのは非現実的である。

国家が全面的にバックアップしてくれるならともかく、ワ州はアヘンがなくなったら行政府自体が倒れてしまうし、この期《ご》におよんでビルマ政府にすがったら、完全自治の夢は捨てなければならない。だから、発想を切り替えて、アヘンはどんどん作ればよい。そのかわり「麻薬」から本来の「医薬品」に戻してやればいいではないか。それが古代エジプト以来、人類が延々と世話になりつづけてきたアヘンとの正しい付き合いのあり方ではないか。かように私は思ったのである。

この発想を最初に話した相手は、見舞いに来てくれた外務大臣のタ・コーである。が、彼はモルヒネという薬を知らず、したがって話の要点がわからないうえ、「ヘロイン」という単語を聞いたとたん、「おれはヘロインなんて知らん。誰が作っているのかも知らんし、知りたくもない！」と過剰なまでの拒絶反応を起こした。自分の思いつきに夢中になるあまり忘れていたが、「ヘロイン」という言葉は口に出すのもタブーなのであった。外務大臣がこれでは話す相手がいなくなる。

以来、しばらく口を閉ざしていたが、村の生活でますます自分の案に確信を持った私は、ムンマオでタ・クン・パオのおやっさんに話してみた。いつもはあまり私には同調しない彼だが、このときばかりはおやっさんはひじょうな関心を持って耳を傾け、
「これはたいへん面白い案だ。こんなのは聞いたことがない。ちょっと上の人間に話してみよう。でも、快く思わない人びともいるだろうから、誰にも言うなよ」
と、やや興奮しながら言った。そして、さっそくつぎの日、総司令官タ・パンの実弟でムンマオ県長のタ・ジェットのところへ出向いて行った。帰ってくると、「タ・ジェットも興味を示して、『きちんとした文書で持ってこい』と言っていた」と私に伝えた。こうして、建白書の作成と相成ったわけである。

これはなかなか面倒な作業だった。中国語で書かなければいけないが、私の中国語力はたかが知れているうえ、手元に辞書もない。数少ない基本語彙《ごい》をうまく組み合わせて、もっともらしいものを仕立てる技がいる。そのあとで、おやっさんとサムを交え、内容をチェックしながら同時に中国語も直すという手はずになったが、落第生サムはレポートの書き方さえ知らないし、おやっさんは手書きの中国語が読めないので、てんやわんやであった。

とくに、肝心の「アヘン＝モルヒネ化計画のすすめ」では難儀した。おやっさんもタ・コー同様、モルヒネが何か知らない。ふつうの山の民ならともかく、まがりなりにも彼ら

はゲリラの幹部なのだ。戦争に携わっている人間がどうしてモルヒネを知らないのだろう。今やモルヒネは銃と弾薬に次ぐ戦争の必需品ではないか。それとも、ワ軍はモルヒネを使用していないのだろうか。手傷を負った兵士に痛み止めを与えないのだろうか。世界で最もたくさんモルヒネの原材料があるところなのに。

そこで私は、モルヒネの説明をするわけだ。医薬品モルヒネの有効性をアピールするにはガンと結びつけるのが最も早道だと私は思った。なによりも激痛に苦しむ末期ガンの患者を救うにはいまだモルヒネ以上の薬品はない。モルヒネを恐ろしい《麻薬》だと思い込み、投与をためらう医者や患者、あるいは家族がたくさんいるようだが、その認識も改まりつつある。しかも、ガンで死亡する人間は年々増加の一途をたどっている。第三世界が経済発展するにつれ、病院も、病院へ行けるガン患者も激増することが予想される。つまり、モルヒネの需要は高まる一方で、その逆はない。

かように私が力説して、ふと、おやっさんを見ると、彼は沈黙して何か考えこんでいる。何か納得がいかないところがあるらしい。しばらくして、彼は口を開いた。

「ガンってなんだ？」

私が迂闊《うかつ》だった。ここの人は「病気」に関してはまったくの無知なのだ。おやっさんがワ州随一の歴史・教育家なものだから、つい買いかぶっていた。しかたなく、今度はガンの説明に入る。

「ガンというのは、現代人が最も恐れる治療がたいへん難しい病で……」

なかなか前に進まないのである。

私がおやっさんに連れられてタ・ジェットの自宅を訪れたのはムンマオに着いてから、八日目のことである。石造りの豪邸で、広い庭にはピカピカの4WDが三台並んでいた。衛星放送チューナー、ビデオデッキ、ステレオコンポ、となんでもある。迷彩服姿の若い兵士が七、八人控え、テーブルの上では長距離無線が絶えずガサガサとざわめいている。

タ・ジェットとは、中国公安と同席して会食したとき以来の対面である。あのとき同様、私らに会ってもウンともスンとも言わない。驕《おご》り高ぶっているわけではなかった。その証拠に、彼は左手が不自由なのだが、タバコを吸うとき、私ばかりか配下の兵士一人一人に苦労しながら右手だけでタバコを配っていた。単に無口なのだろう。

おやっさんが建白書を差し出すと、彼は最初から一文字ずつ丹念に読んでいった。ずっと沈黙したまま表情も変えない。二十分もそうしてじっとレポートを読んで、彼が発した言葉といえば、「これは間違いだ」とボソッと言っただけである。何が間違いなのかと思ったら、「目的」の的を消して「目地」に書き直した。日本の小学生もやらないような誤りである。

ようやく読み終えて、おやっさんが何か訊ねると、タ・ジェットはボソボソとつぶやいた。

「たしかに興味深い。だが、これは条件によるだろう」

「条件」とは何のことかわからなかったが、あとでおやっさんに聞き、諸外国の協力援助を指すとわかった。タ・ジェットは建白書をタ・パンに見せると約束してくれたが、私は彼が「目的」を書き直した時点で自分の画期的発案の行き先に暗雲が立ちこめているのを感じざるをえなかった。ワ州の人間とコミュニケーションをとるのはかくも困難なのだ。

しかし、万一、この案が受け入れられたら、すごいことになる。世界最大の《麻薬地帯》が一転して世界最大の医薬品供給地帯になるのだ。大袈裟《おおげさ》にいうなら世界史が変わる。夢みたいな話だが、ふつうの国ではこんな大きな夢を見ることさえできない。可能性一パーセントでも試みる価値はあろう。

帰り道、おやっさんはいつになく、ご機嫌であった。そして、私にこう話しかけた。

「もし、これが成功したら、私がいずれ書く『ワ州の歴史』にちゃんとアイ・ラオの名前を本名の高野秀行で書き残してやるからな」

彼もまた夢を見ている。きっと「高野秀行」の前にもっと大きく自分の名前が記された本の夢を。

第六章　白いケシと緑の軍服

滲み出て黒く変色したアヘンの液汁を薄い鉄の板でこそぎ採集する作業「ガッ・ペン」

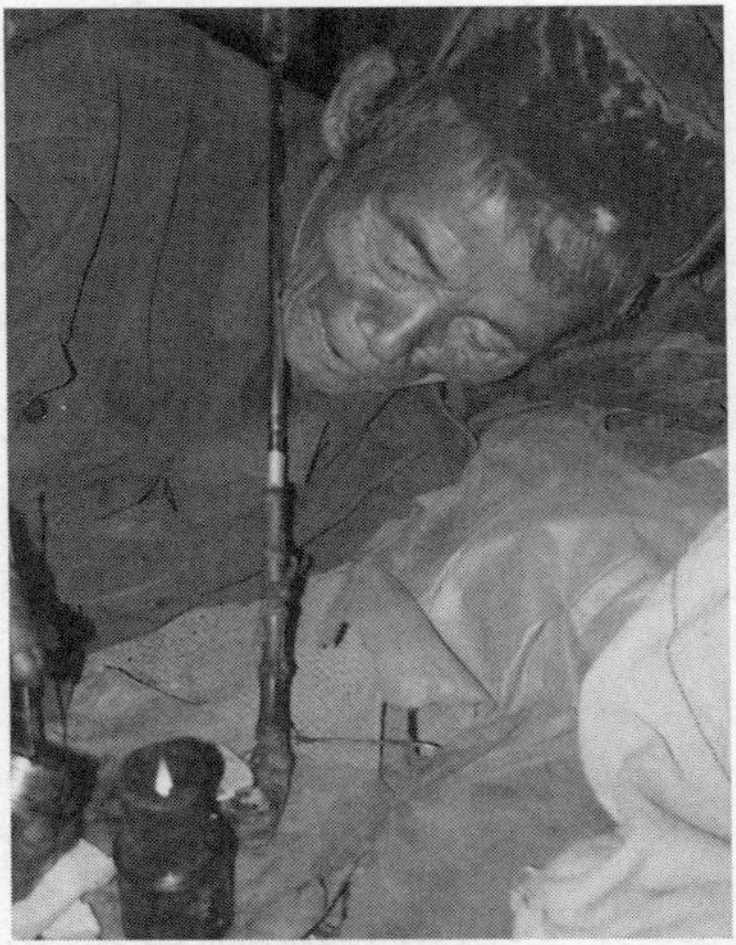

アヘンを吸う村の司祭サイ・タオ老人

ある若者のあっけない死

ムンマオを出て三日目、私はムイレ村へ向かう道を歩いていた。同行していたのは、私とは犬猿の仲のニーだ。どうして彼と一緒にさせられたのかわからない。出発直前におやっさんがそう命じたのである。サムは土壇場で村に帰るのを嫌がったのだろう。私は歯ぎしりしたが、もう遅い。口を開けば諍《いさかい》になるので、黙って歩を進めた。

ムンマオから、ワ軍の開祖タ・ライの出身地でワ州第三の町パンワイまで、ラフ人の神父の車に便乗させてもらった。チン人のシスターは一緒ではなかった。

パンワイでは、ワ人のアヘン発祥伝説があるワ州最高峰ロイムー山が望めた。周囲の山の連なりからはずれ、ふもとから豪快にそびえる様は「ワ州の富士山」と呼んでもさしつかえなく、朝焼けに染まった孤峰は信心に乏しい私にも何かしら神がかったものを感じさせた。この山からワ人の命綱アヘンが生まれたと彼らが考えるのも不思議ではない。アラビアの砂漠地帯における石油と同様、ワ州のアヘンは神の恩寵《おんちょう》である。

パンワイから村までは徒歩である。車なら二時間なのだが、その車がまったく見つからない。一日半歩いて、私たちを追い越していった車はたったの三台。ワ州最大のルートでしかも道路状況のいい乾季で、これだ。三台の車はいずれも軍のもので、兵隊や幹部でぎっしりだった。「途中でヒッチハイクでもすりゃいいや」という私の思惑は見事にはずれ、ただでさえムンマオに長くいすぎたのに、さらに無駄な時間を費やしてしまった。

私は少し気がせいていた。おやっさん宅の庭に植わっていたケシも、道すがら目に入った畑のケシもかなり開花が進んでいたこともある。が、それ以上に、私は村でおこなわれるイベントに遅れたくなかったのだ。そのイベントとは結婚式と葬式である。どちらも、そろそろおこなわれてもいい時期だった。正確な日時がわからないのは、前者に関していえば、村人に明確な時間感覚がないので、「もうすぐ」としか教えてくれなかったから、後者は当人がいつ死ぬかわからなかったからである。

婚礼をあげるのは小隊長アイ・スンの妻オー・クワットの弟ニー・サン。相手は村長アイ・ムンの妹である。アイ・スンとアイ・ムンは村を代表する二人で親友同士だから、これ以上ぴったりの組み合せはない。ニー・サンはうちの集落バン・ロックの人間ではないが、私にとって最も大事な友だち二人の「きょうだい」が結ばれるのだから、ぜひとも末席を汚したい(ただ、酒を飲むだけだろうが)ところだった。

葬式のほうは、私が村を出るときは重態だったので、死者と呼ぶのは失礼きわまりないが、ニー・ルンという若い男だ。彼は郷長の第一夫人イエッ・レーの娘婿で、ヤン・ティヤック集落で幅をきかせていた。村人には珍しく中国語がうまく、屈強な体格を持つこの若者は、ムイレ村では数少ない「嫌なやつ」でもあった。私のところへちょくちょく顔を出しては「金、たくさんあるんだろう。酒を買ってくれよ」とか「写真を撮れ」とかうるさくねだりに来た。コンゴやインドのように、みんながみんな図々しいと諦《あきら》めもつくし、「こういう土地柄なんだ」と納得もできるが、ワのように、上は軍のトップから下は村人まで、いずれも礼儀正しく、控えめで、人に物をねだったりしない社会では、たまにこういう輩《やから》に出くわすと鼻についてならない。

そのニー・ルンが病気だと聞いたのは、私がムンマオに行く五日ほど前だった。とくに同情心が湧《わ》いたわけではなかったが、日ごろ世話になっていたイエッ・レーの娘婿だし、暇でもあったので、サムと一緒に村のいちばんはずれにある家まで見舞いにいった。

家のなかに入ると、人がたくさん集まり、ひそひそ声で話している。これはけっこう重い病気かもしれないと感じたが、布団にくるまって寝ている彼を覗《のぞ》きこんでギョッとした。横向きになった顔の下に丼《どんぶり》が置かれていて、それいっぱいに真っ赤な血が溜《た》まっているのだ。鼻血が出ていると聞いていたがこれはひどい。二日間、鼻からの出血が止まらないのだという。「もう丼何杯分の血が出たかわからない」と付添いのイエッ・レーが言った。熱も高く、起き上がることはおろか、飯もまったく食べられないという。村でもこんな病気は初めてらしい。

「こりゃ、死ぬかもしれんな」と私は思った。エボラ出血熱でもあるまいし、鼻からの出血が止まらないなんて聞いたことがない。奇病である。病気になって八日目だというが、ここには薬もなければ医者もいない。というより、なまじな薬や医者が役に立つとは思えなかった。点滴も打てないから体力は衰えるばかりだ。ついこのあいだまで、頑健そのものだった男が見る影もない。

イエッ・レーがべつの丼に米を盛り、サムがその上に一元札をのせた。それを村の老人の寝台の下に一晩置くと病気が快方に向かうというワ人の風習だそうだ。いつも、村人の信仰を「愚にもつかない迷信」と断じ、改革が必要だと主張しているサムも、いざというときにはその迷信に頼る。現実に、この状況では迷信にでもすがるしかない。病人の父親が一人息子の状態など意に介さないように、床に寝そべってアヘンを吸っていた。この家がアヘンをよくやっていることは知っていたが、何もこんなときにやらんでも、と思ったのが強く心に残っている。

それから私が村を出るまでのあいだも病状は一向によくならない様子だったので、もうだめだろうと思った。考えてみれば、私が初めてこの村にやって来たとき以来、約二カ月半、うちの集落だけで子どもが四人も生まれている。村全体ではもっと生まれているはずだ。一方、戦死者を除けば、亡くなった人は一人もいなかった。自然の摂理からいえば、そろそろ死者が出ないと、人口と環境のバランスが狂ってくる。無慈悲な言い方に聞こえるかもしれないが、そういう場所なのだ。事実、私も一歩間違えば、そのバランス調整に巻き込まれるところだった。

私とニーがグランゴー郷に差しかかったところで、見慣れた白い「脛巻《すねま》き」をした女たちと出会った。うちの村の一団だ。未亡人のイ・ナップが素《す》っ頓狂《とんきょう》な声をあげた。

「アイ・ラオじゃないか。あたしゃ、てっきりあんたはもう帰って来ないと思ったよ。あー、『ビヨン（懐かしいねえ）！』」

その日は市が立つ日だった。つぎからつぎへと、村人に会ったが、みな嬉《うれ》しそうに声をかけてきた。社交辞令にしても、こんなに大勢の人に歓迎されたことはない。私はすっかり機嫌をよくして、歩みを早めた。

村でも、人びとが集まってきて「ビヨン」を連発しながら手を握り、私の帰還を祝ってくれた。が、ふと疑問が湧いた。どうして、まだ日の高いうちに、みんなが村にいるのだろう？

しばらくして、隣家のオー・クワットがあらわれた。暗い顔をしている。私を見て、一瞬「あー、アイ・ラオ、帰ってきたの？」と微笑《ほほえ》んだが、たちまち陰鬱《いんうつ》な表情に戻り、こう言った。

「アイ・ラオ、ニー・サンが死んだのよ」

私は最初、何のことかわからなかった。

「ニー・サンが死んだのよ」と彼女は繰り返し、涙を拭《ぬぐ》った。

私は啞然《あぜん》とした。ニー・サンって、結婚するはずのあのニー・サンか!

「ニー・サンが死んだって?　ニー・ルンじゃないの?」

「ニー・サンよ。ニー・ルンは生きてる」

ニー・サンが死んだ。そして、ニー・ルンは生き延びた。結婚式はつぶれ、葬式の主役は入れ替わった。こんなことがあるのか。

ニー・サンとは友だちというほどの深い付き合いはなかったが、私が村を離れる直前には式のこともあってよくうちの集落へ遊びに来ていた。「もうすぐ結婚するんだろう」と聞いたとき、「いやあ」と身をよじって照れていたあどけない顔が目に浮かんだ。私がいなくなったあと、正体不明の病気にかかり、三日後に亡くなったらしい。元気な盛りの二十歳《はたち》前後の若者をたった三日であの世へ送ってしまう、そんな恐ろしい病気が存在するのだろうか。村の人間に聞いても類例がないという。

人の死はいつどんな場合でも不幸であるが、婚礼を控えた若者の死は最大級の不幸にちがいない。亡くなってから四日目だというが、親戚《しんせき》や仲のよかった者はいまだに酒を酌《く》み交わしてニー・サンを弔《とむら》い、仕事に出ようとしないらしい。私が泊まっていた「村の家」のなかには婚礼のときに振る舞う大きなプライコー酒の瓶《かめ》が三つも並んでいた。

荷物の整理をしてから、市で買った酒を持ってニー・サンの家を訪れた。ワの家のなかは暗いので、外から入ると初めは何も見えない。目が慣れると、大勢の人間が座っていたり、ごろごろ転がって寝ているのがわかった。そのなかに小隊長のアイ・スンがいた。彼によれば、二日間は泣きに泣いたそうで、今もこの家に泊まりこみ、義弟の死を悼《いた》んでいるという。ニー・サンの伯父《おじ》（もしくは叔父《おじ》）だという二人の男が並んで寝そべり、アヘンを吸っていた。

トロイ戦争にまつわる話で、息子アキレウスを失った女神が悲嘆に沈みこみ、「どんな苦痛も和らげる薬（おそらくアヘン）でさえも、彼女に息子の死を忘れさせることはできなかった」という描写があったが、忘れることはできなくとも、酒やアヘンで苦しみを多少なりとも和らげることはできる。彼らがいつになくおおっぴらにアヘンを吸っているのも、それを誰にも咎《とが》められないからだろう。鼻血病のニー・ルンが瀕死《ひんし》のときも父親はアヘンを吸っていた。「何もこんなときに」と思ったが、それは間違いで、「こんなときだからこそ」アヘンを吸っていたのだ。ついでに私もお相伴《しょうばん》にあずかった。ニーが止めかけたが、やはりその場の雰囲気に逆らえず、黙った。

翌朝、左隣の「仏のイ・ナップ」の家で、アイ・スン家のイ・タオばあさんほか、女房たちが騒いでいたので、ニー・サンの通夜がまだつづいているのかと思いきや、イ・ナップの長男アイ・ルンに男の子が生まれたのだった。死者を悼んだり、この世に新たな生を享《う》けた者を祝ったり、村人たちは二つの家を節操もなく往復していた。いや、「節操もなく」と見えるが、生まれるのも死ぬのも自然現象だからぶつかるのを避けるわけにもいかない。どちらも酒を飲んで飯を食って、がやがやしゃべるだけだから、いちいち態度をしめやかにしたり、めでたくしたりしなくてすむ。そもそも、そういった「建前の顔」はこの村では必要とされないのであった。

「男が死ねば家が絶え、女が死ねば畑が絶える」

ニー・サンの喪《も》、ワ語で「トゥワ」は長々とつづいた。死者が出た家では親族が十日間喪に服すのが習慣だという。「喪」とは具体的には畑に出ないことである。おりしも区の命令で村人の多くは道路工事に駆り出されており、ケシ畑に出る者は誰もいなかった。道路工事は発破《はっぱ》で岩や巨石をふっ飛ばしたあと、鍬《くわ》や山刀で林を切り開いたり地面をならしたりする、いたって原始的な道路工事で、かぶりつきで見るほどのことは何もなかった。

軍の幹部は、「共産党時代は道路もろくになかったが、『解放《ジエファン》』以降、見違えるほど交通状況はよくなった」と誇らしげに言っていたが、しょせんは村人に強制労働を課しているだけなことがわかったくらいである。自然と足も遠のいた。

することのないまま村をぶらつくと、故ニー・サン家の前で足が止まる。この家の庭先は眺めがいい。すでに花が散ってアヘン採集間近である無数のケシの実が風にあおられて、かぶりを振るように左右に揺れ、その向こうには、はるかな山並み、そして雲一つない青い天涯《てんがい》が広がっている。が、私の目は最終的に、畑の隅にある墓に向けられる。ちょうど人一人分だけ土がぽっこり盛り上がり、脇に突き立てられた棒の上には牛の頭骨が物言わず、こちらを見つめ返していた。

特殊なケースなのだろうが、故ニー・サン家でおこなわれた故人を弔う儀礼は桁《けた》はずれのものだった。喪の八日目は子ブタ、九日目は大ブタ、最終日は牛と、村の日常生活のレベルからすれば破格の犠牲が払われた。たいへんな出費だが、彼の家は婚礼の準備を整えていたから、それがそっくりそちらに回されたようである。振る舞われた酒も「村の家」に置いてあった大量の喜酒である。

一連の儀礼で私は新しい登場人物に出会った。村の最長老サイ・タオ老人である。頭にロシア帽をかぶり、痩《や》せこけたこの年寄りは、片足が萎《な》えていて、杖《つえ》なしでは歩行もままならない。こんな人は三百余人が住まう村でただ一人である。

いったいにこの村では、身体の不自由な者や寝たきり老人というのはおよそ見当たらない。以前、訪れたコンゴの村もそうだったが、医療設備のない辺境の地域では、野生動物の群れのように身体の弱った者はときを移さず脱落する運命にあるのだろう。逆にいえば、だからこそ、サイ・タオのような老人が尊敬されるわけだ。長く生きるというのは、知恵を蓄え、伝統を維持すること以前に、それ自体がすばらしい能力なのである。

サイ・タオ老人は、ヤン・ティヤックとヤン・ラインの二つの集落におけるジャオ・ピーすなわち司祭である。つまり、わがムイレ村には二人の司祭がいることになる。サイ・タオ老人は村でも有数のアヘン中毒者だった。村で最も重要な人間である司祭の二人が、片方はアル中、もう片方はアヘン中毒だというのだから、しようがない話である。

しかし、このサイ・タオ老人は目つきが鋭く、威厳もあり、うちのヘベレケじいさんよりずっと本物の司祭らしい。下手《へた》なことを言うと、一喝《いっかつ》されそうな雰囲気があった。彼の手によって、長い死者の儀礼はクライマックスを迎えた。

まず、八日目。子ブタを犠牲にしただけで、そのほかは、うちのサム・タオじいさんが出産や家の建て直しのときにやっていたのとほぼ同じ手順である。異なったのは、酒を祖霊に捧《ささ》げるときの言葉がいつになく長かったのと（ニー・サンに直接話しかけていたらしい）、恒例の占いが欠けていたことだけである。すでに運命の定まった死者には、占うことなど何一つないからだ。

そのあとはお決まりの宴会へとなだれこんだ。なにしろ、酒は村中の人間に飲ませてあまるほどある。出席者は競うように杯を空けて酔いにまかせた。が、それまで淡々としていて笑顔さえ見せていたニー・サンの義母イ・ンブレが突如、大声で泣き出し、外へまろび出て、ケシを押し倒しながら墓の周りをゴロゴロ転げまわるのを見て、私は声を失った。「悲嘆に暮れる」と表現するにはあまりに豪快で圧倒的な悲しみようであった。

翌日は儀礼が豪快であった。巨大なブタをつぶしたのだが、それも妊娠しているやつとは豪勢きわまりない。すさまじいまでの往生際の悪さで暴れるブタをアイ・スンらが取り押さえ、サイ・タオ老人が「ヤッ！」と腹の底から出るような気合いでヤリを突き刺した。それにしても、でかいブタだった。ふつうなら火に炙《あぶ》って手で毛をむしりとるのに、このときはなんと鍬を使って畑を耕すようにこそげ落とした。これは珍妙な光景だった。

このブタには出産間近の胎児が七匹も入っていた。これも当然食べる。宴会つづきで胃がもたれていた私は、大鍋《おおなべ》でぐつぐつ煮られる胎児を見ていささかゲンナリし、いったん休憩しようと自宅に帰った。そして、気分のすぐれぬまま寝入ってしまった。胎児ブタがニー・サンの死以来、私の胸に満ちていた無常感を増幅させたのかもしれない。

最終日はきちんと出席した。この日は前回のような湿っぽい場面もなく、ひたすら陽気な酒と飯であった。「もう、これでおしまい」という諦めた明るさがあった。

しかし、ほんとうに「これでおしまい」だったと知ったのはそれから二カ月後のことだった。久しぶりに故ニー・サンの家の前を通りかかった私は啞然とした。家がないのだ。いや、正確にいうと、家屋がくしゃくしゃに潰《つぶ》れている。再利用できそうな材木はあらかた持ち去られ、文字どおりの残骸《ざんがい》であった。一緒にいたアイ・スンが言った。「イ・ンブレが再婚したんで、家がなくなったんだ」

喪のときは人が大勢いて知らなかったが、その家はニー・サンと義母イ・ンブレの二人暮らしだったのだ。ニー・サンが嫁をもらい、そのまま一緒に暮らすはずだったのが急死してしまったため、同居する人間がいなくなった。ワの村では女一人で家を構えることは許されていない。やむを得ず、べつの家に嫁《とつ》いだという。しかし、イ・ンブレはもういい年のおばさんだった。しかも、すでに再婚だったので、今度は再々婚になる。ようやく私は、あのときの彼女の異常とも言える悲しみ方がわかったような気がした。そして、なぜ全財産を投じて豪勢な宴を張ったのかもわかった。「もう、これでおしまい」だったからだ。ブタを胎児ごと食ってしまったことがそれを象徴している。

かつて、誰かからこういうワ人の諺《ことわざ》を聞いたことがある。

「男が死ねば家が絶え、女が死ねば畑が絶える」

まさにそのとおりの結果である。ケシもすでに枯れ草と化して地面に倒れていた。変わらないのは、威容を誇る山並みと青い空、それに牛の頭骨がうなだれている墓だけである。家絶えて山河あり。私たちは黙って故ニー・サン家、いや今や残骸だけになった地をあとにした。

アヘンの強烈な効き目を体験する

私は二カ月以上も村に住み、ケシ畑で仕事をしていたが、アヘンを吸う機会はほとんどなかった。理由はいくつかあるが、一口には、需要も供給もなかったということがいえる。

ワ州はアヘンでもっている地域であり、それゆえに私はここを「善悪の彼岸」と呼んだのだが、実はこの地でもアヘンを吸うのは《国家》によって禁止されている。最初はけっこう意外な感じがしたけれども、よく考えればこれは至極当然の措置《そち》であった。倫理的な問題ではない。唯一最大の外貨獲得手段を無節操に消費されたらかなわないからだ。それに、アヘン吸いになると兵隊としても役に立たなくなる。

ただし、これはそれほど強い禁止令ではないようである。警察が常駐しているわけでもなく、ときおり見せしめのために運の悪い者が罰を食らうだけで、けっこう目こぼしがされている。とくに、長年働いてきた年配の者が嗜《たしな》むのはしかたがないという雰囲気があった。またアヘンは、薬もなく医者もいない村では、古代ギリシア・ローマのように万能の医薬品として人びとに重宝されている。それに《国家》がわざわざお触れを出さなくても、村人自身がアヘン中毒の弊害をよく知っているし、彼らとて貴重な現金収入をあたらドブに捨てるようなことはしない。

たまたまうちの集落にはアヘン吸いが一人もいなかった。軍の代表アイ・スンが同時にアヘン監視役を兼ねていたこともあるが、アヘン吸いを黙認される年齢に達した男の老人がサム・タオじいさんとニー・ランくらいしかいなかったことが大きい。女はふつうアヘンを吸わない。

二人ともアヘンではなく、アルコールに淫《いん》している。あとで聞いたところでは、サム・タオじいさんはかつてひどいアヘン中毒者だったが、「中央《チヨンヤン》」の公安に捕まり、一カ月の強制労働を二度も受けたという。なぜ、彼のような年寄りが槍玉《やりだま》にあがったのか定かでないが、ともかく「もうあんなひどい目にあうのはこりごりだ」と思ったじいさんはアヘンをやめることにした。ただ、禁断症状のきつさを紛らわすために酒に手を出し、アル中になってしまったのは計算外だったろう。

つまり、アヘンを吸おうにも供給がなかったのである。そして、私のほうもあまり交流のない他集落へ繰り出してまでアヘンを吸いたいという気持ちにはならなかった。当然、好奇心はあるが、サムやニーというお目付役がいたし、アヘン監視役が私の監視役でもあるアイ・スンだという事情もあった。たまたま誘われてあの鼻血病で死にかけたニー・ルンのところで一回、それから死んだニー・サンのところで一回、軽く試みただけである。需要もなかったのだ。

それが一変したのは、ニー・サンの喪が明けて一週間ばかりたってからである。村はいつの間にか、新年の「トゥワ」に突入していた。「トゥワ」とは喪のことだとばかり思っていたら、特別な理由で畑に出てはいけない日をすべてそう呼ぶのだった。

すでに、畑のケシは私の胸の高さまで成長し、続々と花を開いているところだった。あの荒れ地が見事に美しい白いお花畑に変わりつつあるのを見て感慨深いものがあった。もっとも、桜のようにいっせいに開花するわけではない。理由はケシ作りが農業だからだ。順番に畑を耕し種をまくから、時間に二、三週間のズレが出る。また、ズレが出ないと困る。いっぺんに全部の畑でアヘンを収穫することは不可能だからだ。それで、初々しいつぼみが頭をもたげようとしている思春期のものもあれば、すでに青春を終えて、ケシの実が熟成するのを待っているものもある。

いずれにしても、草取りはもう必要なく、アヘンの採集にはまだ早いという微妙な時期で、ちょうどそこへ新年の祝いが自然発生的に始まった。暦《こよみ》でいえば、二月の初め（旧正月のころ）である。

仕事を休むのはいいが、毎日毎日、宴会がつづくのには参った。ことに、私のような異邦人は一般人以上に頻繁にお呼びがかかる。それも夜だけならいいが、ここの人たちは朝から飲む。朝夕のダブルヘッダーもしょっちゅうである。二日酔いどころか十日酔いのうえ、生活の不規則さで私はすっかり身体の調子を崩し、脳天から顔面、歯まで痛むという頭蓋骨痛《ずがいこつつう》から始まり、極度の胃もたれと緑色の気持ちの悪い下痢、やがては熱も発するようになった。結局、酒の飲みすぎと風邪《かぜ》なのだろうが、なにせ人が簡単に死ぬところである。病気にかかるだけでも怖いし、第一ひじょうにつらい。

私の病状を見たアイ・スンは「こりゃアヘンを吸うんだな」と言って表へ出ていった。ここに「需要」が生まれたわけだ。

そして、タイミングよく身近に「供給」もあった。他の二集落の司祭にして村の最長老サイ・タオ老人である。彼は、この数日、隣家の「仏のイ・ナップ」のところにずっと寝泊まりしていた。イ・ナップの息子アイ・ルンの嫁さんが赤ん坊を出産したが、その後、嫁さんは乳首が爛《ただ》れて膿《うみ》まで流れ、発熱もあって寝たきりになっていた。例によって、原因不明の病気である。サイ・タオ老人は、イ・ナップ家の親戚であるらしく、常駐してはときどきニワトリを屠《ほふ》ったりして祈禱《きとう》をする。しかし、大半の時間を彼はムシロに横たわってアヘンを吸っていた。アヘンを吸うには、ブツのほかにいろいろと道具がいる。それが隣家にそろっていたのだ。

アイ・スンは一セット丸ごと借りてきた。隣の集落まで足を伸ばさなければならなかったら、彼は面倒がって行かなかったろう。アヘン中毒者は自分の道具をなかなか手放さないからだ。まさに需要と供給がぴったり一致したわけである。

夜の八時ころ、アイ・スンは道具を借りてくると、私の寝床で準備を始めた。アヘンは近ごろのケミカルなドラッグとちがい、前近代的で手間のかかる代物である。吸飲には技術もいる。誰にでもできるわけではない。あとでわかったが、うちの集落でアヘンを自分で吸えるのは元アヘン中毒のサム・タオじいさんを除けば、アイ・スンと、乱暴者で知られるサイ・ナップという男しかいなかった。

さて、アヘン吸いである。手順はつぎのとおりだ。

焼酎《しょうちゅう》を飲むときに用いる大きめのおちょこに小指の先ほどのアヘンを入れ、中国製の頭痛薬の粉と混ぜ合わす。鎮痛・解熱剤には多かれ少なかれ神経をマヒさせる成分が含まれているから、相乗効果を期待するのだろう。タイの少数民族もアヘンを吸うときにまったく同じことをする。

吸飲アヘンの調合をするとき、なぜか自動小銃の弾丸を使ってゴリゴリやるのがしきたりとなっている。小銃の弾はアヘンを量る錘《おもり》になったり、アヘン用のすりこぎになったりと、本来の用途とは離れたところでも忙しい。丁寧に混ぜ合わせること、およそ二十分。それから今度は耳掻《みみか》きを細くした程度の小さい金属の棒で、アヘンと頭痛薬の混合物を少しずつすくってはガラスの風防《ふうぼう》（焼酎のビンを割ったもの）付きの小さい灯油ランプであぶる。こうするとアヘンは粘着力を取り戻しジジジッと音を立てて棒の先端に固まる。

このとき、えもいわれぬ香りが漂い、私は驚いた。この世のものとは思われない馨《かぐわ》しさで、それだけで私は恍惚《こうこつ》となった。もし、私が神を信じていたら、天上の香りだと思ったことだろう。薄青色の煙が虹色にたなびいて見えるようだった。あとから思えば、この匂《にお》いに心を奪われたとき、初めてアヘンがきくようになるのだった。

私は彼の指の動きをじっと追っていた。彼はアヘンをあぶっては手で固める作業を気長に繰り返す。さあ、ようやく吸うぞという段階に入るまで、優に四十分はかかった。

さて、準備が完了すると私たちは寝台に寝そべった。古い写真や映画などで見る「阿片《あへん》窟《くつ》」のイメージそのままである。アイ・スンは竹のパイプを取り出した。さすが、サイ・タオ老人のものだけあって年季が入っている。パイプといっても、タバコのそれを想像すると見当ちがいだ。吸い口のついた細い竹筒にもう一回り大きい竹筒が取りつけられており、その大きいほうの表面に小さな穴がぽつりと開いているだけである。

アイ・スンはまず自分で吸って手本を示してくれた。竹筒の表面に小さく開いた穴の周りにアヘンをくっつける。それをランプのちょろちょろした極小の炎にあててあぶる。また、ジジジッと音がして、同時に煙を吸い込む。吸い込みながら、竹筒の表面のアヘンを調節する。穴がつまると煙が入らなくなり、穴が大きすぎても煙が逃げてしまう。この調整加減が難しい。

「ニョーム、ニョーム（うまい、うまい）」とアイ・スンはうなずいて、ケヘヘヘと笑った。聞けば、昔、戦地から帰ったとき身体の具合が悪くなり、三カ月間、毎日アヘンを吸って治したという。三カ月も吸えば、立派な中毒者だ。よく断ち切れたものである。もっとも、こうして、おりにふれ密《ひそ》かに楽しむことはあるのだろう。

私の番になった。ランプの火にアヘンをあてながら、ゆっくりと長く吸い込む。私の吸気でゆらめく薄い炎、ジジジッというアヘンが身を焦がす音、たなびく天上の香り、そして肺ではなく腹の底に降りていくようなモワッと柔らかい煙。

アイ・スンと交互に何回吸っただろう。時間にして一時間以上たっていた。アヘンはなくなり、アイ・スンは「そのまま静かに寝ていろ」と言って寝床を出た。言われるまでもなく、私はもう夢うつつであった。しかし、このアヘンの効き目のすごさといったら！頭蓋骨痛も、胃の不快感も、下痢も、節々のだるさも瞬時に消えてなくなった。身体は毛細血管の隅々まで暖かい血流がめぐり、全身がふわふわと浮き上がるような感じだ。眠りに引き込まれるときのあの心地よい瞬間が持続しているのを想像してもらえば、いくらかわかるかもしれない。

うとうとしながらも半分覚醒《かくせい》しているので、いつの間にか集まってきた周りの人間の声も聞こえる。ただ、それも途切れ途切れで、夢とも妄想ともつかないものにとらわれる。こんなに気持ちのいいものとは知らなかった。しかも、それが一晩つづいたのだ。

需要と供給が結合したところで初めて事はなる。しかし、それが私のアヘン中毒への第一歩だとは、このときは夢にも思わなかった。

「板夢」の心地よさとは何か

初めてアヘンの効果を堪能《たんのう》した翌朝は気分爽快《きぶんそうかい》であった。ぐっすり眠ったわけではない。うとうと状態が長くつづいただけである。その証拠に午前中は夢も見ずに眠った。午後、目覚めると、病気の諸症状はすべておさまり、食欲はあるし、元気いっぱいで、気持ちもいつになくくつろいでいる。酒宴に呼ばれても絶好調で、プライコーを際限もなく飲み、それがまた旨《うま》かった。が、夜になると、急に具合が悪くなってきた。預けていた荷物が丸ごと返送されてきたように、強烈な頭痛と胃腸の変調が私の身体に戻ってきた。一晩、苦しんでから翌日、アイ・スンにふたたび「治療」を頼んだ。

アイ・スンはアヘンと吸飲セット一式を持ってやって来たが、それらはいずれも前回のものとはちがった。アヘンは、前回のものが昨年収穫された古米ならぬ古アヘンであったのが、今回は収穫されたばかりの新アヘンであった。アヘンの採集を始めている家から分けてもらったらしい。いかにも採れたての産地直送といった新鮮さで、臭《にお》いがきつく、まだべとべとしている。吸飲セットも、様変わりしていた。ランプは乾電池を切ってその外側の器を利用したもの、パイプも裏の竹やぶから大小二本の竹を切り出したものとすべて即席の作品である。アイ・スンは私の寝床に来てからも山刀で丁寧にパイプの形を整えていた。商品として出荷するかのような気の入れ方だった。

新アヘンは古アヘンより旨く、値段も高いとのことだが、初心者の私にはそこまではわからない。ただ、身体的苦痛から逃れたい一心で、煙を貪《むさぼ》り吸い、アイ・スンを苦笑させた。結果は前回のようなめくるめくような快感こそ得られなかったが、症状はピタッとおさまり、夢うつつ状態が夜明けまで持続したのは同様である。翌日は元気になり、また飯や酒を飲み食いし、夕方には具合が悪くなるのも、まったく同じ道筋であった。

結局、アヘンは風邪薬や胃腸薬といった、われわれが日ごろお世話になっている医薬品と同様、「対症療法」的な薬物なのだ。症状を抑えることによって、身体が自力で治癒《ちゆ》するのを助けるのである。だから、いくら気分がよくなっても安静にしていなければならないのに、あまりにも強烈に効きすぎるため、ついそれで完治したような錯覚に陥る。それで相変わらず不規則かつ不摂生な生活をしてしまう。これでは治るものも治らない。

こうして、二日サイクルで私はアヘンの助けを借りるはめになった。しかし、これはアイ・スンに対しては気が引けることだった。倫理的な問題というより、本来、換金商品であるアヘンを消費するからだ。彼は、初めはよその家から分けてもらってきたものを、のちには自分のケシ畑で採れ始めたものを用意してきたが、どちらにしてもタバコなんぞとは比べものにならない高級品である。

私が金を払って買えばよかったのかもしれない。というより、日本の感覚ならそうすべきところだろう。が、私は妙に潔癖なところがあり、村の習慣を覆すのが嫌だった。アヘンを吸うために金を払うなどという人間は村にはいない。あれば吸う、なければ吸わない。それが基本的な姿勢である。また、親友であるアイ・スン相手にビジネスライクな関係は持ちたくなかった。

結局、私は自らに課したルールのため、遠慮しいしいアイ・スンにアヘンをねだるという、実に愚かしいことを繰り返した。これにアイ・スンが鷹揚《おうよう》に応《こた》えたのは、彼自身、アヘンを吸うのが好きだからだということにやがて気づいた。立場上、あまり表立ってはやれないが、「アイ・ラオの病気治療のため」という名目があれば不自然ではない。ただ、彼はいつも私の半分ほどしか吸わなかった。

さて、その効果であるが、病気の症状に対しては依然としてほとんど信じがたいくらいの即効性を示した。一方、あの宙にふわふわと浮かぶような至福の快感は最初の一回きりで、二度と味わうことはできず失望したが、それにとってかわった、もっとマイルドな夢うつつの心地よさもなかなか捨てがたいものだった。

アヘンが惹起《じやつき》する夢はきわめて特殊なものである。「板のような夢」を見るのだ。イメージとしては水芭蕉《みずばしよう》が咲いている尾瀬《おぜ》の湿地にあるような細い板の上を、どこまでもどこまでも歩いていくという感じだろうか。歩く板の道に何の起伏も変化もないように、感情の動きが欠落し、ひたすら平べったくてのっぺりとした気分である。

夢といっても、やはり半分目覚めているので夢想というほうが正確なのだろうが、記憶が寸断されるようで、つぎの瞬間には前に頭に浮かんでいたことが、さっぱり思い出せない。ただ、昔の思い出や前の日に村であったことや、まったくの白紙といっていいこれからの人生模様などが、とりとめもなく折り重なって、板の上を歩く私の横を音もなく通りすぎていく。

べつに楽しいことはない。満足感もない。快感すらない。そういう積極的な喜びとは無縁である。では、どうして心地よいのだろう。自分でも不思議になり、正気に戻ったときに、いろいろと考えてみたのだが、どうも「欲望の器」が小さくなるせいではないかと思い至った。

人間は生まれながらにいろいろな欲望を持っている。比喩的《ひゆてき》にいえば、欲望は器のようなものである。ふつう、人間が楽しいとか嬉しいとか感じるときには、その器に清水なり蜂蜜《はちみつ》なりがたっぷり満ちる。文字どおり「満足」とか「充実」とかいう状態だ。人が生きていくのはそういう欲望が原動力となっているのはいうまでもない。ところが困ったことに、欲望の器は満たされるたびに、どんどん大きくなる。それでまた懸命に中身を注《つ》ぎ足《た》そうと努力する。仏教でいう「煩悩《ぼんのう》」に当たるかもしれないが、そこに人生の醍醐《だいご》味《み》があるともいえる。

その意味では、アヘンの心地よさはまったくもって反人生的である。アヘンの効能はもっぱらその「欲望の器」を小さくすることにある。器が小さくなれば、中身の不足はたやすく補える。ネガティブな「満足」だ。反人生的であるが、釈迦《シャカ》の教えそのままといえなくもない。一所懸命頑張ろうなんて気は起きないし、緑色野菜以外のものを食いたいとか、日本語で思う存分友だちとしゃべりたいとか、日ごろ切望している欲求はまったくどうでもよくなるのだ。働きたくもない。遊びたくもない。ただただ現状に甘んずる。それが「板夢」による心地よさの正体ではなかろうか。

もちろん、私はまだまだ病気治療のためにアヘンを吸飲している段階で、アヘン中毒にはほど遠く、真のアヘン中毒者の気持ちはわからなかった。ただ、「板夢」を延長していけば、心の平和さ加減では仏教の高僧にもひけをとらなくなるだろうという気がしていた。ただし、はたからアヘン吸いの様子を見れば、まったくべつの印象を受ける。アイ・スンの家で本物のアヘン吸いを見たときには慄然《りつぜん》とするものがあった。それはアイ・スンの親戚のおじさんという見慣れぬ人物だったが、朝から晩までずーっとパイプをふかしつづけていた。比喩ではなく、朝から晩までだ。なぜそれを知っているかというと、私もお相伴にあずかって朝から晩までアイ・スン家でごろごろしていたからである。ただし、私は彼の五分の一ほども吸わなかった。アヘン一服をワ語で一ドンといい、私はだいたい七〜八ドンで心地よくなり、二十ドンを超えると冷汗をかいたり、動悸《どうき》がしたりという副作用が出た。それをこの人は軽く百ドン以上吸い込んでいたのだ。

何か用があったからこそ、アイ・スンの家を訪れたはずなのに、口もきかない。心ここにあらず、というより心などどこにもない感じだった。たまに起き上がるが、およそ生気というものがなく、無感情な「板顔」である。まさに廃人。まさに反人生。心の平和を追求して心を失うとはこれいかに。

さて、私の体調不良は二週間余りで、いつの間にか回復した。ちょうどこれからいよいよアヘンの採集が始まるというところだ。このあたりで、私の二日に一回のアヘン吸いの習慣は終わった。そして、これから、三日に二回のアヘン吸い習慣が始まったのである。

「ロマンチック」な村生活

新年の「トゥワ」は結局、三週間もつづいたが、その間、村は酒浸《さけびた》り、私はただアヘン浸りになっていたわけではない。なまじ外に仕事に出ないので、村にはいつになくさまざまな出来事が起きた。

まず、目をひいたのはケンカ、諍《いさかい》のたぐいである。それまではケンカどころか、陰口をきいているような人に出くわしたことすらなかった。ワ人は穏やかな性質なんだと感心しつつ、しかし人間が一定以上の人数で形成している集団で争いごとが全然ないというのも納得しかねた。もっともこれだけ緊密に閉じた集団だから、一度敵対関係が生まれたら面倒なことになるだろう。それゆえに自然に抑制機能が働いているのかもしれない……。といった私の形而上学的《けいじじょうがくてき》な推測を一気に吹き飛ばしたのが、「仏のイ・ナップ」と酔いどれ司祭サム・タオじいさんの派手なケンカであった。

前にも書いたが、「仏のイ・ナップ」ほど温厚で親切な人はいない。いつもおっとりとした笑みをたたえ、とくに因縁のない私にもよく気をつかってくれた。私が彼女のケシ畑で草取りを手伝った日には毎回、夜に焼酎を出して労をねぎらってくれたし、収穫のときには「おっきいおっきいアヘンをあげるからね」と真っ先に言ったのもこの人であった。彼女の家は、軍のトラック運転手をしているかたわら商売もしている長男のアイ・ルンのおかげで、集落では最も生活に余裕がある。そのせいか、どことなく、日本の「品のいい奥さま」にも似た雰囲気がある。

これも「トゥワ」の最中のことであったが、彼女の家で酒に呼ばれた日、私は財布を落とした。そのときは例によっていろんな人間でごった返しており、たいして中身も入っていなかったので追及するのを諦め、うっちゃっておいた。ところが、彼女はそれを気にして、夜遅くにもかかわらずサム・タオじいさんを呼んで、なんとニワトリを一羽屠って、探し物の祈禱をしてくれた。

これには驚いた。いくら村では裕福な家だとはいえ、あくまで他の家と比べて若干ゆとりがある程度の話で、しかも裕福な人間が気前がいいとはかぎらない。実際、彼女の息子は吝嗇《りんしょく》な男であった。それが、他人の失せ物《うせもの》のために貴重なニワトリを放出したのである。翌日、ニーが「珍しく迷信がきいたな」と妙なことを言うので、わけを聞いたところ、その祈禱のおかげで、財布が見つかったのだという。ニー・タイという男の子が持っていたらしい。実際には、儀式のおかげというより、イ・ナップが朝から集落の家を一軒一軒まわって訊《たず》ねた結果だろうが、いずれにせよ、そこまで面倒見のいい人は、人情味あふれるこの村でもほかにはいなかった。「仏のイ・ナップ」と私が呼ぶ所以《ゆえん》だ。

私が最初に遭遇したケンカがその彼女とサム・タオじいさんだったから、驚きもひとしおだった。それも単なる罵《ののし》りあいではない。じいさんの家でドタバタとすごい音がするので飛んでいくと、あろうことか二人がすごい形相で取っ組み合って、床の上をごろごろ転がっているのである。

私はしばし呆気《あっけ》にとられていたが、気を取り直して、二人を止めに入った。とりあえず、家のなかからじいさんを引きずりだし、さらに薪《まき》をふりかざして追いすがる「仏のイ・ナップ」とのあいだに割って入って「やめろ、とにかくやめてくれ！」「いいかげんにしてよ、ぼくは悲しい」などとわめいた。さすがに、そのへんで両者とも落ち着きを取り戻したが、気がつけば、当事者以外で慌てふためいているのも悲しがっているのも私一人で、周りの野次馬はのんびりと観戦している。

私は、毛抜きでヒゲを抜きながら見ていたアイ・スンに「どうして止めないんだ？」と訊ねたら、「よくあることさ」という答が返ってきた。サム・タオじいさんとイ・ナップの抗争がよくあるのか、それともケンカがよくあるのか。

話によれば、いつも酒代で汲々《きゆうきゆう》としているじいさんがイ・ナップに借金を申し込んだところ断られたのが発端だというのだが、それがどうして取っ組み合いに至るのかさっぱりわからなかった。もっと不思議だったのは、翌日サム・タオじいさんの家の飲み会に呼ばれて出かけていったら、イ・ナップがいつもの慈悲にあふれた笑みを浮かべ、じいさんと談笑していたことである。ふつうに考えれば、あれだけ派手なケンカをすれば、下手をすれば絶交、最低でも一、二週間の冷却期間が必要だろう。私は首をかしげるばかりだったが、その後頻発したケンカを見て、何となく理由がわかってきた。

ある日、集落きっての暴れん坊であるサイ・ナップが自宅の飲み会でもう一人の男をいきなり大声で怒鳴りつけ、あげくに外に追い出して突き飛ばすということがあった。非は「ここの酒はまずい」というようなことを言った相手の男にあったらしく、その男がやり返さなかったのでケンカにはならなかったが、サイ・ナップの癇癪《かんしゃく》はすさまじいものがあった。ところが、翌日、べつの家の宴会では二人が仲よく並んですわり、楽しげに話をしていた。二十人もの人間がいたのだから、偶然ではなく、わざわざ一緒にいたとしか思えない。しかも、そのとき、またしてもちがう男たちが突然、顔色を変え、立ち上がって罵倒《ばとう》しあうと、サイ・ナップとその相手が二人そろって「まあまあ」「もう、いいじゃないか」と割って入ったので、私は笑ってしまった。

「江戸っ子は宵越《よいご》しの銭は持たない」というが、どうもここの人間は「宵越しのケンカはしない」というのを金科玉条《きんかぎょくじょう》にしているようなのである。どちらが悪いかは問わず、とにかく一晩寝たら、間髪入れずに仲直りする。私は村人ではないのでほんとうのところはわからないが、見ているかぎり、それは不文律というより、そうしないと野暮だという気配がある。というのは、前の日にもめた二人は、まるで競うようにして相手のところへ出向き、自分から先に友好を回復しようとするからだ。

私も一度、市に出る未亡人のイ・ナップに金を渡し、買物を頼んだところ、あとで精算のつじつまがあわなくなってもめたことがある。そのとき、イ・ナップはプライドを傷つけられたと思ったのだろう、こちらがびっくりするほど憤り、捨てゼリフを残して私の家から飛び出して行ってしまった。

私は「もうあの人とは当分、仲直りできないな」と嘆息したが、何のことはない、翌朝、イ・ナップがあらわれ、「これを食いな」と言って、モチをくれたのである。ワの村でも正月はわずかながら薄い円盤状のモチを食べる。私は感謝感激したが、この人から野菜以外のモノをもらったのはそれが最初で最後だった。つまり、機先を制して仲直りをするためのモチなのであった。

このように、個人と個人のトラブルは、まことにシンプルかつ有効な方法で解決される。個人の扱う範囲を超えると初めて自治体としての村が乗り出す。たとえば、隣のヤン・ライン集落のケシ畑をうちの集落の水牛が荒らしたという問題が起きたことがある。水牛はケシの天敵である。少しでも柵《さく》が甘くなっているとズンズン畑に入り込み、ケシの葉を茎ごとバリバリ食ってしまう。私も何度、谷間のケシ畑に入り込んで大事なケシを貪っている水牛を「こらあ！」と怒鳴りながら石をぶつけて追い払ったことかわからない。ちなみに、水牛（正確には水牛の頭骨）はワ人のシンボルである。ワ人のシンボルがワ人の飯の種であるケシを大好物としているのだから世話はない。

その事件のときは、村長のアイ・ムン以下、村の役持ちが集まって、荒らされた畑を検分し、結局、うちの集落がその畑の持ち主にアヘン六両（三〇〇グラム）を賠償することで片がついた。

しかし、どうにも解決がつかないもめ事というのがこの村にも存在する。それは家庭内の諍である。親と子、夫と妻。いちばん近しい関係がこじれるといちばん修復しがたいという原則はここでもあてはまる。家庭の問題を抱えている家はうちの集落では十七軒中三軒あった。

そのうちの一軒は「仏のイ・ナップ」の家であった。ここはイ・ナップと長男夫婦の仲が悪い。長男は軍のトラックの運転手でふだんはほとんど家にいない。かみさんも村ではなく、市の立つグランゴー郷で店をやっている。それが出産のため、二人して村に帰ってきたのはいいが、しょっちゅうイ・ナップとロゲンカをしていた。かみさんは出産後、例の乳首が膿《う》んで高熱を発する病気で寝たきりになってしまったが、それでも息子と母親による大声の口論が聞こえてくる。

原因はよくわからないのだが、どうやらもともと気が合わなかったうえ、戻ってきた息子が毎日何にもしないで、初めは最長老のサイ・タオ老人と、あとになってからは同年輩の友だちを引き込んでアヘンを吸ってごろごろするようになったこと、病気治療祈願と称してはニワトリや牛をつぶしてどんちゃん騒ぎをすることにあるらしい。

実は、この息子が関わっている商売というのがアヘン売買で、そのおかげでイ・ナップ家は潤っているのだが、それで息子が驕《おご》っているのは、はたから見ていてもわかった。篤実な母親と、やり手だが傲慢《ごうまん》な息子という図である。結局、長男は病の癒《い》えない嫁さんを抱えて村を出てしまった。

おつぎはサム・タオじいさん宅。大げさにいうと、イ・ナップ家が富める者の不和だとすれば、こちらは貧する者の不和であった。

じいさんには十二歳くらいの末っ子の男の子がいる。何しろ親父は飲んだくれで、金はないわ、酔っぱらって人にからむわといったありさまだし、一方、母親、つまりじいさんのかみさんは、ちょっとおつむが弱いんじゃないかと疑うような薄ぼんやりとした人である。この二人からどうしてこんな子どもが生まれたのかと思うくらい賢そうな息子には、この家がやりきれなかったにちがいない。家出を企てた。といっても、ほかに行くところがないからグランゴー郷へ行ったらしい。家出となると、やはり町かそれに類した場所に行くのである。

私は市に出かけるとき、母親から「息子がいたら連れて帰ってほしい」と言われ、実際に市で少年を見かけたので、ジュースと菓子を買い与え、「おかあさんが心配しているよ」と言い聞かせて村に連れて帰った。そのときはそれで収まったのだが、この少年はそれから二週間もしないうちにどえらいことをしでかした。集落の三軒の家から総額三百元（当時、約三千六百円）もの大金を盗んだのだ。前代未聞の事件である。

村の各家は入口の扉こそしめるが、鍵《かぎ》などかけない。村で盗みなど起きたことがないのだ。そのうち一軒の家で「金が盗まれた」と騒ぎになった当初も、私を含め、「内部の者の仕業だろう」という見方が大半を占め、おかげで被害を受けた家では大ゲンカになり、とくに独身のまま居候していた集落の三長老の一人アイ・タオは、疑われたことに怒って外で寝起きするようになってしまったくらいだ。数日後、息子が大金を隠し持っていることに気づいたサム・タオじいさんが問いつめたところ、白状したらしい。じいさんは息子が盗んだ金を返し、子どもは一カ月、自宅謹慎処分となった。この子はいずれ村を飛び出して、もっと大それたことをやらかすような気がしてならなかった。

最後の一軒が夫婦の不和だが、これはワ人ならではの特殊な事情によるものである。私が村に初めて入ったとき、郷長が私に対してあからさまに迷惑そうな顔をしたことはすでに書いた。村に滞在するにあたって、唯一の懸念がこの郷長だったわけだが、幸いにも彼はほとんど村にいることがなかった。彼は隣のムイレ郷に若い第二夫人がおり、そちらを生活の拠点にしていたからだ。

ワ人は伝統的に一夫多妻を認めているが、実際に奥さんを二人以上持つ者は少ない。よほど経済力がないと二つの家庭を養うことができないからだ。ふつうの村人にはまず無理な相談で、軍の幹部か行政の長、アヘン商人にほぼ限られる。うちの集落では郷長しかいない。村全体でも三、四人だろう。

さて、ワの世界で一夫多妻が認められているからといって、妻が納得しているかといえば、それは別問題だ。円満にやっているケースもあるのだが、必ずしもそううまくいくとは限らない。その証拠に郷長の第一夫人イエッ・レーはたまに夫が帰ってくると、初めのうちこそ機嫌がいいが、必ずといっていいほど諍を起こした。

暴れん坊サイ・ナップの婚礼のときだったが、郷長が寒空の下、上半身裸でぶるぶる震えながら飛び出してきたのには笑ってしまった。彼は、ひじょうな寒がりで、いつもセーターやら上着やら、ありったけのものを着こんでいるだけに、なおさらおかしかった。

「おれには服を洗ってくれる女房がいないから、もう着ない」というわけのわからない理屈で着服拒否をおこなった模様である。ちなみに、怒ると衣服を脱ぐというのがここの人間（男だけだが）の得意技らしく、この婚礼の最中に隣の集落の若者とケンカしたアイ・スンは、トランクスのパンツ一枚で村中をのし歩いていた。

郷長夫妻の場合、私がきっかけとなった騒ぎもあった。あるとき郷長がポラロイド写真を撮ってほしいと伝言をよこしてきた。行ってみると本人はおらず、第一夫人イエッ・レーが怒り狂っていた。

あとでサムに聞いたところ、実は、郷長は第二夫人と記念写真を撮ってもらいたかったのだ。しかし、それにはイエッ・レーが邪魔だ。そこで彼は、誰かに口実を作ってもらい、イエッ・レーをグランゴー郷の市に連れていかせ、そのあいだに第二夫人を村に連れ込むという姑息《こそく》な手を使った。ところが、どこかで手順が狂ったらしく、イエッ・レーが予定より早く村に帰ってきた。「ここはあたしの家だよ！　二人ともさっさと出ていきなさい！」と、彼女はすごい剣幕で怒り、郷長らは尻尾《しっぽ》を巻いて逃げた。私が彼の家に行ったのはその直後のことだった。

イエッ・レーという人にはもう孫がいる。娘婿はあの鼻血病で死にかけたニー・ルンである。だから四十歳はとっくに過ぎているはずだが、もともと美人なうえ、村の女性にしては珍しく色気と可愛げがあった。私が村でただ一人、大人の女性としての魅力を感じる人だった。どうして郷長がこの奥さんを事実上放棄したのか理解できない。ただ若いというだけで、ほかの女に目移りし、人間としてははるかに魅力的な本妻とうまくいかなくなった愚かな男というところだろうか。

イエッ・レーは私と仲がよかった。とくに新年の「トゥワ」のころから、彼女が夜更けてふらっとあらわれるようになった。ただし、べつに変な関係ではない。彼女は私が客人用に常備していた酒目当てでやって来るのだった。ワ人は女性も酒を飲むが、率先して一杯やる好き者は彼女くらいしかいない。やはり淋《さび》しかったのだろう。

酔いがまわれば、目を閉じ、頬《ほお》に手を当て、「アアア〜」と浪花節《なにわぶし》のような即興の歌を吟じるのがつねであった。彼女のこの酔歌《すいか》は村でも有名で、私はその物真似《ものまね》を第一の宴会芸としていたくらいだ。といっても、歌の内容はお笑いではない。怨恨《えんこん》である。

「アアア〜、あたしには、愛してくれる人は、アアア〜、もういない〜。アアア〜、あの人はほかの女の家へ行き、アアア〜、もう帰ってこない〜。アアア〜、あたしはどうしてこんなに、アアア〜、不幸せなんだろう〜」

ケンカと諍の話が思いがけず長くなってしまったが、卑近であるだけに肌身にしみる人間ドラマなのだからしかたがない。さらに目を集落や村全体に広げれば、事件やドラマには事欠かなかった。暴れん坊サイ・ナップのところでは、祝言をあげてからわずか三日後に、新婦の兄が半年前に戦死したという知らせが届き、すぐさま喪に入ったのがそのいい例だろう。

もっと大きな出来事は、現在の場所から歩いて十五分くらい離れた山の上に村を移転させることが決まり、村開きの儀式がおこなわれたことだ。そこはカラッ風がびゅうびゅう吹きつける、鳥葬の場を想像させるようなところで、あまりにも寒いので、儀式が終わりしだい、みな早々に引き揚げたくらいだ。そんなところに移住するなんて、どうかしている。だいたい家一軒建てるのにも苦労するのに、六十二軒もの家が引っ越して家を建て直すなど、気が遠くなるような時間と労力の浪費だ。村のやり方には口を出さないと決めていた私も、思わず、アイ・スンたちに「そんな馬鹿なことはやめろ」と強く意見してしまった。彼らもいつになく重苦しい表情だったが、「今の場所は死者が多すぎるんだ。しかたがない」と言う。つまり、縁起《えんぎ》が悪いということらしい。なんでもその鳥葬場じみたところは、八代前の祖先が住んでいた場所だという。祖先の霊にすがろうというのかもしれないが、死者が多いのは戦争が絶えないせいだ。土地のせいではない。彼らは、首狩りの時代から、突然、現代史のまっただなかに投げ込まれ、しかも当人たちはそれが自分らの不幸の原因になっていることに気づく機会すら与えられていないのだ。いつかふたたびこの地を訪れたとき、村がすっかり様変わりしている姿を想像したらやりきれなくなった。

　私に関することでいえば、二月末、歴史家タ・クン・パオのおやっさんから呼ばれ、クイマー区に行ったことがあげられる。日が暮れてから、おやっさんの使者があらわれ、ちょっと面倒だったが、アヘンの効果が持続しているときで体調はよかったし、クイマー区に行けば、じゃがいもやキャベツの炒《いた》め物といったご馳走《ちそう》や、うまくすれば卵が食えることを思い出し、夜の山道を歩いていった。

　おやっさんの泊まっている宿舎を訪れると、彼は私とニーが身の回りのものしか持っていないので、不審そうな顔をした。私たちを連れて、そのままパンサンに引き揚げるつもりだったのだ。私が「まだ、アヘンの収穫が始まったばかりだから、帰るわけにはいかない」と言うと、また怪訝《けげん》そうな表情を見せた。彼によれば、ほかの村ではとっくにアヘンの収穫が始まっており、すでに終わっているところまであるという。どうも、ムイレ村はちょっと特殊らしい。「新年で三週間も酒を飲んでいる村なんて聞いたことがない」とおやっさんは、ぶつくさ言った。

もっとも、それだけが、おやっさんの用件ではなかった。ワ軍のボス、タ・パンが、私の「アヘン＝モルヒネ化計画建白書」に興味を示している。だが、私とサムの合作レポートは構成がわかりにくいうえ、文章も稚拙《ちせつ》なので書き直せと指示が出たという。

「書き直せと言ったって、ぼくにはあれ以上はできませんよ」

「英語ができる人間がいるから、明日その人と協力してやれ」

おやっさんは、ぶっきらぼうに命じた。

私は、ワ州のひどい知的人材不足を知っていただけに、英語ができるといっても、どうせ中学生に毛が生えた程度の若い者が出てくるのだろう、面倒な話だと思った。

ところが、翌朝あらわれたのは、たしかに若い者にはちがいなかったが、かなり器量のいい、しかもワ州では見なれぬ垢《あか》ぬけた女性であった。縁の赤いメガネをかけ、腰まで届くさらさらの髪を一つに結ったこの女性は、見たところ二十代半ば、背が高く、ほっそりして肌の色も真っ白なことから中国人だとすぐわかったが、驚いたのはその英語の流暢《りゅうちょう》なことだった。私の比ではない。発音もネイティブに近い。

「私の名前はヘレン。はじめまして」と快活に右手を差し出す仕種《しぐさ》も欧米人さながらで、ちょっと場違いの感すらあり、村から出てきたばかりの私は完全に意表をつかれてしまった。

ヘレンはクリスチャン・ネームで、本名、斉海蘭《チーハイラン》という。タ・パンの専属秘書であった。雲南大学でジャーナリズムを専攻したが、そのときの教師がアメリカ人で、授業もレポートもすべて英語だったというから、できるのはあたりまえである。卒業してからは雲南省の新聞「昆明日報」の記者を五年間つとめたが物足りず、作家になるための経験を積むため、知り合いのつてでこのワ州に身を投じたという。来たのは前の年の十一月というから、私より一カ月遅れだ。私がパンサンでタ・パンと会見したときには、彼女はまだいなかったのだ。

われわれは、ただちに職務に取りかかった。彼女がレポートの内容を確かめ、私がそれに答えるという形で仕事を進めたのだが、彼女は、中国語の文章について英語で議論するという厄介な作業を難なくこなした。レポートの書き方は知っているし、何よりも私が言いたいことの要点をパッとつかむ。おやっさんが「歴史《リーシ》」についてあれこれ言ったが、「ここでは歴史は関係ありません」とスパッと却下し、今まで言葉が足りなくて真意が伝わらなかったところを代弁してくれ、私は溜飲《りゅういん》の下がる思いがした。ワ州で初めて「話せばわかる」という人と出会ったわけである。

作業が終わったのは、午後三時半くらいだったろうか。ヘレンに「タ・パンは今、ここに来ているの？」と聞いたら、大笑いされた。昼食のとき、私にしきりと鶏肉《とりにく》をよそってくれた男がいたのだが、それが夕・パンだったのだ。私は、まったく同じ過ちを二度も繰り返してしまった。私はその人物の、文字盤にルビーを埋め込んだ金時計に目を奪われ、「迷彩服を着ているから軍人なんだろうけど、よっぽど金まわりがいいんだろうなあ」と感嘆していたのだから、ますます話にならない。しかも天真爛漫《てんしんらんまん》なヘレンは、携帯無線でわざわざボスを呼び出し、「彼はあなたに気がつかなかったんだって」と楽しそうにしゃべったので、私は参ってしまった。

クイマー区は夕・パンの出身地で、中国式の立派な「夕・パン御殿」があるのだが、その御殿でプライコーの飲み会があった。夕・パンは私の顔を見るなり、「おれが老百姓《ラオパイシン》（一般庶民）に見えるのか」と聞いてきた。礼を欠いたのは私である。が、その「老百姓」を侮ったような物言いが気に障り、私としては珍しく、「ええ、とても総司令官には見えませんね」と言い返した。

翌日、ヘレンがやって来て、「もう少し書き直す」と言う。といっても、夕・パンがこうしろと命じたという、どうでもいいような細部を変えるだけなので、彼女が一人でさっさと仕事を終えた。彼女によれば、夕・パンはこのレポートが「大いに気に入った」とのことだった。

仕事のあと、戸外に出した椅子《いす》に腰かけ、ヘレンと少し話をした。英語だから誰にも聞かれる心配がなく、彼女はけっこう率直な話をした。たとえば、初めてタ・パンのところに着くや、ビルマ政府の大立者であるキン・ニュン第一書記から、ワ軍に対する抗議のテレックスが入り、英語から中国語の翻訳をやらされて慌てたそうだ。私は、ビルマ政府とワ軍がテレックスでやりとりしていることを初めて知った。彼女はワ州に単身で乗り込み、五年はいるつもりだという。タ・パンが行くところは、中国であろうとラングーンだろうと、どこでもついていくとのことだった。タ・パンとの会話を聞いていてもまるで父娘のように親しげだった。

彼女は彼女で、私のような日本人がワ州の事情に明るく、しかも村に入って生活していることに驚いたようだ。

「私も、ワ州のいろんなところを見てみたいし、ふつうの人たちの生活に触れてみたいんだけど、総司令官といつも一緒にいなきゃいけないから……」とちらりとグチをこぼし、それからこう私に訊ねた。

「あなたは村で何をしてるの」

「村の人と一緒に生活したり、おしゃべりしたりする」

私は馬鹿みたいな答を返した。すると、彼女は目を輝かせて叫んだ。

「ハウ・ロマンティック（なんて、ロマンチックなの）！」

私は大笑いした。

私たちが腰を下ろしているところからは、正面の山の中腹にあるムイレ村がよく見えた。草葺屋根《くさぶきやね》が貧相に軒をつらねている。

彼女は、ワ州が現在置かれている政治状況やアヘンを含めたワ軍の極秘事情を、外部の人間としては誰よりもよく知っているはずだ。どんなジャーナリスト、どんな政治家よりも。その情報には億万の値がつくことだろう。

しかし、彼女は知らない。村で暮らすというのが、いかにしんどく、いかに平凡でロマンのかけらもないかということを。また、彼女は知らない。あのちんけな村のなかに、掛け値なしの、愛と憎しみ、喜びと哀しみの人間ドラマが渦巻き、ワという民族の悲哀が凝縮されていることを。

収穫の熱い季節がやって来た

三月。暑い季節がやって来た。

ここワ州はかなりの内陸部ながら東南アジアの亜熱帯モンスーン気候帯に属する。年によってズレはあるが、だいたい六月から十月までは激しい雨の降る雨季、十一月から二月は雨がほとんど降らず冷涼な寒季、そして三月から五月にかけて、やはり雨は降らないが気温が猛烈に上がる暑季。特徴的なのは、一年で最も冷え込むのが二月でありながら、つぎの三月はもう夏に入ることだ。つまり、真冬からいきなり夏に突入することになる。もちろん、ワ州は山間部なので、タイやビルマの平野部のような猛暑ではないが、寒季の最低気温が零度近いだけに、その温度差は大きい。一日ずつ、階段をとんとんと上るように気温が上昇していくのが身体で実感できる。

極端に短い春を逃すまいと、さまざまな草木が慌てて花開くのもこの時期である。山では、日本の桜によく似た木に白い花がどっと咲きほころぶ。花見でもしたくなるような艶《あで》やかさだが、風に吹かれても花びら一枚落ちないしぶとさが、日本的な諸行無常の感からほど遠いワ州のものらしい。

野では、ワ語で「ループ・クラ」、雲南の中国語では人民解放軍が植えていったという伝説のため「解放草《ジェファンツァオ》」と呼ばれる草が、やはり白い花を咲かせる。牛馬も食わないため、いたるところにはびこっている雑草で、私はその葉を野ぐその尻ふき紙がわりに使っていたが、それだけに清楚《せいそ》でつつましやかな和菓子のような花をつけるのは意外であった。おかげでひなびた村も急に上品な趣《おもむき》を呈するようになった。

畑ではケシの開花が絶頂期を迎えていた。日本で鑑賞用に栽培されるいわゆるポピーに似ているが、花はあれほど平べったくなく、上下に長い分、もっと気品がある。ここではほとんどが白い花で、たまに赤（ワ人は「黒」と言う）、ごく稀《まれ》に紫の花が混じる。八重咲きのものもある。草の背丈は思ったより高く、身長百六十七センチの私の胸元あるいは顔くらいまであった。

暑い季節の始まりは、熱い季節の始まりでもある。アヘンの採集だ。半年にも及ぶ村人の苦心が報われる、そして年に一回、現金収入のもとが各戸に流れ込む時期である。ふだん、どちらかと言えば受け身的な村人が、いつになく積極的に動きだす。それは私のワ州滞在生活の佳境であった。

といっても、私はすぐさま勇躍して畑に馳《は》せ参じたわけではなかった。アヘンの採集作業は草むしりとちがって、村人の現金収入に直接つながるものだ。その大事な仕事を素人でよそ者の私にやらせてくれるだろうか。いや、ノーとはっきり言えない性分である彼らは、たぶんやらせてくれるだろうが、迷惑にならないかが心配であった。

私の逡巡《しゅんじゅん》を知ってか知らずか、世話役のアイ・スンから声がかかった。

「アイ・ラオ、今日は『ガッ・ペン』をやるから来い」

「ガッ・ペン」とは、アヘンの液汁を採集する作業のことだ。私は「待ってました」とばかりに谷間へ直行した。彼の畑は満開だった。実際に開花しているのは全体の四割くらいだが、ケシは稲並みに密生しているので、その程度でも畑は十分花盛りに見えるのである。残りの二割がつぼみの段階で、四割は花びらが脱げ落ち、冠を戴《いただ》いたデブの王様といった感じの青い実があらわれている。ケシは花が散って一週間くらいすると実が堅くなり、採集を開始することができる。手でつまんで弾力性がなければＯＫだが、堅くなると色つやが落ちてくるので、慣れると触らなくてもそれとわかる。

採集はふつう三日のサイクルでおこなわれる。一日目は、メスのような細長くて薄い刃三枚を糸で束ねた道具を鉛筆のように握って縦にツーッと実に刻みを入れる。これを「ポッ・ペン」という。刃が三枚だから刻みも三本入る。刻みつけた瞬間にオレンジ色が混じった白い液汁がこらえきれないという感じでじわっと滲《にじ》み出てくる。これが世間でいうところのアヘンである。実が小さいものは二、三カ所、大きいのは四、五カ所刻み目を入れる。一般には実が大きいと容量も多いはずだから喜ばれるが、実際には、なりだけ大きくても液汁が少ない見かけ倒しもあれば、小さくとも惜しみなくオレンジ果肉入りヨーグルトのような液を放出する孝行者もある。

翌日が、「ガッ・ペン」と呼ばれる液汁回収作業。そのあとは、一日空ける。そして、そのつぎの日がまた「ポッ・ペン」という繰り返しが、だいたい一つの畑で三、四回おこなわれる。

私は村に滞在中、ポッ・ペンは一度しかやらなかった。というのは、刻みを入れる刃は一家に一つしかなく、また作業自体、手間がかからないこともあり、その畑の持ち主が自分ですますのがふつうだからだ。したがって、私が精を出したのはもっぱらガッ・ペンのほうである。

さて、畑に着くと、ゾウリを脱ぎ、ケシの海を泳ぐようにかき分けて入っていく。そこかしこで前日に刻みを入れられたケシの実からアヘン汁が滲み出ていた。ゴムと同様に、滲出《しんしゅつ》したときは乳白色だった汁は空気に触れたせいだろう、黒っぽく変色していた。指で触れるとネバネバして皮膚にべっとりとくっついた。アヘンはそのころは毎日のように見ていたばかりか、手にしていたにもかかわらず、それを鼻孔《びこう》に近づけて匂いをかがずにはいられなかった。なぜか、その異臭は、あの半士半農の村で最初に出会った泥だんごのようなアヘンの塊《かたまり》を思い起こさせた。

アイ・スンの示す手本に従い、作業に取りかかる。ケシの実をヒトの頭にたとえれば、まず、左手で首根っ子を押さえ、右手で持った鉄の薄い板を少し丸めた「グア・ペン」という道具で顔を下から上へとこそぎあげる。いざ、やってみれば、技術も何もいらない簡単な作業だ。安心すると同時に、ようやく最終目的地点に達したという、ささやかな感動にとらわれた。

技術はいらないといいつつ、私と他のメンバーでは仕事のスピードが段ちがいであった。また、私が刻みの入ったケシの実をいくつも見落とすので、結局、彼らは私の作業地域をふたたびチェックして多量の採り残しを採集しなければならなかった。

私の動きが鈍いのは不慣れなせいだけではなかった。草取りとは比較にならない軽作業のはずだが、下界の小さき者を打ちのめすかのような熱帯の直射日光と、酒とアヘンでたるみきった身体のおかげで集中力が持続しなかったのだ。

三時間ほどで作業はほぼ終了した。参加者はみな自分の採ったアヘンを携えて、主《あるじ》のアイ・スンのもとへ集まった。道具や手もアヘンがべとべと付着しているので、みんな唾《つば》をぺっぺっと吐きかけてアヘンを塊にまとめてから（アヘンは水溶性である）、道具ごとアイ・スンに渡す。アイ・スンはそこから三分の二ほどを取り、残りを返した。

つまり、ガッ・ペンに参加すれば、それだけで自分が採集したうちの三分の一ほどがその場でもらえるのだ。親戚かどうかとか、草取りにどれだけ貢献したかなど全然、考慮に入れない。まったくの平等分配だ。私に対しても同じである。「アイ・ラオにもアヘンを分けよう」ということになったと聞いていたが、要は村人と同じように扱うということだったらしい。

私の場合、採集量がほかの人の半分くらいだったが、それでも肉ダンゴ一個分程度の大きさのものをもらった。こんなにもらっちゃっていいの、と喜んでいると、アイ・スンは、「タイへ持っていけば、百元（当時、約千二百円）になるよ」と真面目《まじめ》な顔で言った。タイは「ふつうの国」だから、まっとうな人間はアヘンを売り買いしちゃいけないんだよと言おうとしたが、どうでもいいことなのでやめた。

アイ・スン以下、みんなはケシの花びらをむしってきて、自分たちのアヘンを包んだ。ケシの花びらが包装に最も適しているらしい。さらに量がたまると、大きくて柔らかい葉っぱにくるんで保存する。私は初めのころ、紙やビニール袋で包んだりしていたが、時間がたつとアヘンがくっついて取れなくなった。その点、花びらはアヘンが乾燥するころには枯れてしぼむのでちょうどいいのだ。

私は意気揚々と畑から引き揚げた。ついに種まきから草取りを経て、自分の手でアヘンを採集したのだ。それを誇る相手がワ州にもワ州以外の世界のどこにもいないのが、ちと残念ではあったが。

準原始共産制の村の財テク事情

どうやら、どの畑でもガッ・ペンに参加すればアヘンを分けてもらえることがわかり、私は草取りのときにそうしていたように、毎日、谷間に出かけていき、アヘンを採集しているグループを見つけては作業の仲間入りをした。手伝った者の取り分は、畑の主によって多かったり少なかったりしたが、親疎も年齢もかまわず、公平に分配するのには改めて驚かされた。

あるときは、畑の持ち主と私以外、参加者が全員子どもだったこともあった。彼らはケシ畑の世話などしたことがないのに、ちゃんと分け前をもらうのだ。もちろん、子どもはそれを自分で着服したりせず、親に渡すのだが、それにしても大らかだ。私が一度も草取りを手伝ったことがなく、特別親しくもなかったおばさんが「うちの畑においで」とわざわざ誘ってくれたこともある。ガッ・ペンなど労働のうちに入らないから、自分の家だけでやるようにすれば、他人に分ける必要もないのに、と思うのだが、たいしたことでもないように気軽に分け与える。準原始共産制が息づいているのをこのときほど強く感じたことはなかった。

アヘンは現金同様だと思っていたが、やはり「同様」なだけで現金そのものではないんだなとも思った。相互扶助を原則とする村ではいかなる理由であれ、労働の対価として現金を支払うことなどないのだから、これは当然の感想だろう。

アヘンが現金ほど大切にされていない証拠と思ったことに、アヘンの採集シーズンになって、アヘンを吸う人間が増えたこともあげられる。前にも書いたが、うちの集落にはアヘン吸いがいなかったのだが、このときにわかにアヘン吸いの拠点が三つもできた。一つは、サイ・タオ老人の滞在をきっかけに、金回りのいい息子がアヘン浸りになっていた「仏のイ・ナップ」の家。一つは、アヘンの売買もしている暴れん坊サイ・ナップの家。そして、ここには、遠くヤン・ティヤック集落から独身の若者が入り浸るようになった。そして、最後はアイ・スンの家。これは私が火付け役も同然であった。

ワ人やシャン人には「アヘンを吸うようになって三日したら恋に陥り、五日したら相思相愛になって二度と離れられなくなる」という諺があるが、私は半月たっても、いっこうにそんな激しい恋愛の兆候は見られなかった。ただ、ほかに娯楽がないので、本を読んだり、音楽を聞いたりするかわりにアヘンを吸っているようなものと、少なくとも自分ではそう思っていた。いつでもやめられる自信があったのだ。

しかし、私が病気以外の目的でアヘンを吸うようになってから、アイ・スンが明らかに困惑しているのがわかった。すでに何度か「今日はいいとしても、あと一週間は吸っちゃあいけない」と渋い顔をしていたが、そのつど、私はなんだかんだと理由をつけては、彼をだまくらかしていた。

われながらひどいと思ったのは、アイ・スンから「もうこれっきりにしろ」と宣告されたとき、「実は水中国《みずちゅうごく》に恋人がいるんだが、もう半年も会えないでいる。淋しくて淋しくてしようがないんだ」と悲しげな顔で切々と訴えたことだ。もちろん、大ウソである。すると、アイ・スンはしばらく考えてから、黙ってアヘン吸いの準備を始めた。私は心のなかで「アイ・スン、すまん！」と謝りつつ、身体はいそいそと寝台に横たわってしまった。

あとから思い返せば、親友であり、大恩人でもある彼をたばかってまでアヘンを吸わずにはいられなかったのは、れっきとしたアヘン依存に陥っていた証拠だろう。アル中でもヤク中でも、最初の明らかな兆候は、他人に対しても自分に対してもウソつきになることではないかと思う。

しかし、このウソの効きめは絶大だった。というのは、私はそれまでほとんど自分の身の上話などしたことがなかったからだ。いもしない恋人のおかげで、それ以来、アイ・スンは私が顔を出すと条件反射的にアヘンの用意をするようになった。実を言うと、アヘンを吸わなかったつぎの日のガッ・ペン作業は疲れるので、一度、私は「禁アヘン」を決意したことがあるのだが、アイ・スンを訪ねると、彼は即座にアヘンのパイプを取り出し、「禁アヘン」はその瞬間に挫折《ざせつ》してしまった。

ところが、収穫が進むにつれ、今度はアイ・スン本人がアヘンに深入りするようになった。私が吸うときには彼も一緒に吸うのでつられたということもあるだろう。まったくゴールデン・トライアングルの核心部に来て、現地の人間をアヘン仲間に引きずりこむとは救いがたいことであった。

もっとも、弁解ではないが、私がいなくとも遅かれ早かれそのような事態になっていたとも考えられる。なにしろ、毎日、どんどんアヘンが穫れるので、村のなかには、ちょっとくらいいいじゃないか、という雰囲気が生まれつつあったのだ。その証拠に、私たちが煙をふかしているときにたまたま訪れた者はみな一服しては帰り、そのつぎにはそれが目当てで来るようになった。

結婚適齢期にも達していない「仏のイ・ナップ」の次男までが私たちと一緒にアヘンを吸うようになった。一度、母親がその現場にあらわれ、「こんな若いうちからアヘンなんか吸って！」と叱《しか》りつけたが、それは日本で「まだ高校生のくせに酒なんか飲んで！」という程度の調子だった。

アイ・スンは「おれたちがアヘンを苦労して作っているんだ。自分で作ったものを吸ってどこが悪い！」と開き直ったかと思うと、つぎの日には「もう、やめた！　アヘンが薬なんてウソだ。もう二度と吸わないぞ！」と高らかに宣言してパイプを火に投じた。かと思えば、またつぎの日、ほかの連中に唆《そそのか》されてパイプを作り直しているというありさまであった。

そういう調子なので、「アヘンはやはり現金ほどの価値はない」という確信を私はますます深めていたのだが、やがて、それが完全な誤解であることがわかった。

発端は、ニー・サンの喪のとき、暴れん坊のサイ・ナップが私の小型テープレコーダーを「アヘン六両で買いたい」と申し込んだことにある。アヘンは一両＝百元と聞いていたので、私は、六百元すなわち約七千二百円になると素早く計算し、二つ返事でOKした。支払いはアヘン収穫後でテレコはその場で彼に渡した。そのときは、さすがワ州の村、アヘンでものを売り買いするのかと感心しただけであった。それがいざ収穫期になると、「やっぱり六両分を現金で支払う」と彼が言い出した。私はどちらでもいいと思ったので承諾したのだが、そのことをアイ・スンに話すと、彼は額にしわを寄せ、「サイ・ナップの野郎、騙《だま》したな！」と舌打ちした。

「べつに現金だっていいじゃないか。一両は百元だろ」と私が不思議そうな顔をすると、アイ・スンは、「それはもっと先の話だ。今は一両は五十元から六十元だ」と言って私をびっくりさせた。私はワ州に長くいながら知らなかったのだが、二月から四月にかけてはアヘンが市場にあふれているので値段が安い。それが五月、六月になると八十元から九十元になり、八月から十月には百元を大きく上回るという。かつて一ジョイ＝三千〜五千元と聞き、どうしてそんなに開きがあるのだろうと訝《いぶか》しく思ったことがあるが、アヘンの価格が変動相場制とは露知らなかった。一両＝五十元なら三百元にしかならない。つまり、私はテレコを半額に値切られたのだ。

もう一つわかったことは、この時期は、現金よりアヘンを貯めこんでいたほうが有利だということだ。村人はケシ畑の分配やアヘンの趣味的吸飲には大らかな一方で、まったく矛盾するような話だが、アヘンの売り買いでは駆引の火花を散らしているのだった。

私が目撃した最初の例は、ある朝、私の家の前で酔いどれ司祭のサム・タオじいさんが何人かの男と地面にしゃがみこんで、天秤《てんびん》ばかりでアヘンを量っている現場だった。どうやら「仏のイ・ナップ」の長男にアヘンを売っているらしい。じいさんの家は酒代で困窮している。値が安いとわかっていても、手持ちのアヘンを放出せざるをえないらしい。相手は金に余裕があるから、じいさんのアヘンを買い叩《たた》いて、あとで高く売るつもりなのだ。どこが準原始共産制だ。金持ちはどんどん豊かになり、貧乏人はどんどん貧しくなっていく。それも投機で。資本主義の最先端のやり方ではないか。

これが特殊な例ではなく、村の人間みんながやっているということが、そのうち明らかになった。日ごろほとんど交流のない近隣の村からアヘンを買いに来たり、あるいは逆にムイレ村の人間がよその村へアヘンを買いにいくことも知った。子どもですら、親から小遣いがわりにもらった少量のアヘンを換金する機会を窺《うかが》っている者がいた。

何より驚いたのは私が村の人間の注目の的になっていたことだ。私は、毎日のように畑でガッ・ペンを手伝っていたうえ、仲のいいアイ・スンや村長のアイ・ムン、それから「仏のイ・ナップ」らがときどき必要以上に色をつけてアヘンの分け前をくれたので、三月も半ばになったときには、かなりの量のアヘンを貯めこんでいた。しかも、私はアヘンの採集を終えたら、つまり、まもなく村を去ることを伝えてあった。そこで、みんなが私のアヘンを狙《ねら》い出したのだ。

人がいないときを見計らって訪ねてきては、「アイ・ラオ、おまえのアヘン、おれに一両を五十元で売らないか」という輩《やから》がぽつりぽつりとあらわれた。私は当初、貯めたアヘンを売るつもりがなかったので、そう正直に答えると、「じゃあ、一両が六十元でもいい」と値を上げたりした。まったく、土地転がしならぬアヘン転がし、正真正銘の財テクである。

なにより不可解だったのは、アイ・スンである。彼までも「おまえのアヘンをほかのやつに売るな。おれに売ってくれ」と言うのだ。だいたい、私のアヘンの半分以上はアイ・スンの畑で彼からもらったものであり、しかも彼は多めにくれてさえいたのだ。彼のおごりで吸わせてもらったアヘンの量だって少なくはない。私は彼の申し出に頭が混乱してしまった。村落共同体としての分配と私的な付き合いとビジネスの三つにけじめをつけているとも考えられるが、不思議な話だった。

結局、私はアイ・スンに売ることを承知した。私はアヘンで財テクをするつもりもないし、日本に持って帰るつもりなど毛頭なかったからだ。

私は村探しをするとき、㈠アヘンをたくさん作っていて、㈡できるだけ伝統を保っている村、を大目標に掲げ、そのあげくにこのムイレ村にたどりついた。しかし、その二項目は私の興味をひくそれぞれべつの要素であり、事実、これまでは何の関係もなかったのだが、ここへ来て、それがこんな矛盾した形でリンクするとは夢にも思わなかった。準原始共産制の村でおこなわれる財テク。たしかに、こんなことはワ州以外ではお目にかかることはできまい。

ヘロイン・ブローカーとルビーの指輪

ある晩、私はアイ・スンに誘われて、村の役持ち連中が集まる会議に顔を出した。会議といっても、ヤン・ティヤック集落のある家で、囲炉裏《いろり》を囲んで焼酎を引っかけながらの座談である。議題は、どうやら隣村との境にある田畑をめぐってのトラブルをどう処理するか、であるようだった。たぶん、昔であれば、山刀や槍を手にして相手の村へ殴り込みをかけ、首級の一つや二つを奪って帰還するか、逆に返り討ちにあうかして、当座の決着をつけたのだろうが、もはやそういう時勢ではない。まずは話し合いで、それが駄目ならお上《かみ》に訴えるという手段をとるらしい。

会議というのは、たしかに民主的な方法であるが、えらく時間を食うものでもある。みなが言いたいことを勝手にしゃべるうえ、必ず一人は滔々《とうとう》と演説をぶつ輩がいるのは日本の会社でもワの寒村でも変わりはない。それがいつまでも終わらないので、辟易《へきえき》して首をコキコキやっていると、隣に座っていたアイ・スンもうんざりした様子で、議題とは全然関係ないことを小声で話しかけてきた。

「アイ・ラオ、知ってるか、アイ・サンがムンスーでビルマの警察に逮捕されたらしい」

もちろん、知っているわけがない。だいたいアイ・サンとは誰のことか、とっさに思いつかなかった。ワ人の名前はみな似通っているうえ、同名の者が少なからずいて、混乱することはなはだしい。たとえば、このとき演説していた男もアイ・サンという名前であった。

「アイ・サンって、どこのアイ・サンだ」と訊ねると、「ほら、『ドゥーリートゥアン』の幹部の男だよ。おれの兄弟だ」と答えた。

そう言われてもわからない。ここの人間は同世代の親族をみな「兄弟」と言う。「ドゥーリートゥアン」というのも、聞いたことはあるが、何であったか思い出せない。

私の反応の鈍さにいら立ったようにアイ・スンは言った。

「ほら、前に市へ行くときに会ったろう。でっかい指輪をしていた……」

それで、ようやく私は一人の成金男を思い出した。一カ月以上も前のことだろうか。市場へ行く道すがら、私は、村人のなかで一人おそろしく場違いな格好をしている男がいるのに気づいた。いかにもモノのよさそうなセーターに分厚い革のジャケット、ストライプの入ったスラックスに黒い革靴。首には金鎖、そして指にはたしかに「でっかい」としかいいようがないルビーの指輪。そのまま、東京都内の高級ホテルに出入りしても違和感がないくらい、おしゃれな出で立《いた》ちであった。

私は何者だろうと訝ったが、途中、道端で腰を下ろして休憩をとったときに会話を交わしたところ、この男がムイレ村の人間だと知って驚いた。まだ三十代半ばくらいのその男は、名前をアイ・サンといい、「ドゥーリートゥアン」の幹部で、「ムンスー」の「バオシーチャン」で働いていると言った。ドゥーリートゥアンが何か不明だったが、軍の組織の一つらしい。いずれにせよ、アイ・サンが軍の幹部であることは彼がピストルを所持していることからも、ほんとうだと思われた。奥さんが二人いて、一人はヤンルン、もう一人は村にいる。だから、ときどき村に帰ってくるという。

前に女たちが白アリのようにせっせと仕事をしていたケシ畑は彼の畑であった。かみさんを二人養い、しかもこの服装だから、よほど実入りのいい仕事にあずかっているんだろうと、私はそのとき漠然と思った。しかし、彼が具体的に何に携わっているのかは知らないでいた。

「アイ・サンはどうして捕まったの」と私が訊ねると、アイ・スンは私の耳元に口を寄せ、「ヘロインだ」とささやいた。ほう、と私は思った。今まで村にいて、ケシやアヘンの話は出ても、ヘロインについてはほとんど聞いたことがなかったのだ。私の主目的は俯瞰的《ふかんてき》な情報収集ではない。ヘロインの売買、密輸にしても、あくまで村人の視点から眺めてみようと思っていたのだが、その目論見《もくろみ》はまるっきり頓挫していた。村人はこれだけせっせとヘロインの原料であるアヘンを作っていながら、ヘロインに関しては、われわれ日本人よりも無知なのであった。

その一番の理由として、ワ州でも軍の許可なく勝手にヘロインを取り扱うことは御法度《ごはっと》になっていることがあげられる。ヘロインはアヘンの主要成分であるモルヒネに無水酢酸《むすいさくさん》を加えて精製したものである。製造法は技術的にそう難しいものではないと聞く。しかし、アヘンはヘロインに加工されることで、おそろしい付加価値がつく。それで、おもに軍の幹部と中国系の商人がこれをがっちり管理しており、一般の農民にはその存在すら窺う余地はない。なにやらアヘンがヘロインというものになるらしい。そのヘロインは高く売れるが、それは自分たちは関わってはいけない世界らしい、というくらいの認識しかない。

一口にいえば、生産者も消費者も、長いトンネルの入口と出口にいるだけで、トンネルの闇《やみ》のなかがどうなってるのかさっぱりわからないという意味では、似たり寄ったりなのだ。それだけに、村の出世頭がそのトンネルのなかにいるヘロイン・ブローカーだったという事実は、私の興味をひいた。

アイ・スンはしきりに「心配だ」と言っていたが、私は彼のお人好《ひとよ》しさかげんに少々あきれた。ヘロイン・ビジネスに参加している人間は、そういう危険を承知のうえで莫大《ばくだい》な利益を得ているわけで、自業自得としか言いようがない。もっとも、アイ・スンが金持ちの兄弟に何か期待するところがあるのなら話はべつであるが。

しかし、ドゥーリートゥアンという組織名、バオシーチャンという言葉やムンスーという地名は、そのいずれもが、何か頭に引っかかるものがあったのだが、村の単調な日々ですっかり思考力と記憶力が鈍っていた私は首をかしげるばかりであった。

それから何日もしないうちに、当のアイ・サンが悠々と村に帰ってきた。どうやら「逮捕された」というのはデマだったらしい。ワ軍の幹部がそうそう簡単にビルマの官憲に捕まるかなと疑問に思っていたので、私にはすんなり納得できた。彼は村にいちばん近い車道に自家用車を停《と》め、手にぶら下げた大きな牛肉の塊を親しい人間のところに配って歩いた。まさに「凱旋《がいせん》帰国」という雰囲気である。同じ晩に、ヤン・ティヤックにある彼の家で飲み会が催され、私も招待された。彼の家は高床式ではなく、木造の小ぎれいな家で、椅子とテーブルの洋式（あるいは中国式）であった。

この若い成功者はいかにもワ人らしく、態度はざっくばらんで、誰にも気安い笑みで応対し、何を生業《なりわい》としているかはべつとして好感の持てる男だった。ただ、酒が入ると、さすがに得意げな表情が浮かび、自分のルビーの指輪を指して「この前、この指輪を三百万元（当時、約三千六百万円）で買いたいっていう奴《やつ》がいたんだが、おれは売る気がないんで、断ったよ」などと大げさな自慢話を始めた。いくらでかいルビーでも三百万元もするわけがないが、理解を超えた金額に村の連中は感心して聞き入っていた。ただ三百万元はホラにしても指輪がひじょうに高価なものであることは間違いない。「それ、どこで手に入れたの」と訊ねると、彼は「自分で掘ったんだよ」と言ってにやりと笑った。

「どこで」

「ムンスーのバオシーチャンでさ」

私が「バオシーチャン？」と繰り返すと、彼は私のノートに「宝石場」と書いた。あ、そうかと思うと同時に、ムンスーという地名が沈殿していた記憶の底からよみがえってきた。ムンスーとはルビーの大鉱山があるところではないか。しかも、ワ軍は停戦以来、その採掘権の三分の一ほどをビルマ政府から割り当てられているという話も思い出した。彼はそこで働き、自分でルビーを掘ったと言ったが、幹部がそんなことをするはずがない。おそらく、この男はルビー採掘場の現場監督か何かで、ルビーの採掘を仕切りつつ、ヘロイン・ビジネスにも手を出しているのだろう。

こんがらがっていた糸がすーっとほぐれてきた。それはアヘン＝ヘロインとルビーの関係である。意外と知られていないことだが、シャン州は世界最大のアヘンの産地のみならず、世界最大のルビー（もしくはサファイヤ。両者は同一の結晶体の色ちがい）の産地でもあるのだ。

主要な鉱山は二つある。一つはモゴック。巻頭の地図を見ていただきたい。シャン州はその西側のビルマ直轄地とは、ほぼまっすぐな線で州境を接しているが、モゴックのところだけが不自然にえぐられている。ルビーの鉱山が欲しいばかりにビルマ政府が州境を書き換え、もともとシャン州にあったモゴックを直轄地（管区）に組み込んでしまったためだ。地図のその部分を見ただけでも、ビルマ軍事政権の強引さとそれに対するシャン州の非ビルマ系住民の恨みが想像できる。

さて、一方のムンスーはわりと最近になって発見された鉱山である。生産量が落ちているモゴックより埋蔵量は多く、ルビーの質も高いと言われており、現地はゴールドラッシュの様相を呈しているとも聞く。そこにワ軍が割って入っているというわけだ。宝石が集まるところには金が集まる。そして、金の集まるところにはアヘンも集まる。

歴史家タ・クン・パオのおやっさんも、ムンスーにアヘンを持って行って一儲《ひともう》けするとサムが言っていた。村長アイ・ムンから、村から外に出たアヘンの半分はムンスーへ送られると聞いたこともある。ビルマ・シャン州では事実上、ワ軍の駐留地は治外法権で、ワ・ナンバーの車は外交官専用車並みのノー・チェックである。堂々とブツを運べるにちがいない。忙しく行き来しても、「ルビーの仕事だ」と言えばすんでしまう。実に便利だ。

ところで、私はこのとき、もう一つ妙な符合に思い当たった。話が飛躍するようだが、南米コロンビアとの類似である。コロンビアは言わずと知れた世界最大のコカイン生産地だが、エメラルドの世界最大の生産地でもある。これは偶然の一致だろうか。必ずしもそうとはいえないのではないかと私は思うのである。というのは、私は以前コロンビアへ行ったとき、ある日本料理店のオーナーから面白い話を聞いたことがあるのだ。

かつてエメラルドの売買をしていたというその人物によれば、「エメラルドとコカインのビジネスはひじょうに似ている」という。エメラルドは扱う量が少なくても莫大な利益を得ることができる商品である。税関に申告せずに闇で簡単に流すことができるし、税金のごまかしもきく。それはコカインの商売と容易に重なる。受け渡しや決算のやり方まで瓜二つ《うりふた》だという。

かくして、初めはエメラルドを扱っていた宝石商がコカインに手を出すことがひじょうに多い。逆もまた可である。特別な倉庫や大がかりな輸送システムがなくても、ちっぽけなオフィスを構えるだけで、ことは足りる。「宝石屋」が格好の隠れみのになる。たとえば、以前、「エメラルド王」と称され、マスコミにもてはやされた日本人は、誘惑に耐え切れずにコカイン・ビジネスに手を出し、結局、密輸先のアメリカで捕まり、終身刑になったそうだ。

ワ州を含め、シャン州でも似たようなことが起きているという疑いは拭えない。もちろん、純粋な宝石商人もいるはずだから十把ひとからげにしてはまずいが、私の知っている人間にも、ワ人、シャン人、タイ人、中国人を問わず、何をしているのかわからない人間が少なからずいる。聞いても「宝石の商売」と答えるから、それ以上突っ込めない。とにかく、宝石と非合法薬物の奇妙な関係というのは、一度誰かが真剣に考えてみるべき問題だと思う。

話を戻すが、ムンスーでヘロインとルビーを扱っているアイ・サンが所属する「ドゥーリートゥアン」とは「独立団《ドゥーリートゥアン》」のことであると判明した。ここでは漢字に記してもらわないとわからないことが多い。これはワ軍のなかでも最も謎《なぞ》に包まれた部隊である。独立団は独立を目ざす軍隊の意味ではなく、独立採算制をとっているという意味である。自分で資金を調達し、中央の意志とは直接関係なく自由に活動するという。もちろん、ワ軍のトップが手綱を握っているにはちがいないだろうが、実に怪しげな部隊だ。

彼らの拠点は私のいたクイマー区にあるので、もしかしたらワ軍のボス、タ・パンの直属部隊かもしれないと勘ぐれるが何も根拠はない。ただ、ヘロイン・ビジネスにいちばん関わっているのが、この独立団である可能性は高い。私が軍のトップだったら、しじゅう兵隊が入れ替わり、組織も大きい正規軍とはべつに、秘密厳守の特別部隊をヘロイン・ビジネス用に当てるだろう。

アイ・サンの家を辞して自宅に帰り、ニーにムンスーのことを聞いた。すると、彼にしては珍しく率直に、「いや、おれも『年収十万元（当時、約百二十万円）を保証するから、ヘロインの仕事をしないか』と誘われていて、どうしようかと思っているんだ」と打ち明けた。

ヘロイン・ビジネスを牛耳《ぎゅうじ》っているのは中国系であるから、中国語とワ語のバイリンガルで、いちおう学歴もあるニーはけっこう求められる人材かもしれない。ふつうに働いていたら、いくら「革命」のために頑張っても、年収はその十分の一にも満たないし、出世もおぼつかない。しかも、ワ軍の勢力範囲でおこなうかぎり、倫理的に問題はあるにせよ、ヘロイン売買は法には触れないのだから、心が揺れ動くのも無理はない。

今のところ、入口にたたずむワ州の庶民には闇でしかないトンネルも、いったん入ってしまえば、なかは豪華絢爛《ごうかけんらん》たる世界が広がっているのだ。

アヘン吸いの彷徨《ほうこう》

アヘン採集が峠を越した三月の下旬のことである。私は身体が異常にだるくなった。血管に血ではなく鉛が流れているようだった。

最初のうちは、単に怠惰の極みのような酒とアヘン吸いの生活が心身をむしばんでいるのだと思い、何度も気合いを入れ直そうとしたが、やがてガッ・ペンに行っても、黒い液汁を滴らせ、乾いた風に合わせて無数の頭をふるケシの実の海を見るだけで気が遠くなるようになった。かつてはそれを見るだけで幸せな気持ちになったのに、だ。ペンキ塗りより容易なこの仕事が一時間と持たず、家に帰ることもあった。疲労しきって寝床に身を横たえても、いくらも楽にならない。体内の細胞が重力に耐えかねているといった感じだった。

もしかしたら肝炎かもしれないと思った。あの病気は異常なだるさを伴うと聞く。しかし、肝炎の特徴である黒ずんだような尿も、真っ白い便も出ない。下痢は先月の宴会地獄からつづいていたもので、だるさ以外はいたって正常なのだ。この期《ご》に及んで、ようやく私は一つの原因らしきものに思い当たった。これはひょっとするとアヘン中毒の禁断症状（医学的には「退薬症状」もしくは「離脱症状」）ではないのか。

それまでもアヘンを吸わずにはいられないという夜はいくらでもあったが、それはあくまでも気持ちの問題であった。ほかに気晴らしがあれば、アヘンでなくてもかまわないという程度である。いや、今も、それほどアヘンを吸いたいというわけではなかった。ただ、身体がどうしてもいうことをきかない。しまいには、飯も食えなくなってきた。食欲うんぬん以前に、茶碗《ちゃわん》を持って箸《はし》を動かすのが億劫《おっくう》なのだ。

あとから思えば、とっくにアヘン中毒になっていたのだろうが、ほとんど毎日のように吸飲を欠かさなかったので、それに気づかなかったのだろう。たしかに、だいぶ前からアヘンをやったつぎの日は元気で、やらなかった翌日は調子が悪かったのだが、その原因に頭を悩ます前につぎのアヘン吸いに突入していたのである。

困ったことになったと思った。真性アヘン中毒になったことではない。禁断症状を静めるためにアヘンを吸わせてくれる人間がいなくなっていたのだ。

身体の異状を感じる数日前、世話役のアイ・スンが急な軍務で村を離れたのである。彼は一カ月は戻れないというし、私は三月いっぱい、もしくは四月の初めに村を出ることになっていたから、おそらくもう会えないだろう。私たちは手を握りあい、涙を流さんばかりに別れを告げたのであった。ちなみにアイ・スンの最後の言葉は「もうアヘンは絶対にやってはいけない」であった。

アイ・スンが去ってから、私はアヘンをやらなかった。友人の言葉を肝に銘じたわけではなく、彼のほかにやらせてくれる人間がいなかったのだ。「仏のイ・ナップ」の長男は、母親とケンカして村を出ていってしまった。残るもう一人のアヘン愛好者、暴れん坊のサイ・ナップはテレコの件で私を騙したのみならず、不愉快きわまりないほどの礼儀知らずなので、顔を合わせたくなかった。

が、問題はそれだけではなかった。私のアヘン吸いが村人が採集期に嗜《たしな》むレベルをはるかに超えていることが集落のあいだに知れ渡り、みんな以前のように甘い顔をしてくれなくなった。とくに、アイ・スンに替わって私の第一の世話役になった村長のアイ・ムンが厳しく目を光らせていた。

「いいか、アヘンは身体をぼろぼろにするんだぞ」と彼は言った。

「でも、どうせぼくはもうすぐ村を出て、パンサンに帰るんだから今のうちくらいいいじゃないか」と反論すると、「だから、ダメなんだ」と言って、まったくちがう理由を持ち出した。「タ・パンに知られたらどうする」

なるほど、お上《かみ》が怖いのだ。私が村に滞在中にアヘン中毒になったことがわかったら、責任者のアイ・スンと村長のアイ・ムンは予想もつかない面倒事に巻き込まれる可能性があった。なにしろ、私は「ワ州の真実を書く」と宣言しているのだ。そう言われると、こちらも返す言葉がない。

しかたなく、アイ・スンの残していった吸飲セットで自力でやろうとしたこともあったが、全然うまくいかなかった。どうしても、パイプの穴にアヘンが詰まってしまい煙が入ってこないのだ。だめだ、やっぱり誰か熟練のアヘン吸いに頼まないといかん。しかし、まさか「このへんでアヘンを吸う人はいませんか」と聞いて歩くわけにもいかない。さて、どうしたものか。

熟練のアヘン吸いは、皮肉にもお目付役のアイ・ムンの家で見つかった。

アイ・ムンはもともと身体が丈夫なほうではなく、このときも季節の変わり目のせいか、体調を崩し、野良仕事には出ないで村にいることが多かった。一方、私もとても畑に出られる状態ではなかった。両方とも体調不良で暇を持て余しているし、気の合う者同士だったから、私たちは昼間からしょっちゅう互いの家を行き来していた。

その日、濡《ぬ》れたボロ雑巾《ぞうきん》のような身体を引きずってアイ・ムンの家の階段を上がりかけると、おなじみの高貴な香りが漂ってきた。「おおっ」と色めきたってなかに入れば、見たこともない男がゴザの上に寝そべり、一人でアヘンを吸っていた。私をちらっと一瞥《いちべつ》したときの無表情さとパイプを操る手さばきは、その男が並みのアヘン吸いでないことを示していた。

男の名はアイ・タオ。ヤン・ライン集落の人間だった。どう見ても三十歳そこそこなのが不思議だった。年配者はともかく、働き盛りで完全なアヘン中毒者は、村の暗黙のルールに反することだし、実際にも見たことがない。

私があらわれたのを潮時に、アイ・ムンがせっつくと、彼は意外な敏捷《びんしょう》さで跳ね起き、自分のかばんから妙な小道具を取り出した。十センチほどの長さの水牛の角の先端部分と手製のナイフのようなものである。彼と入れ違いにアイ・ムンがゴザにあおむけになると、若いアヘン吸いは見違えるほどてきぱきとした動きで、変なことを始めた。

まず、ナイフでアイ・ムンの額の真ん中に、まるでポッ・ペンのように三筋軽い切れ目を入れる。血が滲むやいなや今度はそこに水牛の角を押し当てる。傷口が角のなかに隠れるのを確認するとアイ・タオは角の先端に口をつけ、強く吸った。角の先に小さな穴が開いていた。アイ・タオが口を離すと、先端の穴はふさがっており、角はアイ・ムンの額に生えたようにぴったりとくっついた。出来損ないの一角獣といった感じだが、本人は神妙な顔をしているだけに滑稽《こっけい》であった。

アイ・ムンはそれから二十分くらい角を生やしたまま静かに目を閉じていた。いったいこれは何なのだと聞くと、「治療だ」という返事がかえってきた。頭痛がするので、頭から悪い血をとるのだという。私がワ州で初めてお目にかかった民間療法であり、アイ・タオという男は私がワ州で初めてお目にかかった民間療法士であった。

時間を見計らって、頭の角をすぽんと取ると、ぶよぶよした血の固まりが姿をあらわし、私は目を見張った。軽く切った表皮をさらに角ごしに口で吸引したために、血が抽出されたらしいが、どうしてそんなにたくさん、しかも豆腐みたいに固まって出ているのかわからなかった。わからないと言えば、角の先端を強く吸ったまま口を離さないで穴をふさいだ方法もよくわからない。穴ふさぎにアヘンを使ったのは確かだが。

これで病気が治癒する、あるいは症状が治まるかどうかは疑問符が三つくらいつくが、これがアイ・タオの得意技であるらしかった。少なくともアイ・ムンはなんらかの効用を感じているらしく、またべつの日は、お灸《きゅう》をすえるような調子で、背中や腰に角を生やして血の固まりを取ってもらっていた。そして、毎回治療の前後にアイ・ムンは謝礼がわりとして彼にアヘンを与えた。初めてその光景を見た日も、治療が終わるや、アイ・タオはアヘン吸いに戻った。私もどさくさまぎれに一服させてもらった。おかげで、私の体調不良は一発で治った。

アイ・タオの話によると、彼は一角獣治療のほかに薬草にも詳しく、人の家に呼ばれては病人の手当をして、アヘンをいただくのを生業としているようであった。生業といっても、この男はアヘン転がしで儲けているわけでなく、もらったものはみんな吸ってしまうから、自分で尻拭いのできる上等なアヘン中毒者といったところか。それでも、こういう特技があるので、村でも特別な存在として認知されているらしかった。

私はさっそくこの風変わりな男と親交を結んだ。なにしろ私は自前のアヘンがどっさりある。二人分をポケットに忍ばせて彼の家を訪れると、彼は、たぶん喜んで入れてくれた。「たぶん」というのは、この男、十年間アヘンを吸いつづけているベテランの中毒者らしく、喜怒哀楽というものがまったく表情に出ないからだ。口数もおそろしく少なく、顔立ちが整っていることもあり、「子連れ狼《おおかみ》」や「ゴルゴ13」を思い起こさせるニヒルさが漂っているようにも感じられるが、それは単なる錯覚で、彼の場合、それは文字どおり「虚無《ニヒル》」である。

ごく稀に「おれは村いちばんの衛生《ウェイシュン》（医者くらいの意味か）だ。みんな、オレに感謝してアヘンをくれる」などと自慢話らしきことをしゃべったり、「（成金男のアイ・サンは）ヘロインを持っているくせに、おれには一回もやらせてくれない」とぶつぶつ言う。それで、人間らしい感情の起伏がいくらか残っているのがわかるのだが、そう言いながらも、目はパイプの先に据えられたままで、表情はもちろん、しゃべり方もテキストを棒読みしているような一本調子であった。

彼の家がまたひどかった。壁も床も穴だらけで、板切れや囲炉裏の灰がところかまわず散らばり、まるで廃屋のような荒れ方であった。妻子もいるのだが、奥さんは亭主に愛想をつかし、掃除や片づけはいっさい放棄した模様である。家族は私に対しても夫のアヘン仲間としてしか認識していないらしく（正しい認識である）、まるっきり無視の態度を決め込んでいた。

アイ・タオは「女房が飯を作ってくれない」と淡々とぼやいたが、それは事実ではない。アヘン吸いが一段落するまでは彼のほうが飯には目もくれないので、妻は夫の分を作るという無駄な仕事をとっくに省いていたにすぎない。アイ・タオは腹が減ると、宴会をやっている家か治療をほどこしたことのある家へ押しかけて、ご馳走になるのをつねとしていた。

こういう人間失格みたいな男と親交を結んだところで、格別面白い発見はない。強《し》いていえば、ふつうのアヘン吸いなら捨ててしまうアヘンの吸いかすを布に包んで煮込み、再利用するという、彼が独自に編み出した技が見られたくらいで——驚いたことにこの二次アヘンのほうが最初のよりよく効いた——ふだんはただ黙って一緒にアヘンを吸うだけである。それでも、彼に対して親愛の情に似たものが湧いたのはなぜだろう。

もしかすると「距離が近い」せいだったかもしれない。これには二つ意味があって、一つは文字どおり距離が近いことだ。なにせ狭い寝床で二人きり、二時間も三時間も顔を突き合わせている間柄なんて、幼子と母親を除けば、恋人同士くらいなものだ。いや、恋人同士でも、口もきかずに相手の存在を感じ合うことは稀であろう。どうしても会話を交わしてしまうにちがいない。会話を交わすというのは、いろいろな思惑が混ざり、感情の揺れや思考の回転を伴う。その点、アヘン中毒者同士の距離の近さには、そういう余計な夾雑物《きょうざつぶつ》がいっさい含まれない。恋人同士の微妙で甘い交情のほうがいいには決まっているが、無心というか無関心な関係も、それはそれで悪くはないのである。

もう一つは、比喩的な「距離の近さ」で、ありていにいえば、「同類」の心安さである。私がいくら村に溶け込んでいるとはいっても、やはり多かれ少なかれ特別扱いをされる。アイ・スンやアイ・ムンはよき友人であり、つねに私に気を遣ってくれる。が、どうしても「対等」にはならない。立場上、なりようがない。ところが、アヘン中毒者であれば、しょせんは同じ穴のむじなである。アイ・タオもその家族も私に対してそれ以上の感情を持っていない。これは他人の視線に疲れている私にはけっこう気楽なものであった。とくに、アイ・ムンら集落の人間の目をかいくぐってアイ・タオのところに来るとホッとした。アヘン王国のワ州にあって、おどおどと他人の目を気にしつつ、アヘンを求めて彷徨するなど、およそ馬鹿げていて、「おれはいったい何をやっているんだろう」と思うこともしばしばであったが、それだけに、「同類」とともに過ごす無意味な時間に心が安らいだのである。

ヤン・ライン集落の三大アヘン人

私がアヘンを吸いにヤン・ライン集落にこっそりかよっていることは、たちまち村人の知るところとなった。だいたい、この村の「辞書」に「こっそり」という言葉はないのだ。それはいたしかたないとして、建前としてでも何か言い訳がほしいところであった。しかし、毎日使える言い訳はなかなか見つからない。考えあぐねていたところで格好の言い訳ができた。「ブタ探し」である。

私は、三月末に予定していた離村の際にはブタを一匹屠って豪勢な別れの宴を開き、村の人たちに感謝の意を捧げようと考えていた。何といっても、肉食を提供すること以上に喜ばれることはないからだ。ブタを飼っている家はいくらでもある。私の金もまだ十分残っている。簡単なことだ。どこかの家から買えばいいと思っていた。

ところが、そう話がうまくいかないのがワの村である。誰もブタを売ってくれないのだ。うちの集落では三軒、ブタを飼育している家があったが、いずれもあっさり「ダメだ」と断られた。「値が多少高くてもいいよ」ともちかけても、交渉に応じようとすらしない。

ブタというのは実に不思議な生き物で、あれだけ貪欲《どんよく》なくせに、人間の手がかかっているものしか口にしない。おもなエサは、バナナの幹を刻んで煮込んだもの、籾殻《もみがら》、酒にしたあとのコーの実、人糞《じんぷん》などで、最も好むのは残飯だが、そんなものはまずブタにはまわってこない。人糞は除いて、ほかはすべて人間が用意してやらなければならない。つまり、たいへんに手間のかかる家畜なのだ。

ブタを所有している家は、それを二年、三年と根気よく育てる。そして、いずれやってくる一家の冠婚葬祭に備える。子ブタは亡くなった両親や子どもの命日（日付がないので、そのへんとおぼしき日）とか、新年の祝いなどの小規模の儀礼には欠かせない。そのためにも親ブタはキープしておく必要がある。よほどのことがない限り、売ったりしないのだ。

もちろん、私が破格の金額を提示すれば、購入も可能だろう。しかし、私は金で物ごとを強引に解決するという方法を避けていたうえ、アイ・スン以下、私の良心的な友人たちもそんなことを許してくれない。第一、「破格」といったらほんとうに破格で、日本円にして三、四万円にも達するかもしれず、私もそれほど余裕はなかった。

「中国との国境の市場なら安く手に入る」という話を聞き——それでも千二百元（当時、約一万五千円）するという——出かけて行った。だが、昔はともかく、今は「牛やブタなどの家畜は生きて国境を渡らせない」という中国側の規則があり、ブタ肉しか売られていなかった。人間はいくらでも生きて国境を行き来しているのに、おかしな話だ。いったい中国政府は家畜の出国に何を恐れているのだろう。

というわけで、やはり村のなかで探すよりほかなくなった。うちの集落ではブタが少ないから無理として、他の集落なら一家で二匹、三匹と飼っている家があり、そちらをあたることにした。それがアヘン吸いの格好の「言い訳」になったわけだ。

おかげで、私は隣のヤン・ライン集落に堂々と行けるようになり、それはよかったが、「言い訳」があまりに見事すぎたのは誤算であった。

治療士アイ・タオのところで一服してから彼の案内でブタ探しに出かけたのだが、やはり売ってくれる人がいない。一人だけ「いいよ」と言う者がいたが、「アヘンで支払え」と無茶なことを言う始末である。この時期にそんな大量のアヘンをすぐに調達できるわけがない。だいたい「ブタをアヘンで買う」なんて馬鹿げているにもほどがある。この日、集落に戻ると、近所の連中がにやにやして「今日はブタは見つかったか」と聞くので、私は憮然《ぶぜん》として、「ブタを探すのは、嫁を探すのよりずっと難しいよ」と答えると、みんなは大笑いした。私は冗談のつもりではなかったので、笑われてますます憮然とし、ほんとうに嫁を見つけてあっといわせてやろうかと思ったりした。

かくして、アヘン吸いを求めての彷徨は、ブタを求めての彷徨に様変わりした。嘘から出た実《まこと》というか天罰というか。しかし、実をいえば、私は毎日、生真面目にブタ探しをしていたわけではない。案内人がアヘン吸いのアイ・タオである。ブタを探しながら、すぐ脇道へそれて「同類」のアヘン吸いの家へ入りこんでしまうのは困ったことでもあり、喜ばしいことでもあった。

私は知らなかったが、他の二集落、ヤン・ティヤックとヤン・ラインには五年以上、毎日吸いつづけているというベテランのアヘン吸いがそうとうにいたのだ。数にして十人は下るまい。二、三日に一度くらいの連中を入れれば、どのくらいになるかわからない。

私が感じたように、重度のアヘン吸いも二人か三人で吸うほうを好むらしく、無言・無感情・無関心という三無主義の不思議な交流がそこにはあった。これ以上、人間世界の低い次元で結ばれる関係は私の乏しい想像力では思いつかない。

「同類」の家に行けば、当然、アイ・タオにならって家主と煙をともにするので、すぐに顔見知りになる。とくに村の最長老であるサイ・タオ老人と、この村で唯一人、私と同じ「ラオ」の名を持つサイ・ラオと親しくなった。いずれもヤン・ライン集落の人間で、私は、アイ・タオも含めて、彼らを「ヤン・ラインの三大アヘン人」と呼ぶことにした。この二人と親交を結んだことで、私はアイ・タオが一角獣治療や薬草探しに出かけて留守のときも困らなくなったのは収穫だった。

彼ら三人を子細に観察してアヘン中毒者の生態がかなりわかってきた。ふつう、われわれ外国人も、この村の人間も、「アヘンを長く吸うと身体がぼろぼろになる」と言うが、それはおそらく間違いである。もし、そうなら、アヘンを二十年吸いつづけているサイ・タオ老人が村の最長老であるはずがない。それにこの老人はアヘンを吸わないときは矍《かく》鑠《しゃく》としている。

サイ・タオ老人だけではない。サイ・ラオもアヘンさえ吸っていなければ、ふつうの生活を送っている。治療士のアイ・タオも、アヘンを吸い終わったあとで、私につきあってブタ探しをしたり、よその家に呼ばれて手当をしたりするときには、てきぱきしている。歩くのも早い。飯も食うし、酒も飲む。およそ、世間でイメージされている意識朦朧《いしきもうろう》としたアヘン中毒者の姿からほど遠い。

ビギナーである私にしても、アヘンが効いているあいだは、横たわってウトウトしているのも気持ちいいが、外へ出れば出たで、猛烈に元気になる。畑ではばりばりとガッ・ペンをし、市へ向かう山道を飛ぶように歩く。村長のアイ・ムンと一緒に市へ行ったとき、私の歩くペースがあまりに早いので彼が驚いていたことすらある。

要するにアヘンが効いていさえすれば人並みかそれ以上の力が出るし、身体も変調をきたしたりしないのだ。だが、問題なのは、アヘンの習慣が長くなるほどに身体に耐性ができて、より多くのアヘンを必要とすることにある。たとえば、私は三時間ほど吸えば、それから一昼夜は元気でいられる。ところが、三大アヘン人たちは、毎日六時間、七時間と吸わないと残りの時間を過ごすことができない。もっとひどくなると、かつてアイ・スン家で見た人物のように、朝から晩まで吸いつづけないと必要量のアヘンを得ることができなくなる。たぶん、彼もてきぱき動ける時間があるのだろうが、極端に短いにちがいない。それで、はたから見ると、「廃人」というふうに映るわけだ。

アヘンの効き目が切れるとどうなるか。治療士アイ・タオが言うには「身体がだるく、食欲がなくなり、下痢をする」。まさに私の症状そのままだ。

話は問題のブタに戻る。私は、もういいかげんに諦めることにして、牛を買うことにした。牛のほうは売るという人間がいたのである。値段も、以前、中国で売られていたときのブタと同じ千二百元とひじょうに安い。肉もたくさんあるから、大勢の人を呼べる。最初からそうすれば、ブタ探しで彷徨しないですんだはずだ。もっとも、アヘン吸いの「言い訳」には窮しただろうが。

ワ軍の税はアヘンの現物

ケシのシーズンは完全に終わった。発育が遅れていたものも三月の暑さでタイム・アップという感じで、中途半端にしょぼくれた花をつける。四月に入ると、谷間の畑はすべてアヘンの採集が終了し、ケシたちは頭にいくつもの傷跡を残したまま、枯れて、ひからびて、力つきて、続々と地面に倒れて落ちた。もう誰一人かまう者はなく、その死を看《み》とるのは熱風と鳥の声のみ。その光景は何か無残で、「兵《つわもの》どもが夢のあと」という言葉が脈絡もなく浮かんで来た。

《国家》によるアヘンの徴収も終わっていた。四月の初め、クイマー区から役人が来て、村人が順繰りにアヘンの丸い塊を差し出すと、役人の下っ端がそれを計量して、名前と数字が記されているリストに「済」のマークを書き込んだ。これはどういうシステムなのだと聞くと、「おまえには関係ない。さっさと帰れ!」と追い払われた。

おかげで、正確なことはわからずじまいだったが、ワ軍/党がじかにアヘンを、それも全収穫高の五割かそれに近い量(人によってちがうようだった)を無償で取り上げているのは確かだった。一説には「軍が安値で買い上げる」とも聞いたが、そんな兆候は皆無だった。これを写真に撮れなかったのが痛恨事であった。カメラは二台とも予備の電池を紛失していたのだ。

「三月いっぱい」という私の滞在期限はもうとっくに過ぎていた。だが、歴史家タ・クン・パオのおやっさんは迎えにこない。しかし、この予定外の長居のおかげでいいこともあった。私の世話役にして親友のアイ・スンが軍務から解放されて村に帰ってきたのだ。

もう二度と会えないと思っていただけに喜びはひとしおだった。

アイ・スンはトレーニング・キャンプの教練がどれほど苛酷《かこく》だったかを語った。昼は銃と装備をかついで野山を駆けまわり、夜は軍歌を暗唱させられる。食べ物は飯に塩をふっただけ。山の民であるワ人のなかでも体力抜群で、どんな労苦も厭《いと》わないという彼も食事には閉口したようだ。「おれが恋しかったのは、モイックとアイ・ラオだ」と、粗食の極みである菜っぱの炊き込み飯と役立たずの極みである私を一緒くたにした冗談を放ち、カハハハと笑った。

「こっちもたいへんだったんだぜ」と私は彼に話した。彼の溺愛《できあい》する四男のアイ・ルンが数日前まで病気で留守宅は大騒ぎだったのだ。私が見舞いに行った晩がピークであった。生後六カ月の赤ん坊は目を半開きにしてあおむけにひっくり返ったまま、ぴくりともしない。母親のオー・クワットは、不眠と涙で充血した目で、「この子は死にたがっているんだよ！」と訴えた。

「死にたがっている」というのは、この村独特の言い方で、「死にそうだ」「もうダメだ、死んでしまう」という意味だ。これがまた頻繁に使われる。食欲をなくしたブタや下痢をしている馬から、熱を出して寝込んでいる老人までさまざまである。

ここでは動物も人も病気の軽重が判断できない。単なる風邪かもしれないし、そのままぽっくりいってしまうかもしれない。だから、とりあえず最悪の結果を想定してそう言うのだろう。それで、しょっちゅう「死にたがっている」病人や家畜が出現する。それにしてもブタや馬はともかく、病の床に就いている人に対して、「死にたがっている」とはひどい。本人は死にたがっているわけではないし、だいたい縁起でもない。

しかし、その晩はそれだけではなかった。オー・クワットと祖母のイ・タオばあさんがわあわあ泣きながら、「アイ・ルン、そんなに死にたいのなら死んでしまえ！」「死ね、死ね！」とわめくのである。どうも、われわれの社会とはちがい、死に瀕している者にはわざと縁起でもない言葉を浴びせて生命エネルギーを鼓舞するのが習慣らしい。私は言葉もなく呆然《ぼうぜん》と立ちつくすのみであった。まさか私まで「死んでしまえ！」と言うわけにはいかない。

このときは、誰が見ても、ほんとうに「死にたがっている」ように見えた赤ん坊は、しかし、翌朝には、ケロッとした顔で機嫌よく棒切れを振り回して遊んでおり、私は半ば肩透かしを食わされた気がしながらも、ほっとした。ちょっと体調を崩しただけだったのだろう。実際、「死にたがっている」と折り紙をつけられて、ほんとうに死ぬ者はそうそうはいない。

アイ・スンはその話を聞いても「あ、そうか」という程度の反応しかしなかった。過ぎ去った出来事にはワ人は関心を持たない。

「それより」とアイ・スンは言った。「おまえ、アヘンがずいぶんたまっただろう。一斤

（五〇グラム）くらいになったか」

私は顔から汗がどっと流れた。たしかに絶頂期にはそれくらいあったかもしれないが、日々の吸飲生活ですでにほとんどが煙と化してしまっていたのだ。彼にアヘンを売るという約束をたがえるばかりか、私がどれほど本格的なアヘン中毒になってしまっているかがわかってしまう。いくら毎回相方の分まで用意するとはいえ、一斤を三週間で使いきってしまうというのは尋常でない。それは、ふつうの家ではアヘンの全収穫量がせいぜい二、三斤であることからも想像できる。

私はしどろもどろになって、答えた。

「うーん、一両（五〇グラム）くらいかな」

アイ・スンは私の顔から即座に事態を察したらしく、私の答を聞いて絶句した。私はアヘンを吸うことは完全に自分の責任範囲でやっていたので良心の呵責《かしやく》はいっさいなかったが、この親友兼世話係を裏切ったことについては「申し訳ない」の一言で、彼の目の前から消えてしまいたかった。

五秒くらいしてから、アイ・スンは憮然としたまま宣告した。

「もう、これからは絶対にアヘンを吸っちゃいかん。おれが許さない」

この一件がきっかけで、私はおやっさんを待たずに自力でパンサンに帰ることを決意した。村にいるかぎり、アヘンを断つことは難しく、かといってアイ・スンと仲たがいするのは何としても避けたかった。村はすでに田んぼの耕作や陸稲《おかぼ》の種まきを始めている。ケシ栽培が終わる四月から九月にかけては水田と陸稲が農作業の中心である。

もはや私のすべきことはない。アイ・スンにも再会できたし、思い残すことはない。村を去ろう。

私は集落の人間にそれをふれてまわり、帰りの準備が始まった。帰りの準備といっても、私とニーの荷物はかばん一つで、準備などいらない。正確には「別れの宴」の準備である。この五カ月間機能していた臨時の学校は閉鎖され（このつぎに開校するのは何年後、何十年後だろう）、長椅子も黒板も取り払われ、代わりに「仏のイ・ナップ」とアイ・スンの家が協力して用意したプライコーの大きな酒壺《さかつぼ》が持ち込まれた。「ビヨン・ミ・サ（寂しくなるね）」とみんなが顔を合わせるたびにしみじみと言った。ついでに、「あんたの洗面器はあたしにちょうだいね」と付け加えるシッカリ者のおばさんもいた。

問題は牛であった。金はとっくに支払っているのにいっこうに現物が来ない。持ち主に早く渡せと詰め寄ったら、「どこにいるのかわからない」という答が返ってきた。アイ・スンの説明によると、放牧に出たままもう三週間以上、家に戻っていないのだという。牛や水牛、馬、ラバは子どもたちが朝、放牧に出し、夕方には連れて帰るのだが、言うことをきかず、めったに家に帰らない不良牛がいる。そのなかでも、とびきり性悪なやつを私に押しつけたらしい。道理で簡単に売ってくれたはずだ。村長のアイ・ムンらが先に立って山探しをしたが、なかなか見つからない。そのために出発が一日、また一日と遅れた。

さて、その間、私は家でおとなしくしているべきところだったが、そうはいかないのがアヘン中毒者の悲しい性《さが》である。アイ・スンの言いつけは二日と守れなかった。集落の男たちが牛を探している隙《すき》をねらい、私は治療士アイ・タオの家へ駆けつけた。彼のところはランプの灯油を切らしているからということで、二人でヤン・ライン三大アヘン人の一人、サイ・ラオを訪れた。

サイ・ラオは病気のようで、寝床にふせっていた。私たちに気づくと身体を少し起こし、「あー、アイ・ラオか」とつぶやき、ぐったりと横になった。「具合が悪いのか」と聞くと、「ああ」といつものように短く答えた。そばには珍しく奥さんが付き添っていた。何でも三日前から寝たきりで食事もとっていないとのことだった。「この人は死にたがっているのよ」と奥さんはボソッと言った。

私は形ばかり「へえー、そりゃ、よくないね」と応じたが、べつだん気にもとめなかった。奥さんに灯油を少し無心し、アイ・タオと二人で勝手に病人の横に寝そべり、パイプをふかした。

不謹慎というか不人情な話だが、死にたがる人はよくいるし、私はつい一週間ほど前、宴会の席でサイ・ラオと杯を交わしている。そればかりか、みんなに「ラオという名前の男はアヘン好きだね」と囃《はや》し立てられるのもかまわず、彼に誘われるまま家に行き、一服させてもらったのだ。そのとき、彼はふつうに飲み食いしていた。それに私たちの付き合いは人情とか友情とかとは別次元のものであった。

プカプカというよりバフバフと煙を貪りながら、私は一度、サイ・ラオに「一服しないか」と声をかけたが、彼は「いらない」と答えた。これが私たちの最後の会話となった。

その晩、サイ・ラオは息を引き取った。

「招き猫」敬礼で、さようなら

翌朝、サイ・ラオの訃報《ふほう》を聞いた私は愕然《がくぜん》とした。まさか、ほんとうに死んでしまうとは思いもよらなかった。何というあっけない最期だ。が、あとから振り返れば、思いあたる節があった。アヘンの過剰摂取によるものではない。ヘロインならともかく、アヘンで人間が死ぬことはまずない。

彼は以前、横腹の直径十センチもある大きなできものを見せ、「これがちょっと痛いんだ」と言っていたことがある。そのときは彼の口ぶりが淡々としているので軽く聞き流してしまったが、たぶん悪性腫瘍《しゅよう》だったのだろう。それでも、さしてつらそうではなく、死ぬ直前までごくふつうに生活できたのは、アヘン漬けになっていたからにちがいない。ガン患者にモルヒネを投与するようなものだ。

アヘンもしくはアヘン系薬物は無条件に《麻薬》ではない。人間の取り扱いしだいで医薬品にもなるし、《麻薬》にもなる。はからずもサイ・ラオはその両面を味わったことになる。苦しまずに死ぬことができたという意味では、多くの末期ガン患者より幸せだったといえるかもしれない。

私は村人とともに彼の家を訪れた。前日と同じ格好で寝床に横たわる男の顔を見れば、それは生前と何も変わらぬ能面の翁《おきな》であった。周囲では家族が悲嘆に暮れていたが、それを意にもかけないような無表情ぶりがいかにもアヘン中毒者の死らしかった。いずれにしても、これで村に二人いた「ラオ（物語る）」という名の男の一人はいなくなった。そして、もう一人の「ラオ」である私は明後日、村を去ることになっていた。物語はもう終わりということか。

「同類」の葬式に参列したかったが、「牛が捕まった！」という知らせが届き、そうもいかなかった。牛をさばくのに立ち会わなければいけない。例の不良牛はなかなか捕まらず、捕獲しようとした男の一人は後ろ足で蹴《け》られて怪我《けが》を負った。その日は兵隊予備軍の連中が小銃で武装して出かけていった。やむを得ぬ場合にはその場で仕留めるつもりとのことで、まるで凶悪犯の山狩りのようだった。

私がヤン・ラインから集落へ戻ろうと小道を歩いていくと、突然、人のわめき声とドドドッという地響きが聞こえてきた。仰天したことに、でかい牛がこちらに猛烈な勢いで突進してくる。その後ろから「アイ・ラオ、どけえ!」という怒声が飛んだ。どけと言われても、道幅は一メートルそこそこで、片側は土手、片側は何の目的で掘ったのか知らないが深い溝である。どきようがない。溝に飛び込むという手はあったが、怒り狂った牛のスピードは闘牛さながらで、とても間に合わない。

私は動転して立ちすくんだ。もうだめだと思ったつぎの瞬間、牛が視界から消えた。向こうのほうが私をよけ、自ら溝のなかに突っ込んでいったのだ。すぐさま男たちが殺到し、溝のなかでもがく牛を棍棒《こんぼう》でめった打ちにした。二十発くらい殴られ、ようやく牛は動かなくなった。

危うく自分が屠るはずの牛に屠られるところだった。別れの宴がこの世の別れになっては洒落《しゃれ》にもならない。馬鹿馬鹿しい話だが、これが私が村で遭遇した唯一の「危ない体験」であった。

死んだ牛は持ち運びができないので、その場でさばかれた。男たちは、恐怖さめやらず膝《ひざ》をがくがくさせていた私には目もくれず、嬉々《きき》として山刀をふるった。やがて、女たちが鍋、薪、米、水などを持ち、酔いどれ司祭のサム・タオじいさんが酒を持って、それぞれやって来た。ここで儀礼をおこない、モイックを食べるという。

いつものように、じいさんが葉っぱの上に米と牛の血を供え、祈りの文句を唱えながら祖霊に酒を捧げた。いつもと変わっていたのはモイックだった。水を半分しか入れず、残りの半分のかわりに牛の鮮血を注いだ。菜っぱも他の野菜もなし。純粋な血のモイックである。炊き上がった飯はどす黒く、まずいことこのうえなかった（その翌日は、村に来て初めて緑の便でなく真っ黒な便が出た）。

アイ・スン以下、主役であるべき私に特別な気遣いを示す者が一人もいないのがワ人らしい。儀礼はあくまで祖霊のためなのだ。もっとも、冠婚葬祭と関係なく牛が犠牲にされたのは村始まって以来のことだろう。祖先の霊はそれをどう受け止めたのだろうか。ともあれ、これが私にとっては最後の儀礼であった。

翌日は、予想どおりの大宴会となった。朝早くから大鍋で牛をぐつぐつ煮込み、飯が待ち切れない連中はプライコーに加えて、私が中国国境の市から買ってきた大量の焼酎を飲み始めていた。私はというと、濃厚な肉と酒の匂いをかいだだけで吐き気を催した。アヘン切れだ。が、集落の人間が全員集合しているところで主催者の私がこっそり抜け出すわけにはいかない。しかたがない。私のそばを離れないアイ・スンと村長のアイ・ムンに初めて正面から許可を求めた。

「気分が悪い。今日だけだから、アヘンを吸いにいかせてくれ」

私の情けなさそうな顔を見て、彼らは苦笑した。

「よし」とアイ・スン。

「なるべく早く戻って来いよ」とアイ・ムン。

私はヤン・ライン集落へ向かって走った。まったくオレは何をやっているんだろうと慨嘆したが、それより虹色の煙を胸いっぱいに吸い込むことが先決だった。前日、牛に轢《ひ》き殺されかけた道をその牛並みの勢いで突っ走り、治療士アイ・タオのところへ駆け込んだ。アヘンの持ち合せがなかったので、「牛の足の骨を一本やる」と約束してさっそく一服させてもらう。

アイ・タオは「時間がないから早く頼む」という私の言葉も耳に入っていない様子で、いつものようにアヘンと頭痛薬を混ぜ合わすところからゆっくりと準備を始めた。やがて、アヘンが炎に炙《あぶ》られるジジッという音と同時にクラクラするような香りが漂うと、私のほうもいつもの調子に戻ってしまった。

ふと気づくと、すでに正午を回っていた。ようやくわれに返った。今日は今まで世話になった人たちに感謝の意を表するために私が宴会を主催しているのだ。みんな待ちくたびれているにちがいない。私はアイ・タオをせかし、急いで家に帰った。

私の心配は杞憂《きゆう》だった。みんなはもう勝手に食って飲んで騒いでいるのだった。私があらわれると、すでにべろんべろんに酔っぱらったアイ・スンが「おい、何をやっていたんだ」と私をこづき、つづいて酒焼けしたガラガラ声で何やら「送別の辞」みたいなことをわめき始めた。が、もとより誰も聞いていない。サム・タオじいさん、村長アイ・ムン、暴れん坊のサイ・ナップ、半アル中のニー・ランと、集落の男たちが、つぎからつぎへとにじりよってきて「ア」「ア」と連呼した。

私は「ガソリン」を入れたばかりだから絶好調で、何杯でも受けてたった。冷たいプライコーが喉《のど》を心地よく流れた。謎の鼻血病からようやく回復したニー・ルンら他集落の連中の姿も見えた。冷戦状態をつづけていたニーも、これでようやく私から解放されるとあって機嫌がいい。みんな「おれたちのことを忘れるなよ」と竹の杯ごしに強張《こわば》ったガサガサの手で私の軟弱な手を握った。

おばさん、ばあさんたちの酔い方もすさまじかった。郷長第一夫人のイエッ・レーは得意の「アアア〜」の歌を歌い出した。しかし、「アイ・ラオ……アイ・ラオ」と言っていたから怨恨歌でなく惜別の歌らしい。「仏のイ・ナップ」は「ビヨン（寂しいねえ）」と目を真っ赤にして私の頭をなでさする。アイ・スン家のイ・タオばあさんに至ってはわあわあ泣きわめき、しまいには自分の着たきりスズメのぼろぼろシャツを脱ぎ、私のシャツと取り替えろと言い出した。

「おまえがまた来るときには、あたしゃもう死んでるよ。あたしの服を着ていれば、あたしのことも忘れないだろう」

断れる状況ではないので、私もシャツを脱ぎ、ばあさんの服に袖《そで》を通した。ばあさんのくれた服だかボロ切れだかわからないものは、申し訳ないがワ州にいるあいだに処分してしまった。だが、袖を通したときの異臭とぬくもりは一生忘れないだろう。

宴会は夜が更けるまでつづいた。いつまでつづいたのかは覚えていない。

翌日、四月十八日。とうとう村をおさらばする日がきた。アヘンがまだ効いていたおかげで、泥酔したにもかかわらず、日の出とともにすぱっと起きた。最低限必要なものだけをかばんに詰め、あとは人にあげた。最後に残った一握りのアヘンはかばんのポケットにつっこんだ。

集落の家を一軒ずつ訪れ、挨拶《あいさつ》をしたが、どこの家でも「飯を食っていけ」「酒を飲んでいけ」ときりがない。飯はともかく、酒は少しでも飲まないと許してくれない。飲まないと、例のごとく「どうしてあいつの酒は飲めてうちの酒は飲めないんだ、え?」とからまれる。一方、アイ・スンら親しい者は「ほかの連中は相手にするな」と言う。サム・タオじいさんはべろべろに酔い、子どものように私のシャツにしがみついて離れない。まことにこの村と私の関係を象徴するような朝であった。

そのうち、みんなが宴会のつづきを始め、「出発は明日にしろ」と言い出したので、これはいかん、連中のペースにはまっていたら、いつまでたっても出発できないと思い、肩にかばんをかけ、「もう、行くぞ!」と高らかに宣言した。

ここにおいて、ようやく酔っぱらいたちも観念したらしく、アイ・スンの指示で私が住んでいた家の前に横一列に並んだ。それを見て初めて、「あー、もうこの人たちとは二度と会えないかもしれない」という直感が胸を刺し、涙腺《るいせん》がゆるんできた。アイ・スンが大声で叫んだ。

「敬礼《ジンリー》！」

男も女も私に向かって右手を頭のほうへあげた。しかし、兵隊に行っていた人間以外は敬礼というものを知らない。見よう見まねでやっているが、手のひらが丸まり、しかも五本の指が全部こちらを向いて、これではまるで「招き猫」だ。民族衣装の女性たちも、あの無表情のアヘン吸い、アイ・タオまで一所懸命やっていた。横一線に並んだ招き猫敬礼に私は泣き笑いの表情になった。

破裂しそうな感情を抑えて、一人一人に、「ティン・ブワン・ソン（ありがとう）」と言って握手した。この村ではふつう「ありがとう」などとは言わない。ものをもらっても「モーム（よい）」と言うのがせいぜいだ。「ありがとう」は重い言葉なのだ。それを連発すべき場面であった。

最後にアイ・スンの次男ニー・カーが、私とニーに二十元ずつくれた。道中、酒やタバコに困らないようにというアイ・スンの心遣いなのだ。私が金に困ってなんかいないことを知ってるくせに。私の感傷はここに極まった。小さな声で「じゃあ、また」と告げ、ニーを従え、村に背を向けて歩き出した。木立ちのなかを二十メートルばかり進んだところで、アイ・スンが「アイ・ラオ！」と怒鳴った。私は振り向いた。彼は大声で言った。

「アイ・ラオ、今度来たらな、アヘンを吸ってもいい。いくら吸ってもいいぞ。オレが許す。だから、また来いよ！」
私は黙って手を大きく振った。私が涙を流していることを悟られないように。

第七章 最後に残された謎

穏やかな人柄の村長アイ・ムン

小隊長アイ・スンの母親イ・タオばあさんと、幼子を抱く妻オー・クワット

新麻薬王タ・パンの誕生

私が首府パンサンに着いたのは村を出てから三日後のことであった。村からヤンルン区まで一日歩き、そこからは中国人商人のピックアップ・トラックに乗せてもらった。ニーとはヤンルンで別れた。以後、彼とは会っていない。

低地のパンサンは猛暑だったが、毎日水浴びができるので極楽だった。村にいるときは日本やタイの食事が恋しく、一時はカレーの幻臭がして、ありもしないカレーを探して集落をうろついたこともあったが、パンサンで野菜炒《やさいいた》めを食べただけで完全に満足した。冷たいビールも飲めるし、たしかにここは村とは別世界であった。

ただ、村にはあってここにはないものが一つだけある。アヘンだ。いや、アヘンもヘロインもどこかに腐るほどあるのだろうが、私の手には入らない。吸わせてくれる人もいない。私は異常なだるさと胃腸の不調に耐えなければならなかった。

私はなかなか帰路につけなかった。外相のタ・コーがまたしても奥さんともどもムンマオに出張してしまい、構ってくれる人がいなくなったのだ。種まきに遅れるのをあせるかわりに、禁断症状に耐えるのがつらくなっただけで、最初とまるっきり同じ事態である。しかも、気を紛らわしてくれるのが英語の達者なラフ人、イエップ一人だけというところまで一緒だ。

私が山あり谷ありのワ州辺境に滞在していた半年間、イエップに変わったことはなく、ぶらぶらしていたようだ。まだ、仕事がないという。もっとも、総司令部には出入りできるようになったらしいから、彼もそれなりに時を過ごしていたのだろう。

かつては「兄弟だ」ともいわれた歴史家タ・クン・パオのおやっさんは二度と姿をあらわさなかった。いろいろと聞きたいこともあったのだが、来ないものはしかたがない。代わりに、私がチェンマイでワ語を習った牧師がラフ人の牧師三名と一緒に到着し、私と同室になった。彼らがいったい何をしに集団でこの地にやって来たのか知らないが、何やら熱心に討論したり書き物をしていた。

ある日、年配のラフ人の牧師が英字新聞の切り抜きを手に何か説明していたとき、「クンサー」「ウ・サイ・リン」という名が聞こえ、ぼんやりベッドに寝そべっていた私の神経を針でつついた。彼らの共通語がビルマ語なのでよくわからなかったが、あとでその記事を見せてもらうと、活字の組み方からタイの英字紙「THE NATION」だとわかった。日付は四月九日。見出しは「ワのゲリラ、アメリカの告発に驚く」。

それによると、アメリカ政府による最近の発表で、ワ軍の総司令官パオ・ユーチャン

（タ・パン）、副司令官リ・ツ・リュウ、南部司令官ウェイ・シュウ・カンの三人が世界のヘロイン・ビジネスにおけるトップ・スリーと決めつけられたという。ほかに名前があがっていたのは、東シャン州軍のウ・サイ・リン（リン・ミン・シャン）、ローカン軍のプン・チャ・シン、カチン防衛軍のウ・マトゥ・ノー。最後の人物を除いて、あとは馴染《なじ》みの名前ばかりであった。

「あー、ワ軍は、はめられたな」と私は思った。アメリカ政府は毎年、ヘロインとコカイン部門の密輸業者もしくはマフィアを告発するのを恒例としているが、ヘロインに関してはここ十年来、標的はクンサー一辺倒だった。それがクンサーがビルマ政府に「帰順」してから、突如、ワ軍に矛先が向けられたのである。ワ軍はクンサーの「帰順」を喜んでいる場合ではなかったのだ。

以下は、のちにチェンマイで、クンサーから放り出された連中に聞いた話だが、クンサーは以前からビルマ政府と深く癒着《ゆちゃく》しており、今回の突然の帰順もシナリオどおりであったという。山のなかの生活に飽きたクンサーは、軍隊の解散と引き換えに、わが身の安全を確保した。それればかりか、政府の資金援助を受けて、宝石会社やバス会社を設立したという。

もちろんヘロインの商売は継続している。軍隊を維持する金がいらなくなったから規模は縮小しても儲《もう》けは増えるだろう。しかも、ビルマ政府黙認（もしくは共同出資）である。

公式に政府の庇護下《ひご　か》にあるのでアメリカも文句を言えない。さらには、クンサーがシャン州における少数民族問題のコーディネーター役に、クンサーの右腕である張書全《ジャンシユウチユエン》はビルマ国軍のアドバイザーに、それぞれ任じられたという情報もある。

パンサンにいたとき、私はこういう細かい事情は知らなかったが、クンサーとビルマ政府の怪しい関係についてはそれまでもよく聞いていたので、この記事を見て、すぐに彼らの思惑がわかった。クンサーは軍を解散することで、かたやビルマ政府はクンサー軍を解散させたことで、アメリカや国連の非難をかわし、代わりに、クンサーにとってはビジネス上のライバルであり、ビルマ政府にとっては国内で最も厄介な存在になっているワ軍を国際的非難の矢面に立たせようという腹なのだ、と。

実際、ついこのあいだまで、ゴールデン・トライアングルといえば「麻薬王」クンサーであり、よほどビルマ情勢に詳しい者でなければ、ワなんて誰も知らなかった。クンサーが覆《おお》いになっていたからであるが、その覆いが取れて、突然、ワが日の下に身をさらされることになったのである。ワ軍の幹部トップ・スリーという軍の序列はそのままドラッグ・ビジネスの序列にも反映されるだろう。すなわち、「新麻薬王タ・パン」の誕生である。

私はすでにワ軍にあまりシンパシーを感じなくなっていたが、それでもビルマ政府とクンサーの共謀は汚いと思った。アメリカはどこまでほんとうのことを知っているのか。あるいは知っていても口をつぐんでいるのか。その記事を読むかぎり、ワ軍の幹部が個人的に商売しているかのようだが、現実はワ軍という組織が最も大がかりにアヘン＝ヘロインを取り扱っているということは、私が村で見聞きしたとおりである。もちろん、彼らがそのあがりから私腹を肥やしていたり、職権を濫用《らんよう》していることは十分考えられるが。

ところで、その記事の主題である「告発に怒っているワ軍の幹部」とは誰か。タイの記者が接触できるワ軍の人間といえば、私の保証人サイ・パオしかおらず、あとで確かめたらやはりそうだった。サイ・パオは今や世界最大のヘロイン・マフィアの烙印《らくいん》を押されたタ・パン率いるワ軍のスポークスマンである。これから彼の発言にアメリカ政府や国連が反応するのだろう。

タ・コーは出かける間際に部下の者たちに、早急に私をタイに送り返す措置《そち》をとるように命じていたが、何の動きもなかった。私はアヘンの禁断症状がひどく、それを紛らわす手段を持ち合わせていなかったので、一日中、ビールを飲んで酩酊《めいてい》に任せるしかなかった。アヘンからアルコールへ依存症を乗り換えた、酔いどれ司祭のサム・タオじいさんの道を忠実にたどっているだけである。早くワ州を抜け出さねばと思った私は業を煮やして、つぎのように訴えた。

「ぼくのたった一人の弟の結婚式が迫っているので、できるかぎり早く帰りたい」

これが効いた。伝令役のイエップがただちに総司令部に行き、私の主張を伝えるやいなや、上の連中が動いて、なんと翌日、出発することが決まってしまった。

だが、この「家族ネタ」の効果てきめんぶりに私のほうがかえって慌てた。というのは、私はワ州を去る前にもう一度、タ・パンに会って問いただしたいことがあり、それもあわせてリクエストしていたのだが、そちらのほうはすっ飛ばされてしまったからだ。「問いただしたいこと」とは、私が個人的に知りたいだけでなく、仲介人セン・スックから「是非探ってきてほしい」と頼まれたことでもあった。

「いや、弟の結婚式は少し延期になりました」と訂正するわけにもいかず、頭を抱えたが、そこへ思わぬ救いの神があらわれた。ワ軍のスポークスマンにして私の保証人であるサイ・パオが突然、パンサンにやって来たのだ。われわれは半年ぶりの再会を喜んだ。

「アイ・ラオ、元気か。村はどうだった」

「いや、よかったですよ。嫁をもらって家を建てようかと思ったくらいです」

ワ語で定番のジョークを飛ばすと、保証人は機嫌よく笑った。私がワ州滞在に満足したことで、彼は彼なりにホッとしたらしい。ワ軍設立以来、初めての外国人ライターを自らの手で送りこんだのだから、彼が心配したのは当然のことだろう。

「あなたのほうはどうですか」と訊《たず》ねた。すると、彼は渋い顔をして答えた。

「昨日、イヌに足をかまれた」

ＣＩＡの下働きから身を起こし、アンダーグラウンドの世界で財をなし、今では天下に知られることになったワ軍設立に一役買った男も、日常レベルではいろいろな災難に見舞われるのだ。

私が事情を話すと、彼は「明日の朝、出発前にボスのところへ連れていってやる」と言った。

アメリカ政府の発表が意味するもの

私たちが総司令部を訪れたとき、タ・パンは朝食の麵《めん》を食べているところだった。この日は、ブルーのワイシャツに地味なグレーのジャケットをはおっていた。隣にはヘレンがいる。

私がムイレ村の方言（それは彼の母語でもある）をしゃべって場を盛り上げようとしたにもかかわらず、短い会見のあいだ、彼は終始不機嫌であった。何の前ぶれもなく、朝食を食ってるときに押しかけたうえに、私がのっけから「アメリカ政府に麻薬王にされちゃいましたね」と余計なことを言ってしまったせいにちがいない。彼は頷《うなず》いただけで返事もしなかった。しかし、私はどうしても彼の口から聞きたかったことがあったので、かまってはいられなかった。

「ワ州におけるアヘンの年間生産量はどのくらいですか」

私の単刀直入な問いに彼はあからさまに不愉快な顔をした。

「そんなことはよくわからない」

「ビルマ共産党のときは、どうだったんですか」

「あの当時は、十五万ジョイくらいだったろう」

「今はそのころより多いんですか少ないんですか」

「あまり変わらないだろう」

ひじょうに遠回しな言い方だが、ようするに「約十五万ジョイ」ということである。

実は、シャン人の仲介役であるセン・スックが私に託した密命が、この「ワ州でアヘンがいったいどのくらい穫《と》れるのか」を探ってきてほしいということであった。

ワ州のアヘン収穫量は、ワ州以外のシャン州の独立運動家たちが知りたがっていながら、いまだに不明な情報だったのだ。セン・スックはサイ・パオを私に紹介したくらいだから、もちろん親しい仲だが、その方面のことは聞けないとのことだった。たとえ聞いてもその答がほんとうかどうか判断しようがない。実際、サイ・パオはのちに日本のテレビ局のインタビューを受け、これは私が通訳をしたのだが、「ワ州で穫れるアヘンの量はシャン州全体からすると微々たるものである」と明らかに事実をねじ曲げた発言をした。

「ワ軍の関係者にヘロインのことを聞いてはいけない」と言いつつ、セン・スックがそのような依頼をしたというのは、私には矛盾した話に思えたのだが、各ゲリラや武装勢力にとってアヘン＝ヘロインは、それだけ重要な資金源であり、したがって話題としては最大のタブーになっているということなのだろう。センがスックが私にどれほど期待していたのかはわからないが、外部の人間であれば、何らかの手がかりがつかめると考えていたのかもしれない。セン・スックの依頼が頭から離れなかった私は、たとえどんな結果に終わろうと、なんとしてでも総司令官に会って収穫量を聞き、少しでもセン・スックの厚意に報いたいと思ったのだった。

私はタ・パンの言う数字を聞いてこれが真実に近いと判断した。何しろ私は、村に五カ月もいたのだ。村人がはっきりとは言わなくても、しょっちゅうアヘンの話をし、毎日のようにケシ畑の収穫を手伝えば、頭の回転の鈍い私にも自《おの》ずと実態はわかってくる。

まず、家一軒につき、アヘンがどの程度穫れるのか。家によってばらつきはあるが、私の感触だと平均して一ジョイに達するとは思えない。どこの家の人間も「一ジョイはいかないねえ」と言っていたのだ。二斤（約〇・六ジョイ）をやや超えるくらいか。村長アイ・ムンによれば、《国家》におさめるアヘンは全部で十五ジョイくらいだという。仮にそれが彼らの主張するように全収穫量の五割とすると、村では三十ジョイの収穫量があるということになる。村は六十二世帯だから、一世帯につき、〇・五ジョイ。黒澤明の『七人の侍』ではないが、治世者の強権に対して農民もしたたかである。おめおめと言われたとおり、半分差し出すとは思えない。で、少し上乗せして、だいたい〇・七〜〇・八ジョイと考えると、私の勘からくる数字とつじつまが合う。

さて、私の滞在したムイレ村が果たしてアヘンの収穫量においてワ州の標準的な村かどうか、計算の指標にして適切な村かどうかが問題となる。

私の見たかぎり、あの村ではケシ栽培のシーズンに、たぶん労力の約八割程度をこれに割《さ》いていた。つまり、かなり熱心に栽培している。ただし、意外と水田が多いし、ほかに綿花やソバも栽培していたから、耕作面積で考えれば、ケシ一本槍《いっぽんやり》でもない。田んぼなどを潰《つぶ》してケシ畑をもっと増やす余地はある。だから、特別ケシ畑が広いとはいえない。また、二月にまったく農作業をしないという奇習もある。土壌や気候といった条件面の善《よ》し悪《あ》しはわからない。が、並み以下ではないと思う。

したがって、アヘンの生産量は平均と考えていいのではないか。また、よその村からアヘンを買い付けに来たアヘン商人（といってもただの村人だが）も「このへんでは一軒の家で一ジョイも穫れるところはない」と話していた。というわけで、この村を基準としてみることにする。すると、ワ州のアヘン生産量も一世帯につき、年間平均約〇・七〜〇・八ジョイという数字が出てくる。

世帯あたりの生産量がわかれば、ワ州全体の生産量も自動的にわかるはずである。ただ、ワ州の人口が問題だ。ビルマ共産党時代の記録によれば約二十五万。タ・パンによれば約五十万。ビルマ共産党のデータは古いから、中間あたりをとって三十五万とする。このへんがいい加減だと思われるかもしれないが、この程度の誤差は問題にならないことがあとでわかる。

さて、一世帯あたりの員数を五人とする。三十五万÷五＝七万で、約七万世帯。これに仮に〇・八ジョイをかけてみる。答は五万六千ジョイ。これが私の試算であった。見てのとおり、勘でものを言っているところがやたら多いので、ひじょうにおおざっぱな推定である。

それに対して、タ・パンの答は十五万ジョイ。そうとうの開きがある。私の村での感触はそう狂っているとも思えないから、うちの村やその周辺を基準としたことに間違いがあったのだろう。ワ州の他の地域は一世帯あたり、二ジョイ、三ジョイと穫れるところがあると考えるしかない。あるいは、タ・パンの言うようにもっと人口が多いのかもしれない。

どうしてタ・パンの言う数字を真に受けるのかという疑問があるかもしれない。それは、はっきりとした根拠がある。「世界最大の《麻薬地帯》」と弾劾《だんがい》されている地域のボスが、その《麻薬》たるアヘンの生産量について少なく発表することはあっても、その逆はないのは自明である。所得税を実際より多く申告する人間はいない。それと同じだ。サイ・パオもワ州の生産量を過少申告している。その意味では「少なくとも」十五万ジョイだといえる。一方、私の推定では十五万ジョイでも多すぎる。どんなに多くてもそれを超えるとはとても思えない。よって、多少の誤差はあるかもしれないが、タ・パンの言う数字は正しいと考えざるをえないのである。

さてさて、これは実は大問題なのである。ジャーナリスティックな問題でもある。私は、「ジャーナリスティックなアプローチはしない」と明言して、それを実行してきたつもりだが、この部分に関しては、仲介役のセン・スックから「ちゃんと調べて、それを公表するように」ということを条件づけられているし、重要なことだと思うので、一言述べておきたい。

十五万ジョイ。この数字が意味するものは大きい。かつてシャン州軍（SSA）を率いて、二十年間、ワ州以外のシャン州全域を踏破し、つぶさに調査しているセン・スックによれば、ワ州のつぎにアヘンの生産量が多いのはコーカン州で約五万ジョイ。それ以外の地域は全部合わせても三万ジョイくらいにしかならないだろうと言う。しめて二十三万ジョイ。これは驚きである。私はちょっと信じられなかった。

今まであえて「ジョイ」というアヘン用特殊単位で話を進めてきたが、ここで国際基準に頭を切り替えよう。一ジョイ＝一・六五キログラム。二十三万ジョイは、三十七万九千五百キロ＝三百七十九・五トンである。何が驚きかというと、アメリカ政府は「ビルマの年間アヘン生産量は約二千トン」（一九九〇年発表）と推定しており、それが国連および全世界の政府とジャーナリストたちの常識となっているからだ。ビルマといっても、アヘンが穫れるのは九割五分以上がシャン州である。

約二千トンと約三百八十トンではえらいちがいだ。総量はえらいちがいなのに、「ワ州がそのうち六〇～七〇パーセントを占めている」という内訳は、「約二十三万ジョイのうち、ワ州の生産量は約十五万ジョイ（約二百四十七・五トン＝六五・二パーセント）」という私の調査結果とぴったり一致する。おかしい。おかしすぎる。

いったいアメリカ政府の誰がどのようにしてその数字をはじき出しているのか。ランドサット（地球探査衛星）で空からケシ畑の面積を算出しているのは知っている。たとえば、一九九三年のビルマのケシ畑の総面積は十六万五千ヘクタール（アメリカ国務省による）ということになっている。しかし、一口にケシ畑といっても、アヘンの収穫量は全然ちがう。つまりデータ処理が間違っているのか。だが、そのくせ、ワ州が全ビルマ＝シャン州の六〇～七〇パーセントを占めるということは知っている。ということは、あまり考えたくないのだが、最大の可能性はアメリカ政府が意図的にこの地域のアヘンの生産量を五倍も水増しして報告していることである。

もしそうだとすると、その理由は、シャン州が《麻薬地帯》であることを強調し、その対策予算をより多く引き出すこと、あるいは国内の麻薬問題に対する非難の矛先を生産地に向けさせようということかもしれない。誰がやっているのかはわからない。ＣＩＡかもしれないし、ビルマ軍事政権との癒着が噂《うわさ》されるＤＥＡ（麻薬取締局）かもしれない。

追及はこのへんにしておく。声を大にして言いたいのは、つねにこの地域には偏見を助長させる靄《もや》がかかっているということだ。こんなことは私の柄ではないので、すき好んで調べたわけではないが、わかってしまった以上、口をつぐんでいるわけにはいかない。それが私がワ州へ長期滞在することが可能になった条件であるし、また、さんざん世話になりながら批判を浴びせたタ・パン以下ワ軍の面々に対して不公平である。そして何より、うちの村の人たちに申し訳が立たない。

話をタ・パンとの会見に戻す。つづいてもう一つの懸案だった「アヘン＝モルヒネ化計画」について訊ねたのだが、かぎりなく無反応に近く、「国連がそれを認めるかどうかだ」とぼそぼそと言うに留《とど》まり、私は落胆した。気乗りがしていないせいか、虫の居所が悪い（私がそうさせているのだが）せいかはわからない。つとめて後者だと思いたい。

一方的な質問を終えた私が、言語を中国語からワ語に戻し、「ブルイン（しらみ）で身体《からだ》がかゆくてしょうがない」と言うと、ようやく笑顔を見せ、「また、来いよ」と言いながら握手した。

それから一時間後、私はパンサンを去った。

エピローグ――ワ州と外部世界をへだてる壁

アヘン王国ワ州。それは果たして私が想像していたような「善悪の彼岸」だったのだろうか。そうだったともいえるし、そうでなかったともいえる。

まず、そうでなかったところとは――。

いったんなかに入れば、ワ州という土地に根づく倫理観や行動規範は私たちのそれと意外なほどちがいはなかった。住民は礼を重んじ、祖先の霊と年長の者を敬い、厳しい自然環境に従って黙々と働く。子どもが生まれたといっては喜び、人が死んだといっては悲しむ。しかもその礼節、敬虔《けいけん》さ、勤勉さ、喜怒哀楽のいずれをとっても、日本人の私がひじょうに理解しやすいものであった。少なくともインド人やアフリカ人、さらに欧米人と比べても、よほど身近に感じられた。文明度は低いが文化度はけっして低くない。昔の日本はきっとこうだったのだろうなというノスタルジーさえ感じた。

アヘン栽培は、ただ彼らの基幹産業というだけで、とりたてて奇異なことをしているわけではない。一事が万事アヘンを中心に回っているが、それは鉄鋼業一つに頼っている先進国の地方都市と大差ない。アヘン中毒者はいる。が、その割合は、全人口の約一・六パーセント（約二百万人）がアルコール依存症であるといわれる日本と同じ程度だろう。ワ軍／党による独裁政治とそれに由来する役人の腐敗、貧富の差はたしかに問題だが、彼らがお手本とする中国やビルマ、インドネシアなどよりは、《国》が小さい分だけマシかもしれない。

このように列挙していくと、よいところも悪いところも、ごくふつうの東南アジアの《国》である。それが都合七カ月、町と村の両方に滞在した私の実感だ。

しかし、何かがおかしい。決定的におかしい。話の大前提が間違っているのだ。

つまり現在の国際社会において「アヘン王国」（「アヘン共和国」でもいいが）なるものが存在してはいけないのである。ワ州はそもそも「州」であって「国」ではない。ビルマの一州であるシャン州の、さらにそのなかの一つの州にすぎない。しかもそれは昔の行政区分だ。それが勝手に「国」として機能している。

もう一つは、言わずもがなである。この世の常識では、いかなる国や地域もアヘンを基幹産業にしてはいけないのだ。

要するに、結論はつぎのようになる。ワ州は存在だけが「善悪の彼岸」にある、と。

ワ州と外部世界がいかに断絶しているかということを、私が痛烈に思い知らされたのは、むしろ「善悪の此岸《しがん》」に帰ってきたあとかもしれない。

アヘンが吸えなくなったなどということではない。幸いにも、私がアヘンの禁断症状に苦しんだのはたかだか二、三週間のことにすぎなかった。体重は三、四キロ減ったが、しょせんは付け焼き刃の中毒だし、するべき仕事があったわけでもない。車に揺られたり、寝床に転がってうだうだしているうちに治った。それよりも深く私を蝕《むしば》んでいたのは、精神的なワ州中毒である。

私はシャン州のチェントゥンを経由してタイに戻ったのだが、古巣チェンマイにようやくたどりつき、仲介人セン・スックと再会したのは、ワ州を出て五日目のことであった。知られざる世界・ワ州の話を思う存分しゃべれる相手ができて、私はかなり興奮気味であった。セン・スックも興味津々に耳を傾けてくれ、座は大いに盛り上がった。そこで、私は、そうだと思い出し、「いいお土産《みやげ》があるんだ」とかばんのポケットからアヘンの小さい塊《かたまり》を取り出し、誇らしげに彼に見せた。

「ぼくが自分で作ったんですよ」

感心してくれると思ったら、セン・スックが突如険しい顔になって「おまえ、いったいどうしてこんなものを持ってきたんだ」と低い声でうめいた。

「こんなものが私の家にあることがわかったら、どうするんだ。君や私だけじゃない、私の家族や友人まで巻き添えになるんだぞ。だいたい、ここへ来るまでに、ビルマの警察に見つかっていたら、君はたいへんなことになっていたぞ」

私は彼の言葉に凍りついた。ここ何カ月もケシとアヘンばかりいじくっていた私としては、アヘンを作って喜ばれることはあっても、叱《しか》られるなどということは、まったく頭のなかになかったのだ。しかし、よくよく考えてみれば、彼の言うとおりである。ワ州以外では、アヘンは《麻薬》なのだ。私は血の気がひく思いだった。ここまで来るのに、いったいいくつのチェックポイントと国境の荷物検査があったことか。私としては、信州名物野沢菜漬けをお土産に持って帰るくらいの気持ちしかなかったので、かばんのいちばん外側のポケットに放りこみ、中国やビルマの警察を前にしても、平然としていたのである。

結局、アヘンはセン・スックが極秘裡《ごくひり》に処分してくれることになったが、このとき、ようやく、私の頭は「善悪の此岸」側へ名実ともに戻ったのである。

さて、その翌年の一九九七年。

ワ州の実態、それはとりもなおさずビルマ、中国の実態であり、現代の国際社会の死角を映し出す鏡でもあるのだが、これをさらに広く世間に知らしめるため、また、個人的にはムイレ村の仲間とともにプライコーが飲みたいがため、再度、ワ州入りを画策した。今度は一人ではなかった。世界初のゴールデン・ランド核心部の映像を撮ることを目的とし、テレビ制作会社のクルーが同行していた。

勝手知ったる場所であるし、ボスのタ・パンにも許可を得ていたので、何の問題もないとたかをくくっていたが、話はそう甘くはなかった。クンサーがビルマ政府に帰順して一年、ワ州自体もそれを取り巻く状況も想像以上に厳しくなっていた。ヘロイン問題で、商売している側も取り締まる側もどちらもピリピリしていたのだ。

さらに、われわれの保証人でワ軍タイ代表のサイ・パオが猛烈に忙しく、ビルマ・タイの国境付近にほとんど釘付け《くぎづ》けになっており、われわれの面倒を見る余裕がなかったのが決定的だった。なにかヘロイン関係で内輪のごたごたがあるようであった。

しかたなく、われわれは彼の紹介を頼りに、自力で入りこもうとしたが、タイ側、中国側とも国境越えに見事に失敗した。厳しい検問の連続で日本人であることが露見してしまったのだ。改めて、前回のワ州入りはぎりぎりのタイミングだったのだなと痛感した。

それでも、時間をおけば、またいつか行けるだろう――そういう私の思いは、さらに一年後、完全に打ち砕かれた。

一九九八年一月二十七日、サイ・パオがチェンマイ市内で暗殺されたのである。知人の結婚式に出席したワ軍のタイ代表兼スポークスマンは、式がおこなわれたホテルの駐車場で何者かに銃撃され、即死した。ワの人間は誰の仕業かわかっているらしいが、口を閉ざして語らないという。セン・スックによれば、ワ軍内の中国系、おそらくウェイ兄弟の差し金ではないかという。ウェイ兄弟というのは、私が中国の公安の連中と出会ったとき、「もしかしたら、こいつらが」と思った、要注意人物の三兄弟である。

チェンマイの情報筋によると、私が滞在していた当時と比べ、それほど大きな変化はワ州に起きてはいないが、徐々に中国系の力が強くなり、タ・パンをふくめ純粋ワ人の力が弱まってきているらしいとのことである。ワ軍の強さの大きな理由の一つは、中国系が軸になってがっちりした組織を形成しているからだが、裏を返せば、それがワ軍にとって最大の弱点でもある。

中国系の人間は利のある方向にしか動かない。ワ州やワ人の自治だの権利だのといったことにはまったく関心がない。今でこそ、両者の利害が一致しているからいいが、これから先のことを考えるとひじょうに不透明である。はっきりいって、中国系はワ軍にとって獅子身中《しししんちゅう》の虫である。

その不安が現実化している一例として、ワ州でアンフェタミン系の薬物（いわゆる覚醒《かくせい》剤《ざい》）の生産が激増していることがあげられる。ここ二、三年でタイにおける覚醒剤の取り締りが急に厳しくなった結果、その生産供給地がシャン州の山岳地帯に移転してしまったのだ。マスコミの報道やチェンマイの情報筋の話によると、ワ軍関係者はそのビジネスにすっかり浸《ひた》っているようだ。

詳細は不明だが、このビジネスを仕切っているのは中国系だと推測されている。彼らにしてみれば、金が儲《もう》かるかぎりヘロインも覚醒剤もたいした違いはない。生産工場の設備や販売ルートも、すでに出来合いのものを利用できるから仕事は容易だろう。しかし、ワ人にとって覚醒剤を売るのは、アヘン＝ヘロインを売るのとは意味がまったくちがってくる。

覚醒剤は農民に何の利益ももたらさないうえ、国際世論に対し弁解の余地のない不正行為である。それこそワ軍が単なる《麻薬マフィア》の汚名をかぶる恐れが十分ある。ワ人はそれにどこまで気づき、あるいは気づいたとして、どこまで抵抗できるのか、正直にいって私は心配である。

サイ・パオ殺害の真相はわからない。しかし、手段はどうであれ、ワ人の団結のために人生の大半を費やしてきた男の存在は、中国系の連中には鬱陶《うっとう》しいものであった可能性が高い。端的にいえば、私のような人間をワ州に入れることは、ワ人の民族運動を世間にアピールするためには意味があるかもしれないが、単純にヘロインと覚醒剤の売買や金儲けに励んでいるだけの連中からすれば、百害あって一利なしであろう。なにしろ、知られてほしくないことだらけなのだ。

ワ軍のタイ代表より公務員のほうが向いているような物腰のサイ・パオ。甘党のサイ・パオ。私をアイ・ラオ（物語る長男）と名づけたサイ・パオ。彼のいなくなった今、ワ州は、もはや二度と行けない土地となった。私はただ「善悪の彼岸」を川の向こうに眺めつづけるしかないのだ。

あとがき

一九九五年十月から翌年五月にかけて、約七カ月、私は中国との国境地帯にあるビルマの反政府ゲリラ・ワ州連合軍の支配区に滞在した。世界最大の《麻薬地帯》と呼ばれる当地の知られざる世界をまとめたが、枚数に制約があるので、多分に印象的で客観性に欠けるという批判は覚悟のうえで、そこに滞在した者でなければ書けない事柄に絞って記述した。たとえば、当地が核心部をなす「ゴールデン・トライアングル」の形成の経緯は、それはそれで、ひじょうに興味深いのだが、アルフレッド・マッコイ、バーテル・リントゥナーなどの著作をはじめ、多くの文献から知られていることなので割愛した。同様に、これまでさまざまなジャーナリストや研究者などの手によってすでに報告されていることについては必要最小限にとどめた。そのため、ワ州の社会的、歴史的な背景については、わかりにくいところもあったかと思うが、ご容赦いただきたい。

足かけ七年に及ぶ調査・取材、執筆のあいだにお世話になった方々は数知れないが、信じられないことに、とりわけ私に決定的な影響を与えた方が三人も鬼籍に入られた。

まず、チェンマイ大学時代の友人、横下夏也君である。少壮の文化人類学者であった彼は、抜群の頭脳と繊細な神経の持ち主であり、軽佻浮薄《けいちょうふはく》なところのある私にしばしば鋭い質問を浴びせ、問題点を指摘した。私の強力なアドバイザーであり、ビルマ領内でアヘン作りをするという私の突飛な計画の最大の理解者でもあった。二人で語り明かした夜がいくつあっただろう。研究者にとって垂涎《すいぜん》の的であるビルマ・シャン州での調査をおこないたいと、つねづね語っていながら、胃ガンのため二十八歳の若さで世を去った。生涯にわたる友として付き合っていくつもりだった私がどれほどショックを受けたか言葉では言いあらわせない。

一九九七年十月、本文中に「シャンの独立運動の長老」で「仲介者セン・スックの兄」として登場するクン・チャ・ウ氏が亡くなった。彼はビルマでの役所勤めを退職後、齢《よわい》七十にしてタイに亡命し、シャン州独立と少数民族に対する人権侵害廃絶の運動に余生を捧《ささ》げた。私を気に入ってくれ、一緒に一軒家を借りて、数年にわたって起居をともにし、ほとんど親子と呼んでもよい関係であった。氏は死の直前まで、「ビルマ政府にシャン州住民を売った」クンサーを恨み、衣食住にも事欠くような貧窮生活のなか、クンサーの誘拐作戦を画策していたという、いろいろな意味で希有《けう》な老人であった。個人的な親愛の情はもちろん、私は将来、この人物を主人公としたシャンの民族独立運動のルポを書くつもりでいたこともあり、その急な死は痛恨の一語に尽きる。

最後の人物はいうまでもなく、暗殺されたサイ・パオである。彼については本文中で述べたが、悔やまれる最期《さいご》という意味では横下君やクン・チャ・ウ氏と同様である。三人のご冥福《めいふく》を心から祈りたい。

東京外国語大学の根本敬先生には、日ごろからご指導を賜っているが、第五章のなかの「知られざる『東南アジアのユーゴスラビア』」について特別にご教示をいただいた（ただし、それ以外の部分でビルマに言及している箇所については、文責はすべて私にある）。本当にありがとうございました。今回の取材・出版に限らないが、浅尾敦則氏、伊勢京子さん、高橋浩太郎氏、とりわけ永田敏章氏には物心両面でお世話になった。草思社の増田敦子さんにもお世話になりました。心より感謝し、お礼を申し上げます。

おしまいに、どこの馬の骨ともわからない異邦人の私を温かく迎え入れ、まっすぐな誠意と愛情をもって面倒を見てくれたワ州の人々に深く感謝するとともに、かの地の人たちがより幸せな将来を迎えられるように、祈る次第です。

高野秀行

一九九八年八月

文庫版あとがき

作家であれ、ライターであれ、ジャーナリストであれ、およそ物書きであるなら誰にでもその人の「背骨」と呼ぶべき仕事があると思う。

単行本でもいいし、雑誌に書いた一本の記事でもいい。世間で評価されまいが、売れまいが関係がない。とにかく、「自分はあれを書いたのだ」と心の支えになるような仕事だ。

私の場合、それが本書である。

「誰も行かないところへ行き、誰もやらないことをやり、それをおもしろく書く」というのが最初の本を出して以来、約二十年変わらない私のスタンスであるが、そのスタンスを最もハードに貫いたのがこの本だ。

しかし、背骨であるがゆえにこの本はなかなか評価されなかった。

人間だってそうだろう。背骨がしっかりしているから、背筋がしゃんとして結果的に全体がかっこいいというのはあるだろうが、「あの人、背骨がかっこいいね」なんてダイレクトに褒められることはない。

まず本を出すまでが大変だった。アパートの一室で半年ほどかかって書き上げた原稿をあちこちの出版社へ持ち込んだが、なかなか見てもらうこともできず、最後にやっと草思社で出してもらえることになった。

出版後も私や担当編集者を大いにがっかりさせたことに、書評に取り上げられることはほとんどなかった。

本を出す前も出したあとも、私がゴールデントライアングルの核心部に行ってケシ栽培をしてきたと話すと、たいていの雑誌や新聞の人たちは「それは日本とどういう関係があるのか?」と訊いてきた。

要は、そこで作られるアヘンが日本に入ってきているとか、何かしら日本に関係性があれば読者の興味を引くのだがそうでなければ紹介する価値がない——ということらしかった。

正直言って私が日本人である以外は、何も日本と関係はない。ただし、世界や人類と深い関係はある。照れ笑いをしながらそんなことを言うと、みなさん、気まずそうにお引き取りになった。

わかった。日本ではダメなようだ。ならば、ほんとうに世界ではどうなのだ?

人のやらないことをやるのが大好きなものだから、私は自分で動き回って、本書を英語に翻訳してもらい、さらに日本の本を英語で出している小さな出版社を見つけ、そこで英語版出版にこぎつけた。

いろいろな予期しない不運も重なってやはり売れはしなかったが、日本の英字新聞でも海外の雑誌や新聞でも評価は上々のものだった。

「注目に値する、文字通りのスクープ」（ジャパン・タイムズ紙）

「旅行記としても政治学的資料としても、あるいは単におもしろい読み物としても、この本は超オススメである」（デイリー・ヨミウリ紙）

「高野氏の文章は力強い。とても楽しめる本だ」（I—Sマガジン誌／シンガポール）

その他、香港の日刊紙「サウス・チャイナ・モーニング・ポスト」、オーストラリアのビルマ語雑誌「トゥーリア・ジャーナル」などでも書評が出たらしい。

珍しいところでは、カリフォルニア麻薬管理協会なる組織が「本書はアヘン交易を理解するうえで有益な学習ツールになる」と推薦図書に認定した。

え、有益な学習ツール?…と書いた私もびっくりだ。

しかし、本書をいちばん評価してくれたのはタイ・バンコク在住の各国のジャーナリストや作家たちだった。

本書を読んで真っ先にメールをよこしたのは、当時、米タイム誌バンコク支局にいたイギリス人のジャーナリストだった。

バンコクで初めて会ったときに彼は「百年後、君はこの世にいないだろうが、この本は古典として残っているだろう」と言ってくれた。欧米人は褒めるときはとことん褒める。それを言葉どおり受け止めてもしかたないと知ってはいたが、まあ、それでも褒め倒されると嬉しかった。

二年前には、アメリカ人の書評家を介して「タイの東大」と呼ばれるチュラロンコン大学大学院で特別講師に呼ばれ、二時間講義をした。講義といっても、ケシの栽培方法やアヘンの吸い方なのだが。

ちなみに、私は日本でも各種の研究者やアヘンを敵とする公安関係者相手に（あくまで非公式に）講義を行っており、やはり話すことは一緒だから慣れたことではあった。

チュラロンコン大学で講義したときは、ついでにバンコクの外国人記者クラブに呼ばれ、遊びに行った。

例のタイムのジャーナリストをはじめ、ＢＢＣやニューズウィークの記者などが「あー、あんたがあの本の著者か」とこぞって握手を求めてきた。まるでセレブにでもなったような気分だったが、なぜかみんなニヤニヤとした笑いを浮かべ、「アヘンはどんな味がするんだ？」とか「もうアヘン中毒は治ったか？」などと訊く。

まるでかつてコンゴの怪獣探しに行って日本に帰ってきたあとに、「怪獣、いた？」とみんながニヤニヤしながら訊いてきたのとそっくりだ。

セレブじゃなくて色物か。

私の「背骨」は世界的に色物であることがこれで判明したのだった。

しかし、本書の話をするとき、いくら冗談めかしていても、笑い飛ばしていても、常に心の奥底にはなんともいえない苦味がある。

「あとがき」に記したように仲介者のサイ・パオが暗殺され、私とワ州の縁は切れてしまった。ワ軍は以後、政府とべったりの関係——つまり「親政府武装勢力」となり、二度と反政府ゲリラに戻ることはなかった。政府に叛旗を翻していたのは私が滞在していた前後の一年あまりにすぎない。ほんとうに私は稀なチャンスを得て、ワ州に入ることができたのだ。

ワ州から出て十年、〝善悪の此岸〟から遠くぼんやりと眺めているだけだが、切れ切れに耳に届くのは芳しくないニュースばかりである。

ワ軍が政府軍の代わりにシャン州軍と戦い、莫大な犠牲者を出した。ワ軍がタイ国境に支配区を広げ、そのためにワ州の住民を何万人と強制移住させた。しかも、不慣れな低地のせいで大勢の人が伝染病に罹って死亡した……。

そんな話ばかりだ。

住民の犠牲と裏腹に、ワ州の首府パンサンは栄えているらしい。たまたまタイから国境を越えて数日滞在することのできた日本人旅行者は、「銀行もあればカジノもあった」とその盛況ぶりを伝えた。銀行もカジノも表の看板は中国語だったという。

ビルマ（ミャンマー）が民主化問題で国際的に孤立すればするほど中国の影響が強くなり、いまやビルマは中国の半植民地のような状態だ。ビルマ自体が中国人天国なのだから、それが中国系の牛耳るワ州とリンクしないわけがない。

いったいワ人はどうなってしまったのか。彼らの生きた声は私の耳にはまったく届かなくなってしまった。

日本の援助関係者の話では、「ワ州にはもうケシ畑はない」という。国連などの麻薬撲滅計画で一掃されたのだという。

あの、見渡す限りのケシ畑が今はもうないという。信じがたい話だが、ワ州を実際に車でまわったという人は「ほんとうだ」と強調する。

もっとも、中には「外国人には見えないところでやっている」とか「ワ州以外の場所に移された」などという説もあり、私にはその真偽はたしかめようもない。

私の世話役にして親友だったアイ・スン、優しい村長アイ・ムンたちはどうしているのだろうか。まだアヘンを作っているのだろうか。やめてしまったのだろうか。

だいたい、ムイレ村はあそこにまだ存在しているのか。村人たちはまだ生存しているのか。すべてが遠い岸の彼方である。

最後に注釈を二つだけ。

私は一九九八年刊行の本書では「ビルマ」と書いているが、最近では「ミャンマー」と表記している。この〝変節〟はどうしたのだと思われる読者もいると思う。民主化支持者はビルマといい軍事政権を認める者はミャンマーといいはっている、という印象を持つ人も多いと思うが、そもそもそうではない。

本文でも記したように、ビルマ（バーマ）とミャンマーは同じ言葉の文語と口語というちがいしかない。もともとどちらでもいいのである。ただ、日本語でビルマと親しまれているので、それはわざわざ変える必要はないだろうというのが私のスタンスであった。

ところが、最近は周囲の日本人は——戦争体験者も含め——みんな「ミャンマー」と言うようになり、私自身がそれに慣れてしまった。言葉が変わるのはなんと早いことか。

なによりミャンマー人の言葉の使い方自体が、変化していることである。四年前に私はビルマのカチン州をカチン独立軍という反政府民族ゲリラと一緒に二ヶ月歩いてインドまで行ったが、そのとき英語のできるカチン軍の若い将校はこの国全体のことを「ミャンマー」と呼んでいた。軍事政権の主張を認めているわけではもちろんない。彼らゲリラが「ビルマ」というときは「ビルマ人の住む地方」という意味でイコール「敵地」である。ミャンマーのほうが少数民族も含めたニュートラルな「国」を指す感じがするらしい。

さらに、つい二年前だが、なぜか私はビルマの政府軍支配区、つまり一般の外国人が行けるようなところを、当時は軍事政権の中核をになっていた軍情報部の人々と一緒に旅をするはめになった（その奇天烈な展開は『ミャンマーの柳生一族』（集英社文庫）でお読みいただきたい）。彼らのうち、年配の運転手は「オレは〝ミャンマー〟よりも〝ビルマ〟のほうが好きだ」と断言したので驚いた。他の人たちも何も言わず笑っていた。

結局、最近になってわかったことは、ビルマ民族にしても少数民族にしても、若い人たちは比較的ミャンマーと言い、年配者は慣れ親しんだビルマという呼称を使うということだった。

要は慣れの問題でしかないのだ。時代によって、政治的（ナショナリズム的）なニュアンスがちょっとばかりつくだけだ。読者の方々には「ビルマとミャンマーのちがいは、ニッポンとニホンのちがい程度である」とお考えいただきたい。

もう一つ、親本では『ビルマ・アヘン王国潜入記』だったが、文庫化に際して、「ビルマ」の三文字をはずした。ミャンマーかビルマかという問題ではない。

もともと私が最初につけたタイトルは「アヘン王国潜入記」だった。それを版元が「場所を明記しないと、ニューヨークの裏社会とか歌舞伎町とかと誤解される」と主張し、私も納得したという経緯があった。

だが、私はついにそれに馴染むことができなかった。なぜなら、本書をお読みになった方はもうご承知だと思うが、ワ州はビルマではなかったからだ。今はともかく、当時はビルマの影響など全くない、まさに「独立国」だった。

アイ・スンも、アイ・ムンもビルマという国を知らなかった。ビルマ語を聞いたことがなかった。ビルマ人を見たことがなかった。ビルマのお金を見て、「これは何だ?」と私に訊いた。

そういう事実を大切にして、私はこの本を書いた。「ビルマ」をとったことで、彼らとの思い出をあらためて深くかみしめている。

最後に、美しい本に仕立てていただいた、文庫担当編集の堀内倫子さんと装丁の福住修さん、それから解説を書いていただいた早稲田大学探検部の大先輩・船戸与一氏に心より感謝いたします。

東京にて

二〇〇七年一月

A・ワイル、W・ローセン／ハミルトン・遙子訳『チョコレートからヘロインまで』（第三書館、1986年）
ジム・ホグシャー／岩本正恵訳『アヘン』（青弓社、1995年）
張覚人／東川吉嗣訳『煉丹術と丹薬』（与野書房、1989年）
佐藤任、小森田精子訳著『インド錬金術』（東方出版、1989年）
G・ガルシア＝マルケス／桑名一博ほか訳『ママ・グランデの葬儀』（集英社文庫、1982年）
Mark David Merlin "*On the Trail of the Ancient Opium Poppy*", Associated University Presses, 1984.
Sao Saimong Mangrai "*The Shan States and the British Annexation*", Cornell University, 1965.
Chao Tzang Yawnghwe "*The Shan of Burma*", Institute of Southeast Asian Studies, 1987.
Frank M. Lebar 他. "*Ethnic Groups of Mainland Southeast Asia*", Human Relations Area Files Press, 1964.
Alfred W.McCoy "*The Politics of Heroin*", Lawrence Hill Books, 1991.
Bertil Lintner "*Burma in Revolt*", West view Press, 1994.
Bertil Lintner "*The Rise and Fall of the Communist Party of Burma (CPB)*", Cornell University, 1990.
"*Far Eastern Economic Review*", April 8, 1972—May 19, 1994.
"*The Wa State* (1945–60) : *Problems of Emergence into the Modern World*", Journal of Asian and African Studies No.51,1996.

主要参考文献

根本敬『アウン・サン―封印された独立ビルマの夢』（岩波書店、1996年）
荻原弘明ほか『東南アジア現代史４　ビルマ・タイ』（山川出版社、1983年）
大林太良編『民族の世界史６　東南アジアの民族と歴史』（山川出版社、1984年）
石井米雄ほか監修『東南アジアを知る事典』（平凡社、1986年）
前嶋信次『東西文化交流の諸相』（東西文化交流の諸相刊行会、1971年）
松井壽一『薬の文化誌』（丸善ライブラリー、1991年）
春山行夫『クスリ奇談』（平凡社、1989年）
小田晋『東洋の狂気誌』（思索社、1990年）
陳舜臣『実録アヘン戦争』（中公新書、1971年）
『平凡社エリア・アトラス　地図で知る東南・南アジア』（1994年）
ホメーロス／呉茂一訳『イーリアス』（岩波文庫、1953～58年）
ホメーロス／呉茂一訳『オデュッセイアー』（岩波文庫、1971～72年）
大槻真一郎ほか訳『テオフラストス植物誌』（八坂書房、1988年）
小川鼎三ほか編／鷲谷いづみ訳『ディオスコリデスの薬物誌』（エンタプライズ、1983年）
中野定雄ほか訳『プリニウスの博物誌』（雄山閣出版、1986年）
李時珍／鈴木真海訳『国訳本草綱目』（春陽堂書店、1973～78年）

解説

船戸与一

海外のある民族や国家の呼称について喧《かまび》すしく論議されるようになってから二十数年が経つように思う。従来からの慣例に従えば差別主義者と誣《し》いられ、国際化しつつある用語を使えば軍事独裁の擁護者という烙印が待ち受けているのだ。これらの論議はたいてい現地を知らない連中によって交わされる。それは単に政治的立場の表明であったり、ひとりよがりの倫理観の発露として行なわれているに過ぎない。もううんざりだ。タイ、ラオス、中国、インド、バングラディッシュの五ヶ国に囲まれた五千万の人口を持つ六十七万六千平方キロの地域の国名を何と呼ぶかはいまも日本では問題になっている。わたしにはどっちでもいい。そういう論戦に首を突っ込む気はさらさらない。高野秀行はもっとないだろう。彼はビルマと呼ぼうがミャンマーと謂おうが、そういう呼称とは無縁の山奥で暮して来たのだ。だが、この解説を書くに当たっては高野の表記に倣い、わたしもこの地域をビルマと呼ぶことにする。

現代史に関心のある日本人にとってビルマは実に馴染みのある地だ。南機関によって海南島で訓練を受けたアウン・サンはどのようにビルマ独立運動を展開したか？　わたしがこの国の査証を受け取ったのは二〇〇四年だが、東京の大使館では毎年建軍記念日には南機関の長だった故・鈴木敬司の未亡人を式典に招待していると言った。援蔣ルートを断ち切るために日本軍はビルマで何を行なったか？　チャンドラ・ボースのインド独立支援のためのインパール作戦で日本軍はビルマにどれほどの量の兵士の死体を置き去りにしたか？　これらに関する文献は相当量図書館に保管されている。しかし、それらの文献に登場するのは例外を除いてビルマ人のビルマでしかないのである。

このことは日本に限った話ではない。たとえばジョージ・オーウェルのデビュー小説『ビルマの日々』にはイギリス人とインド人とビルマ人しか登場はしていないのだ。最近のアウン・サン・スーチーの民主化運動支援のために活動をつづける人権団体の報告書もまた自由を求めるビルマ人がいかなる迫害を受けているかの記述でほとんどが占められている。

しかし、ビルマに住んでいるのはビルマ人だけではない。ここは少数民族の宝庫とでもいうべき地域なのだ。マーティン・スミスというイギリスのジャーナリストによれば、主要少数民族だけでも二十一にのぼる。

この少数民族の存在はビルマ建国以前からの懸案事項だったし、いまも民主化運動にも増して重要問題なのである。抑圧はかならず独立への願望を産む。その動きには必然的に国際状況と政治的イデオロギーが取り憑いていく。

高野秀行が潜入したのはその少数民族地域である。シャン州の北の密林、州内州たるワ州なのだ。一九九五年の秋からの七ヵ月。ここにこれだけ長く滞在した外国人はいない。ビルマの官憲はもちろん排除されている。他の少数民族のいくつかの地域と同様、ここはワ軍の支配地域なのだ。同時にここの丘陵地帯には広大な芥子《けし》畑が存在している。ワ州は世界最大のアヘン生産地なのである。高野秀行はそこの農民と生活をともにしながらその実態を目のあたりにすることとなった。芥子栽培者たちの底抜けの明るさ。ちびちびと浸透して来る貨幣経済。家々に取り残されたレーニンや毛沢東の肖像画。ワ軍兵士たちの所持する自動小銃とワ軍幹部の腐敗。本書にはこれらが活写されているのだが、それはそのまま冷戦構造崩壊後の辺境の変化を如実に物語っている。

しかし、高野秀行はその報告のためにワ州の奥地に飛び込んだわけではない。ひたすら個人的興味のために七ヵ月ものあいだ隔絶した地で暮したのだ。彼はジャーナリストというよりも探検家なのである。メディアを通じて何かを伝えるよりも、みずからの関心を突き詰めることを先行させるのだ。その結果、芥子栽培に携わるだけじゃなく、アヘンをやる。アヘン中毒になる。わたしはわたしの周囲で生アヘンをやった人間を高野秀行以外に知らない。その経緯も本書には刻明に記されている。こういうことは効率を重んじる新聞記者にはまず無理なのだ。この身がどうなってもべつにかまいやしないという気概なしにこの種のリポートが書けるはずがない。

高野秀行のもうひとつの特徴は卓越した語学能力である。

わたしは小説取材のために二〇〇四年春に彼とともに一ヵ月ビルマを動きまわった。それまで彼はずっと非合法に国境を越えていたのだ、正式に査証を取って一週間以上のビルマ旅行をするのははじめてだという。本書に書かれたように高野秀行はワ語を話す。一時期タイで暮したことがあり、タイ語は流暢《りゅうちょう》だったが、その係属たるシャン語はたちまち習得してワ語に取り掛かったのだ。しかし、ビルマ語にはあまり縁がなかったらしい。それでも、入国の二ヵ月まえからビルマ語の研究を試み、入国時にはビルマ語で用が足せるようになっていた。わたしたちは英語ができるというビルマ人を通訳として傭っていたのだが、その英語の覚束《おぼつか》なさに彼がビルマ語で質問するようになっていたのだ。高野秀行は英語、仏語、西語、北京語、タイ語、シャン語、ワ語、そしてビルマ語を話す。わたしは彼に訊いたことがある。

「そんなに外国語を覚えて、頭のなかがごちゃ混ぜにならないか?」高野秀行曰く「人間の脳にはキャパシティがありますからね、ひとつの言語を覚えると、まえに覚えた言語がいったん脳から追い出されるんですよ。けど、その言語の地に立つと、追い出された言語がまた脳に戻って来る」

ビルマを旅行中、彼が一番怖れていたことがある。それは非合法にワ州に潜入したり、カチン州にはいったことが軍事政権に露見し、面倒なことにならないかということだった。しかし、それは杞憂《きゆう》に過ぎないばかりか、旅行中の笑いの種と化した。軍事政権の核は国家平和開発評議会である。二〇〇四年十月にどういう理由でか失脚したが、当時その国家平和開発評議会の最高実力者はキン・ニュンという人物だった。独立を求める少数民族と軍事政権の和平協定が成立し、ワ州の芥子畑は日本のODAの支援のもとに蕎麦畑に変わることになった。キン・ニュンは日本大使とともにヘリコプターで上空からの視察に向かった。そのとき、日本大使はどういうわけか本書の単行本『ビルマ・アヘン王国潜入記』を携帯していた。表紙には芥子畑を背景としたワ軍兵士たちのカラー写真が使われている。キン・ニュンがそれに眼をつけ、これは何だと質問した。大使はしかたなく説明する。キン・ニュンが言う。ワ州のアヘン生産の実態を知りたいので、この本を三冊送って欲しい。本書は英訳となって出版されているが、それが上梓されるまえにビルマ語訳となって国家平和開発評議会のもとに届いているのである。

高野秀行はワ州潜入から六年後、雲南からビルマのカチン州を通過し、インドのナガランドに抜けている。この探検行は『西南シルクロードは密林に消える』というタイトルで講談社から出版された。これは本書の続編という性格を持つだけじゃなく、ビルマの少数民族とインドの少数民族の連帯の試みとその破綻がスリリングに描かれている。

いずれにせよ、ビルマの辺境は秘境中の秘境だと言っていいだろう。そこで何が起きているかを報告できるのは新聞記者やＴＶクルウではない。時間を気にする連中には向いていないのだ。それはフリーランスのみが可能であり、その証左が本書なのである。

つけ加えると、本書に合わせて吉田敏浩の著作『森の回廊』と『北ビルマ、いのちの根をたずねて』も読んで欲しい。これは本書が執筆されるまえに少数民族のゲリラ活動に長期間同行した記録で、併読すればビルマ辺境最深部の状況変化は一層鮮明になる。

高野秀行と吉田敏浩に共通しているのは少数民族とともに暮していくうちに無意識に精霊との対話を行ないはじめることだ。そこには文明批判とか反科学主義といっただいそれたものは微塵《みじん》もない。かと言って民族学的フィールド・ワーカーのような客観化のための経験願望とも無縁だ。風や雨や陽差し。樹々の梢の顫《ふる》えや野鳥の囀《さえず》り。それらとの一体化は不可避のもので、そのことが自然にそういう精神状態を創りだしていくにちがいない。

いまも高野秀行は時間さえあれば、アジアの辺境の旅にふらりと向かう。出発にあたっては気負いめいたものはまったく感じられない。じぶんで立てた目標はあるのだが、ジャーナリスト意識は実に稀薄だ。この飄然《ひょうぜん》さが本書のような作品を産みだすのだろう。

この作品は一九九八年十月『ビルマ・アヘン王国潜入記』として草思社より刊行されました。
●本文デザイン・地図／ZOOT. D. S.
●本文写真／著者撮影

高野秀行の本

好評発売中

幻獣ムベンベを追え

コンゴ奥地の湖に棲むという謎の怪獣・ムベンベ発見に挑む早稲田大学探検部11人の勇猛果敢、前途多難な密林サバイバル78日間。

（解説・宮部みゆき）

巨流アマゾンを遡《さかのぼ》れ

河口から源流まで6770㎞。ピラニアを釣りワニを狩り、麻薬売人と親交を深めつつアマゾンを船で遡行する、傑作紀行4か月。

（解説・浅尾敦則）

ワセダ三畳青春記

家賃12000円。早稲田のボロアパート・野々村荘を舞台に、限りなく「おバカ」な青春群像を描いた自伝的物語。書き下ろし。

（解説・吉田伸子）

集英社文庫

アヘン王国潜入記《おうこくせんにゅうき》

2007年３月25日　第１刷
2023年１月17日　第13刷
定価はカバーに表示してあります。

著　者　高野秀行《たかのひでゆき》
発行者　樋口尚也
発行所　株式会社　集英社
東京都千代田区一ツ橋2-5-10　〒101-8050
電話　【編集部】03-3230-6095
【読者係】03-3230-6080
【販売部】03-3230-6393（書店専用）

印　刷　株式会社広済堂ネクスト
製　本　株式会社広済堂ネクスト

フォーマットデザイン　アリヤマデザインストア　　マークデザイン　居山浩二

ISBN978-4-08-746138-1 C0195